本书为

国家社科基金重点项目

国家出版基金项目

『十三五』国家重点出版物出版规划项目

结项成果

THE GENERAL ANNALS
OF CHINESE CONFUCIANISM

国家出版基金项目
NATIONAL PUBLICATION FOUNDATION

中国儒学通志

丛书主编　苗润田　冯建国

两汉卷·纪事篇

本册作者　臧　明

ZHEJIANG UNIVERSITY PRESS
浙江大学出版社
·杭州·

图书在版编目(CIP)数据

中国儒学通志. 两汉卷. 纪事篇 / 苗润田，冯建国
主编；臧明著. —杭州：浙江大学出版社，2022.12
ISBN 978-7-308-23363-7

Ⅰ.①中… Ⅱ.①苗… ②冯… ③臧… Ⅲ.①儒学—
研究—中国—汉代 Ⅳ.①B222.05

中国版本图书馆 CIP 数据核字(2022)第 235161 号

中国儒学通志·两汉卷·纪事篇

主编　苗润田　冯建国　本册作者　臧　明

出 版 人	褚超孚
策　　划	袁亚春　陈　洁
统　　筹	陈丽霞　宋旭华　王荣鑫
责任编辑	闻晓虹
责任校对	黄梦瑶
责任印制	范洪法
封面设计	项梦怡
出版发行	浙江大学出版社
	（杭州市天目山路 148 号　邮政编码 310007）
	（网址：http://www.zjupress.com）
排　　版	浙江时代出版服务有限公司
印　　刷	杭州钱江彩色印务有限公司
开　　本	710mm×1000mm　1/16
印　　张	27.75
字　　数	429 千
版 印 次	2022 年 12 月第 1 版　2022 年 12 月第 1 次印刷
书　　号	ISBN 978-7-308-23363-7
定　　价	178.00 元

"中国儒学通志"总序

　　儒学是中华传统文化的主干,是中华民族的精神血脉,它不但对中国古代的政治、经济、思想、文化、教育等诸多领域产生过广泛而深刻的影响,对人类文明的发展做出了巨大贡献,而且在今天仍然具有不容忽视的现代价值。儒家的思想理论,广泛涉及人与自然、人与人、人与社会、群与己、古与今、知与行、义与利、生与死、荣与辱、苦与乐、德与刑、善与恶、战争与和平等这样一些人类所面对的、贯通古今的矛盾和问题,提出了天人合一、天下为公、大同世界,修身正己、自强不息、厚德载物,以民为本、为政以德、见利思义、清廉从政,明体达用、经世致用、知行合一、仁者爱人、以德立人、以诚待人、讲信修睦,求同存异、和而不同、和谐相处,有教无类、因材施教、温故知新、学思结合等一系列为学、为人、为事、为官、处世的常理和常道,对于正确处理人与人的关系、人与自然的关系、个体与群体的关系、群体与群体的关系、不同民族和国家间的关系、不同文化和文明间的关系等都具有普遍的指导意义,是人类走向未来不可或缺的精神资源。这也就是一种产生在两千多年前农耕时代并且随着历史的发展不断前行的思想、学说,在信息时代的今天仍然具有广泛感召力、影响力,为世人所推重、学习、研究、传承的根本原因。"研究孔子、研究儒学,是认识中国人的民族特性、认识当今中国人精神世界历史来由的一个重要途径。"(《习近平在纪念孔子诞辰2565周年国际学术研讨会暨国际儒学联合会第五届会员大会开幕会上的讲话》)"中国儒学通志"是研究孔子、儒学的一个窗口。

　　"中国儒学通志"由纪年卷、纪事卷、学案卷三个部分组成。纪年卷主要记录自孔子创立儒学至1899年有关儒学发展的各个方面,包括重要儒学人物的生卒,儒学发展过程中有较大影响的事件,以及重要儒学论著的完成、刊印等,全方位展现儒学发展的面貌。纪事卷以事件为线索,记录有关中国儒学发展的重大历史事件，如"焚书坑儒""罢黜百家，独尊儒术"等，内容包括事件产生的原因、经过、结果及其对儒学发展的影响。学案卷以人物为中心，主要记述对儒学发展有较大影响的人物，包括该人物的生平事迹、对儒学所持的观点、在儒学发展史上的地位和贡献，以及有关的评价等。

　　"中国儒学通志"是我国著名学者庞朴先生继《20世纪儒学通志》（浙江大学出版社2013年6月）出版后主持的又一国家社会科学基金重点项目。庞先生去世后，2016年改由苗润田、冯建国教授主持。在苗润田、冯建国的主持下，该项目组建了一支有国内知名学者参加的学养深厚的研究队伍，制定了切实可行的研究计划和实施方案。通过多次召开小型学术研讨会，邀请王钧林教授、朱汉民教授、郭沂教授等专家学者与课题组成员一起，就课题的指导思想、整体框架、重点难点问题等展开广泛深入的研究，不但达成了学术共识而且促进并深化了对课题的认识。在这个过程中，浙江大学出版社、山东大学儒学高等研究院、山东大学人文社会科学研究院、山东大学哲学与社会发展学院自始至终都给予了巨大支持和帮助。彭丹博士协助我们做了大量的事务性工作。在此，谨向他们，向关心、支持"中国儒学通志"研究、撰著的朋友、同仁致以诚挚的谢意！

苗润田　冯建国

2022年12月于山东大学

目　录

刘邦入关，约法三章

汉元年十月，沛公兵遂先诸侯至霸上。秦王子婴素车白马，系颈以组，封皇帝玺符节，降轵道旁。诸将或言诛秦王。沛公曰："始怀王遣我，固以能宽容；且人已服降，又杀之，不祥。"乃以秦王属吏，遂西入咸阳。欲止宫休舍，樊哙、张良谏，乃封秦重宝财物府库，还军霸上。召诸县父老豪杰曰："父老苦秦苛法久矣，诽谤者族，偶语者弃市。吾与诸侯约，先入关者王之，吾当王关中。与父老约，法三章耳：杀人者死，伤人及盗抵罪。余悉除去秦法。诸吏人皆案堵如故。凡吾所以来，为父老除害，非有所侵暴，无恐！且吾所以还军霸上，待诸侯至而定约束耳。"乃使人与秦吏行县乡邑，告谕之。秦人大喜，争持牛羊酒食献飨军士。沛公又让不受，曰："仓粟多，非乏，不欲费人。"人又益喜，唯恐沛公不为秦王。[1]

以往学术界对于"约法三章"的解释，或认为其表达了农民阶级反剥削、反压迫的愿望，或认为其保护了关中地主阶级的利益。臧知非在《从"约法三章"看秦与六国的心理隔阂》一文中认为"约法三章"是"刘邦入关后的政治宣言与施政纲领，内容有三：一是'吾当王关中'；二是除秦苛法，行三章之法；三是留用所有秦朝官吏，保持现社会秩序。这是与诸县父老豪杰约定而后通过秦吏宣布的，其主旨是说明'吾当王关中'，二、三两点是'王关中'的施政措施"，以便"安抚关中民心，消除关中吏民对起义军的恐惧心理，限制起义军的报复掳掠行为，争取关中吏民的支持，为称王关中奠定基础"。[2]

---

[1]　司马迁：《史记》卷八《高祖本纪》，中华书局1959年版，第362页。
[2]　臧知非：《从"约法三章"看秦与六国的心理隔阂》，《山东社会科学》1992年第2期。

萧何收秦图籍文书

及高祖起为沛公，何常为丞督事。沛公至咸阳，诸将皆争走金帛财物之府分之，何独先入收秦丞相御史律令图书藏之。沛公为汉王，以何为丞相。项王与诸侯屠烧咸阳而去。汉王所以具知天下厄塞，户口多少，强弱之处，民所疾苦者，以何具得秦图书也。①

李树侠在《萧何对图籍的保护、利用与贡献》一文中认为萧何收集的秦图籍文书不仅异常珍贵，而且数量众多，包括"律令、礼仪、章程等秦朝的一切规章制度及山川地理、种族方志、风土民情方面的资料，也包括秦记、百家语、医药、占卜、农业等遭始皇焚书而幸存下来的档案文书"。"萧何所抢存秦朝大量的图籍档案，不仅使刘邦知晓天下的关塞险要、户口多寡、强弱形式、风俗民情等实况，在楚汉战争中对打败项羽、夺取天下发挥了重要作用，而且为建国后治国方略的选择，法律制度的制定，图籍馆阁的修建，官府的藏书建设，史书的纂修、图书的整理等打下了物质基础。"②

的确如此，战乱之时，萧何搜集秦丞相府、御史府所藏之书，既有利于治国理政，又保护了相关典籍，不仅促进了文化的发展，还使得"汉承秦制"成为可能。

---

① 司马迁：《史记》卷五十三《萧相国世家》，中华书局 1959 年版，第 2014 页。
② 李树侠：《萧何对图籍的保护、利用与贡献》，《兰台世界》2009 年第 11 期。

除秦社稷,立汉社稷,置乡三老

二月癸未,令民除秦社稷,立汉社稷。施恩德,赐民爵。蜀汉民给军事劳苦,复勿租税二岁。关中卒从军者,复家一岁。举民年五十以上,有修行,能帅众为善,置以为三老,乡一人。择乡三老一人为县三老,与县令丞尉以事相教,复勿徭戍。以十月赐酒肉。[①]

"乡三老"往往由有名望、文化、财力及议政能力的人担任,虽不是官吏,但作为乡民的代表人物,其广泛参与社会治理,却是儒家以教化治国的重要体现,有利于儒学在汉代的复兴。此外,"三老""还帮助农民学习耕作技术和使用新的生产工具","他们对农业生产技术的推广和应用起了很大的作用,有力地促进了农业生产的发展。同时,'三老'也成了西汉统治者在农村中的代理人"[②]。

---

① 班固:《汉书》卷一上《高帝纪》,中华书局 1962 年版,第 33—34 页。
② 谢宝耿:《略论刘邦政权中儒士的作用》,《历史教学问题》1983 年第 3 期。

立黑帝祠

　　二年,东击项籍而还入关,问:"故秦时上帝祠何帝也?"对曰:"四帝,有白、青、黄、赤帝之祠。"高祖曰:"吾闻天有五帝,而有四,何也?"莫知其说。于是高祖曰:"吾知之矣,乃待我而具五也。"乃立黑帝祠,命曰北畤。有司进祠,上不亲往。悉召故秦祝官,复置太祝、太宰,如其故仪礼。因令县为公社。下诏曰:"吾甚重祠而敬祭。今上帝之祭及山川诸神当祠者,各以其时礼祠之如故。"①

古之君王非常重视帝德的属性。秦之前,阴阳家邹衍创制了"五德终始说",即土德、火德、金德、木德、水德,王朝的更迭按照五行相胜的顺序进行演变:先土德,后木德,再金德,而后火德,最后水德。黄帝隶属土德,夏隶属木德,商朝隶属金德,周朝隶属火德,代替周朝的新王朝隶属水德。秦朝践行了邹衍的五德终始说,以水德自居,尚黑,并建立起了一套与之相匹配的機祥度制。汉朝建立后,张苍认为秦朝二世而亡,水德尚未结束,汉应承袭秦之水德,水德尚黑,刘邦立黑帝祠,正好与之相符。但刘向、刘歆所构建的"尧后火德说"则认为汉家隶属尧后火德,并构建起了一整套帝德谱系:

---

①　司马迁:《史记》卷二十八《封禅书》,中华书局 1959 年版,第 1378 页。

太皞包羲 → 共工 → 炎帝神农 → 黄帝轩辕 → 少昊金天 → 颛顼高阳 → 帝喾高辛
　木　　（闰水）　　火　　　　土　　　　金　　　　水　　　　木
　青　　　　　　　赤　　　　黄　　　　白　　　　黑　　　　青

→ 帝挚 → 帝尧陶唐 → 帝舜有虞 → 伯禹 → 成汤 → 武王 → 秦伯 → 汉高祖
（闰统）　火　　　　土　　　　金　　　水　　　木　　（闰水）　火
　　　　　赤　　　　黄　　　　白　　　黑　　　青　　　　　　赤①

汉初,帝德的不断变迁,既是政治斗争的必然结果,又是古人"神道设教"的最好体现。

---

① 杨权:《新五德理论与西汉政治——"尧后火德说"考论》,中华书局 2006 年版,第 150－151 页。

叔孙通归汉王

叔孙通者,薛人也。秦时以文学征,待诏博士。数岁,陈胜起山东,使者以闻,二世召博士诸儒生问曰:"楚戍卒攻蕲入陈,于公如何?"博士诸生三十余人前曰:"人臣无将,将即反,罪死无赦。愿陛下急发兵击之。"二世怒,作色。叔孙通前曰:"诸生言皆非也。夫天下合为一家,毁郡县城,铄其兵,示天下不复用。且明主在其上,法令具于下,使人人奉职,四方辐辏,安敢有反者!此特群盗鼠窃狗盗耳,何足置之齿牙间。郡守尉今捕论,何足忧。"二世喜曰:"善。"尽问诸生,诸生或言反,或言盗。于是二世令御史案诸生言反者下吏,非所宜言。诸言盗者皆罢之。乃赐叔孙通帛二十匹,衣一袭,拜为博士。叔孙通已出宫,反舍,诸生曰:"先生何言之谀也?"通曰:"公不知也,我几不脱于虎口!"乃亡去,之薛,薛已降楚矣。及项梁之薛,叔孙通从之。败于定陶,从怀王。怀王为义帝,徙长沙,叔孙通留事项王。汉二年,汉王从五诸侯入彭城,叔孙通降汉王。汉王败而西,因竟从汉。叔孙通儒服,汉王憎之;乃变其服,服短衣,楚制,汉王喜。叔孙通之降汉,从儒生弟子百余人,然通无所言进,专言诸故群盗壮士进之。弟子皆窃骂曰:"事先生数岁,幸得从降汉,今不能进臣等,专言大猾,何也?"叔孙通闻之,乃谓曰:"汉王方蒙矢石争天下,诸生宁能斗乎?故先言斩将搴旗之士。诸生且待我,我不忘矣。"汉王拜叔孙通为博士,号稷嗣君。[1]

"儒学是中国传统文化中博大精深的思想体系,是在中国封建社会中处于支配地位的统治之学。但是,儒学并非从创立之初就受到统治者的信赖而一举跻身庙堂。汉朝是儒学'佩印绶带'的分水岭。汉以前,在一

---

[1] 司马迁:《史记》卷九十九《刘敬叔孙通列传》,中华书局1959年版,第2720—2722页。

连串跻身庙堂的努力归于失败后,儒学开始自我反省。汉朝初年,儒学内部分化为齐学和鲁学,以崇尚权变为特征的齐学充分发挥'通变'思想,使儒学逐步适应了汉初政治形势的需要。叔孙通为人机警,善于认清形势,能适时地采取适当的行动,通过自己主观的努力以具体的事功让汉初统治者认识到儒学的价值,从而使儒学开始正式地登堂入室。叔孙通是汉初儒学的第一人。"①的确如此,叔孙通是汉初归附刘邦的第一位博士,其熟知儒家的典章制度、礼仪规范,加之儒生弟子百余人与其一同归汉,这对汉代学术的发展,尤其是儒学的复兴,影响巨大。

---

① 胡岳潭:《叔孙通与汉初儒学》,《贵州文史丛刊》2006 年第 3 期。

郦食其欲立六国后世

汉三年,项羽急围汉王荥阳,汉王恐忧,与郦食其谋桡楚权。食其曰:"昔汤伐桀,封其后于杞。武王伐纣,封其后于宋。今秦失德弃义,侵伐诸侯社稷,灭六国之后,使无立锥之地。陛下诚能复立六国后世,毕已受印,此其君臣百姓必皆戴陛下之德,莫不乡风慕义,愿为臣妾。德义已行,陛下南乡称霸,楚必敛衽而朝。"汉王曰:"善。趣刻印,先生因行佩之矣。"食其未行,张良从外来谒。汉王方食,曰:"子房前!客有为我计桡楚权者。"具以郦生语告,曰:"于子房何如?"良曰:"谁为陛下画此计者?陛下事去矣。"汉王曰:"何哉?"张良对曰:"臣请借前箸为大王筹之。"曰:"昔者汤伐桀而封其后于杞者,度能制桀之死命也。今陛下能制项籍之死命乎?"曰:"未能也。""其不可一也。武王伐纣封其后于宋者,度能得纣之头也。今陛下能得项籍之头乎?"曰:"未能也。""其不可二也。武王入殷,表商容之闾,释箕子之拘,封比干之墓。今陛下能封圣人之墓,表贤者之闾,式智者之门乎?"曰:"未能也。""其不可三也。发巨桥之粟,散鹿台之钱,以赐贫穷。今陛下能散府库以赐贫穷乎?"曰:"未能也。""其不可四矣。殷事已毕,偃革为轩,倒置干戈,覆以虎皮,以示天下不复用兵。今陛下能偃武行文,不复用兵乎?"曰:"未能也。""其不可五矣。休马华山之阳,示以无所为。今陛下能休马无所用乎?"曰:"未能也。""其不可六矣。放牛桃林之阴,以示不复输积。今陛下能放牛不复输积乎?"曰:"未能也。""其不可七矣。且天下游士离其亲戚,弃坟墓,去故旧,从陛下游者,徒欲日夜望咫尺之地。今复六国,立韩、魏、燕、赵、齐、楚之后,天下游士各归事其主,从其亲戚,反其故旧坟墓,陛下与谁取天下乎?其不可八矣。且夫楚唯无强,六国立者复桡而从之,陛下焉得而臣之?诚用客之谋,陛下事去矣。"汉王辍食吐哺,骂曰:"竖儒,几败而公事!"令趣销印。①

郦食其提议刘邦立六国后世,但遭到了张良的反对。张良提出了著名的"张八点",其所列之八条原因,件件切中要害,刘邦因此称郦食其为"竖儒";但即便如此,刘邦还是对儒生信任有加,"对于起自社会底层的儒生郦食其如此,对于那些来自社会上层的儒家人物,刘邦也并没有排斥,只要他们通达世故,有其所长,愿为自己打天下、坐天下效力,他还是能够量才录用,十分倚重的"②。

---

① 司马迁:《史记》卷五十五《留侯世家》,中华书局 1959 年版,第 2040—2041 页。
② 胡一华:《刘邦重儒论》,《丽水师专学报》1985 年第 1 期。

刘邦作《武德》之舞

　　高(祖)庙奏《武德》《文始》《五行》之舞;孝文庙奏《昭德》《文始》《四时》《五行》之舞;孝武庙奏《盛德》《文始》《四时》《五行》之舞。《武德舞》者,高祖四年作,以象天下乐己行武以除乱也。《文始舞》者,曰本舞《招舞》也,高祖六年更名曰《文始》,以示不相袭也。《五行舞》者,本周舞也,秦始皇二十六年更名曰《五行》也。《四时舞》者,孝文所作,以(明)示天下之安和也。盖乐己所自作,明有制也;乐先王之乐,明有法也。孝景采《武德舞》以为《昭德》,以尊大宗庙。至孝宣,采《昭德舞》为《盛德》,以尊世宗庙。诸帝庙皆常奏《文始》《四时》《五行舞》云。高祖六年又作《昭容乐》《礼容乐》。《昭容》者,犹古之《昭夏》也,主出《武德舞》。《礼容》者,主出《文始》《五行舞》。舞人无乐者,将至至尊之前不敢以乐也;出用乐者,言舞不失节,能以乐终也。大氏皆因秦旧事焉。[1]

　　"汉代的雅乐武舞从思想与形式上均遵循了周代古制,并在此基础上有所发展创新。例如汉高祖时编制的武舞《武德舞》,从其表演内容来看,舞者手执的干戚(盾牌斧头),便是原始武舞最常用的兵器道具,此外其意在平定天下的气势。"[2]可见,刘邦作《武德舞》,意在彰显自己以武力平定天下的功绩。

---

①　班固:《汉书》卷二十二《礼乐志》,中华书局1962年版,第1044页。
②　李豫、李刚:《汉代武舞的特征及影响分析》,《兰台世界》2015年第27期。

刘邦论得天下之由

　　高祖置酒雒阳南宫。高祖曰:"列侯诸将无敢隐朕,皆言其情。吾所以有天下者何?项氏之所以失天下者何?"高起、王陵对曰:"陛下慢而侮人,项羽仁而爱人。然陛下使人攻城略地,所降下者因以予之,与天下同利也。项羽妒贤嫉能,有功者害之,贤者疑之,战胜而不予人功,得地而不予人利,此所以失天下也。"高祖曰:"公知其一,未知其二。夫运筹策帷帐之中,决胜于千里之外,吾不如子房。镇国家,抚百姓,给馈饷,不绝粮道,吾不如萧何。连百万之军,战必胜,攻必取,吾不如韩信。此三者,皆人杰也,吾能用之,此吾所以取天下也。项羽有一范增而不能用,此其所以为我擒也。"[1]

　　刘邦认为高起、王陵对于用人的论断不够全面,高祖的人才理论可分为四部分:"一、从'公'字出发;二、赏罚分明;三、气度宏大,敢于用人;四、对人才不求全责备,知其所长,用其所长。"[2]所以,选贤、进贤、用贤,是汉家能够一统天下的重要原因。可见,刘邦以功利为目的,对于诸子百家之学综合利用。

---

[1]　司马迁:《史记》卷八《高祖本纪》,中华书局 1959 年版,第 380—381 页。
[2]　汪子扬:《刘邦早期人才思想》,《成都大学学报(社会科学版)》1992 年第 3 期。

叔孙通制定礼乐制度

汉五年,已并天下,诸侯共尊汉王为皇帝于定陶,叔孙通就其仪号。高帝悉去秦苛仪法,为简易。群臣饮酒争功,醉或妄呼,拔剑击柱,高帝患之。叔孙通知上益厌之也,说上曰:"夫儒者难与进取,可与守成。臣愿征鲁诸生,与臣弟子共起朝仪。"高帝曰:"得无难乎?"叔孙通曰:"五帝异乐,三王不同礼。礼者,因时世人情为之节文者也。故夏、殷、周之礼所因损益可知者,谓不相复也。臣愿颇采古礼与秦仪杂就之。"上曰:"可试为之,令易知,度吾所能行为之。"于是叔孙通使征鲁诸生三十余人。鲁有两生不肯行,曰:"公所事者且十主,皆面谀以得亲贵。今天下初定,死者未葬,伤者未起,又欲起礼乐。礼乐所由起,积德百年而后可兴也。吾不忍为公所为。公所为不合古,吾不行。公往矣,无污我!"叔孙通笑曰:"若真鄙儒也,不知时变。"遂与所征三十人西,及上左右为学者与其弟子百余人为绵蕞野外。习之月余,叔孙通曰:"上可试观。"上既观,使行礼,曰:"吾能为此。"乃令群臣习肄,会十月。①

大臣们居功自傲,毫无法度,叔孙通制定朝仪。尽管叔孙通所定的礼仪规范带有实用主义色彩,并不是纯正的儒家之礼,但是,诚如胡适所言:"这个定朝仪的故事是很有重大意义的。第一,这是儒生在汉帝国之下开始大批进用的历史。第二,这是那在马上得天下的帝国开始文治化的历史。第三,这是平民革命推翻秦国帝制之后又从头建立专制政体的历史。这三层都有莫大的历史意义。"②不仅如此,"叔孙通的礼乐活动和思想,对汉初礼乐建设作出了重大贡献,为两汉时期儒学盛

---

① 司马迁:《史记》卷九十九《刘敬叔孙通列传》,中华书局1959年版,第2722—2723页。
② 胡适:《中国中古思想史长编》,安徽教育出版社2006年版,第85页。

行、礼制完备,奠定了基础。对后来封建时代的礼乐制度的建设与改革,以及礼法结合的中华法系的形成与发展,均有极大影响"①。叔孙通制礼乐后,刘邦看到了儒家思想在治国理政中所起到的重要作用,儒家复兴的大幕徐徐拉开。

①　华友根:《叔孙通为汉定礼乐制度及其意义》,《学术月刊》1995 年第 2 期。

曹参从盖公习黄老之术

项籍已死，天下定，汉王为皇帝，韩信徙为楚王，齐为郡。参归汉相印。高帝以长子肥为齐王，而以参为齐相国。以高祖六年赐爵列侯，与诸侯剖符，世世勿绝。食邑平阳万六百三十户，号曰平阳侯，除前所食邑……孝惠帝元年，除诸侯相国法，更以参为齐丞相。参之相齐，齐七十城。天下初定，悼惠王富于春秋，参尽召长老诸生，问所以安集百姓，如齐故（俗）诸儒以百数，言人人殊，参未知所定。闻胶西有盖公，善治黄老言，使人厚币请之。既见盖公，盖公为言治道贵清静而民自定，推此类具言之。参于是避正堂，舍盖公焉。其治要用黄老术，故相齐九年，齐国安集，大称贤相。①

曹参任齐国之相，向盖公求教治国之策，盖公教其黄老之学，主清静无为之术。经过九年的时间，齐国大治。孙开泰在《先秦诸子精神》一书中指出：黄老之学的黄为黄帝，老为老子，黄帝与老子为何会契合为一？任何一种思想学说只有与政治相融通，才能发挥更大的作用。战国时期，老子的后继者"把老子学说与黄帝统国传统统一起来"创制出了"黄老思想"，因为有了具体的治国方案，黄老思想在战国晚期以及汉初都产生了广泛的影响。但是，黄老之学并不是黄帝与老子的简单相加，熊铁基在《秦汉新道家略论稿》一书中认为黄老之学有几个新特点：一、兼采儒、墨、名、法等学说。二、由前秦道家的逃世转而入世。三、把老庄的"无为"主张用于人生和政事。四、主张构建大一统政权。五、重礼法、任贤能。黄老之学是儒、道、法等家会通融合的产物。

---

① 司马迁：《史记》卷五十四《曹相国世家》，中华书局 1959 年版，第 2028—2029 页。

张良学道

留侯从入关。留侯性多病，即道引不食谷，杜门不出岁余。……留侯乃称曰："家世相韩，及韩灭，不爱万金之资，为韩报仇强秦，天下振动。今以三寸舌为帝者师，封万户，位列侯，此布衣之极，于良足矣。愿弃人间事，欲从赤松子游耳。"乃学辟谷，道引轻身。会高帝崩，吕后德留侯，乃强食之，曰："人生一世间，如白驹过隙，何至自苦如此乎！"留侯不得已，强听而食。后八年卒，谥为文成侯。子不疑代侯。①

道家遵循道法自然的生命智慧，不执着于对外在物质的追求，从而达到一种返璞归真的人生境界，这对养生是大有帮助的。张良体质很弱，正好可以利用道家的辟谷等养生术来调养自己的身体。② 此外，由张良学辟谷之术可以看出，神仙方术思想在当时影响甚巨。而梁启超认为，邹衍是这种怪诞之学的始作俑者。学术史上所谓某家，必以某人为代表人物或以某书为代表著作方可称之为"家"。"阴阳与五行的概念，溯源甚古，而且其源头可能各不相同，然而其历史仍甚模糊。……我们也不知它们早期的任何著作与代表人物。如说有的话，一般认为邹衍可以代表此派。"③邹衍"睹有国者益淫侈，不能尚德"，所以著"《终始》《大圣》之篇十万余言"。邹衍的著述颇丰。《汉书·艺文志》著录《邹子》49 篇，《邹子终始》56 篇，但均已佚失。邹衍的思想学说是极为丰富和庞杂的，并不能仅仅用"怪诞"二字加以总结，而是像牟宗三所言："邹衍者真中国之亚里士多德也，科学之祖也。政治、文化、地理、动植，无不谈及，亦可见其想象力

---

① 司马迁：《史记》卷五十五《留侯世家》，中华书局 1959 年版，第 2044—2048 页。

② 孙旭：《道家隐逸思想对张良影响的虚假性探究》，《西南农业大学学报（社会科学版）》2011 年第 9 期。

③ 陈荣捷编著，杨儒宾等译：《中国哲学文献选编》，江苏教育出版社 2006 年版，第 226 页。

之丰富,故齐人有'谈天衍'之颂,而其所谈亦正儒者所不谈也。"①邹衍的学说与后来的谶纬思想、道教的神仙确有联系,但所谓怪诞之说,乃是出自邹衍的后学,而非源于邹衍。神仙方术思想发展到汉初,已经挣脱阴阳五行的藩篱,开始追求长生久视之道。

―――――――――

① 牟宗三:《阴阳家与科学》,《理想与文化》1942 年第 1 期。

刘邦广置神祇而祠

　　二年，东击项籍而还入关……后四岁，天下已定，诏御史，令丰谨治枌榆社，常以四时春以羊彘祠之。令祝官立蚩尤之祠于长安。长安置祠祝官、女巫。其梁巫，祠天、地、天社、天水、房中、堂上之属；晋巫，祠五帝、东君、云中〔君〕、司命、巫社、巫祠、族人、先炊之属；秦巫，祠社主、巫保、族累之属；荆巫，祠堂下、巫先、司命、施糜之属；九天巫，祠九天：皆以岁时祠宫中。其河巫祠河于临晋，而南山巫祠南山秦中。秦中者，二世皇帝。各有时（月）〔日〕。①

　　"东周初年，秦襄公立西畤郊祀方位帝白帝。其后四百多年间，秦由只郊祀白帝发展为郊祀白帝、青帝、黄帝、炎帝四个方位帝。秦统一天下之后，郊祀之礼固定在雍四畤举行。西汉初期，刘邦在秦郊祀四个方位帝的基础上，增加黑帝成为五帝，雍四畤成雍五畤。尽管秦之郊祀方位帝与西周之郊天是完全不同的两种郊祀模式，但由于西汉初期的承袭，仍然对后世产生了较大影响。"②西汉的确对秦朝的郊祀制度有所继承，但与秦代的祭祀系统相比，刘邦将上帝之数由四帝改为五帝，并加入了很多新的神祇，意在强调汉家代秦的正统性与地域性。

---

① 司马迁：《史记》卷二十八《封禅书》，中华书局1959年版，第1378—1379页。
② 李梅：《秦郊祀的演进及对后世的影响》，《齐鲁师范学院学报》2005年第5期。

张苍定律历

  苍以代相从攻臧荼有功,以六年中封为北平侯,食邑千二百户。迁为计相,一月,更以列侯为主计四岁。是时萧何为相国,而张苍乃自秦时为柱下史,明习天下图书计籍。苍又善用算律历,故令苍以列侯居相府,领主郡国上计者。黥布反亡,汉立皇子长为淮南王,而张苍相之。十四年,迁为御史大夫……张苍为计相时,绪正律历。以高祖十月始至霸上,因故秦时本以十月为岁首,弗革。推五德之运,以为汉当水德之时,尚黑如故。吹律调乐,入之音声,及以比定律令。若百工,天下作程品。至于为丞相,卒就之,故汉家言律历者,本之张苍。苍本好书,无所不观,无所不通,而尤善律历。①

  张苍推五德之运,汉朝当属水德,并据此定律历。五德之传,发端于邹衍,其著作虽都已佚失,但在诸多的历史典籍中,《吕氏春秋》保留了一段关于五德终始说的完整记载:"凡帝王者之将兴也,天必先见祥乎下民。黄帝之时,天先见大螾大蝼,黄帝曰:'土气胜。'土气胜,故其色尚黄,其事则土。及禹之时,天先见草木秋冬不杀,禹曰:'木气胜。'木气胜,故其色尚青,其事则木。及汤之时,天先见金刃生于水,汤曰:'金气胜。'金气胜,故其色尚白,其事则金。及文王之时,天先见火赤乌衔丹书集于周社,文王曰:'火气胜。'火气胜,故其色尚赤,其事则火。代火者必将水,天且先见水气胜。水气胜,故其色尚黑,其事则水。水气至而不知,数备将徙于土。"②

  如果按照五行相胜的原则,汉代秦而兴,应隶属土德,不应为水德。张苍所推之法在于,因秦朝二世而亡,水德尚未结束,遂汉家继承秦之水德。汉初短暂实行过火德,而后推行水德,直到汉武帝才将汉家帝德定为土德。

---

① 司马迁:《史记》卷九十六《张丞相列传》,中华书局 1959 年版,第 2675—2681 页。
② 吕不韦编,许维遹集释:《吕氏春秋集释》卷十三《应同》,中华书局 2009 年版,第 284 页。

高堂伯传《礼》

　　诸学者多言《礼》,而鲁高堂生最本。《礼》固自孔子时而其经不具,及至秦焚书,书散亡益多,于今独有《士礼》,高堂生能言之。而鲁徐生善为容。孝文帝时,徐生以容为礼官大夫。传子至孙徐延、徐襄。襄,其天资善为容,不能通《礼经》;延颇能,未善也。襄以容为汉礼官大夫,至广陵内史。延及徐氏弟子公户满意、桓生、单次,皆尝为汉礼官大夫。而瑕丘萧奋以《礼》为淮阳太守。是后能言《礼》为容者,由徐氏焉。①

　　按刘汝霖所著《汉晋学术编年》所言,六年庚子"高堂伯以《礼》教于鲁。相传周之盛时,礼仪三百,威仪三千。及其衰也,诸侯将逾法度,恶其害己,皆灭夫其籍。至于孔子更修而定之时已不具。迨后战国交争,秦氏坑焚,崩坏尤甚。至是汉兴,鲁高堂伯传《士礼》十七篇"②。

　　汉初,六艺之学得到复兴,高堂伯于鲁地传《礼》,而后薪火相传,《两汉三国学案》列高堂伯传《礼》之谱系:"高堂生、徐生(子某,孙延、襄)、公户满意、桓生、单次、萧奋、孟卿、后仓、间丘卿、闻人通汉、刘茂、刘昆、马融、何休、卢植、郑玄、刘表、蒋琬、王肃、孙炎、高堂隆、射慈、薛综、谯周,以上为《礼经》高堂氏派。"③

---

①　司马迁:《史记》卷一百二十一《儒林列传》,中华书局1959年版,第3126页。
②　刘汝霖:《汉晋学术编年》卷一,中华书局1987年版,第20页。
③　唐晏:《两汉三国学案》,中华书局1986年版,第323—324页。

叔孙通实施朝仪

汉七年，长乐宫成，诸侯群臣皆朝十月。仪：先平明，谒者治礼，引以次入殿门，廷中陈车骑步卒卫宫，设兵张旗志。传言"趋"。殿下郎中侠陛，陛数百人。功臣列侯诸将军军吏以次陈西方，东乡；文官丞相以下陈东方，西乡。大行设九宾，胪传。于是皇帝辇出房，百官执职传警，引诸侯王以下至吏六百石以次奉贺。自诸侯王以下莫不振恐肃敬。至礼毕，复置法酒。诸侍坐殿上皆伏抑首，以尊卑次起上寿。觞九行，谒者言"罢酒"。御史执法举不如仪者辄引去。竟朝置酒，无敢谨哗失礼者。于是高帝曰："吾乃今日知为皇帝之贵也。"乃拜叔孙通为太常，赐金五百斤。叔孙通因进曰："诸弟子儒生随臣久矣，与臣共为仪，愿陛下官之。"高帝悉以为郎。叔孙通出，皆以五百斤金赐诸生。诸生乃皆喜曰："叔孙生诚圣人也，知当世之要务。"①

"当第一个汉代皇帝巩固他新近赢得的政权时，他和他的朝廷对任何种类的学问都没有多少兴趣。汉高帝（公元前 206—前 195 年在位）被描写成有名的憎恶学者的人，他把他们简直看成迂腐的寄生者。可是令人吃惊的是，公元前 200 年，皇帝被叔孙通说服，要按照周文王和周武王的方式制定秩序井然的朝廷礼仪，这是儒家传统将要胜利的一个可靠的前兆。"②叔孙通制礼极具开创意义，其虽杂糅各家之说，但却"知当世之要务"，其是以孔子为核心的儒家道德礼仪在汉代的延续与发展，并成为儒学复兴的关键一环。

---

① 司马迁：《史记》卷九十九《刘敬叔孙通列传》，中华书局 1959 年版，第 2723—2724 页。
② 崔瑞德、鲁惟一编，杨品泉等译：《剑桥中国秦汉史（公元前 221—公元 220 年）》，中国社会科学出版社 1992 年版，第 807 页。

叔孙通著《仪品》、作庙乐

　　杰出的儒者，往往不拘泥于古法，而是审时度势、博采众长。孟子将"仁"与治天下结合，创造性地提出了"仁政"学说，不仅使儒家有了较为完整的施政纲领，也使得治平天下多了些许人本主义、人文主义气息。荀子更是兼采诸家之说，尤其是"虚壹而静"的修养论，将道家的静笃与儒家的慎独合二为一，为儒家的发展开辟了新的路径。叔孙通同样是一位审时度势的儒者，他所制定的礼法不限于一家之说，以解决实际要务为最终归宿，涉及的内容更是十分广泛："宗庙、陵墓、守丧、省亲、休假、洗沐、祝福、祭祠、消灾等礼仪，关系到天子、诸侯、列侯、公卿大臣、地方官吏、祠官、秘祝、百姓、妇女等人，并有免职、废国、遣归、谴责、警告、治罪、论杀等处罚。"[①]更为重要的是，叔孙通对儒家典章礼仪的搜集与整理，使儒家治国理政思想渗透到了汉帝国的方方面面。

　　孔子将孝、悌视为仁的核心理念。从西汉开始，"孝"逐渐上升为国家层面的礼仪规范。"叔孙通做了太子太傅，后来惠帝即位，便请他定汉家宗庙仪法。惠帝不久就死了，谥法上加个'孝'字，后来诸帝也都带个'孝'字，表示'以孝治天下'之意。这一个制度，史家虽没有明文，我们可以归功于那位叔孙通太常。这便是儒教成为国教的第一声。"[②]

　　叔孙通所定之礼乐制度，杂六国、秦儒家之说，并不符合古制。特别是宋代以后，颇受非议，苏轼、司马光等认为，叔孙通违背先圣之旨、哗众诌媚，"徒窃礼之糠秕"。朱熹更是认为叔孙通所制之礼并不隶属儒家，而是秦国"尊君卑臣"之法。而王夫之则认为："圣王之教，绝续之际大矣哉！醇疵之小大，姑勿苛求焉，存同异于两间，而使人犹知有则，功不可没已。

---

① 　华友根：《叔孙通为汉定礼乐制度及其意义》，《学术月刊》1995 年第 2 期。
② 　胡适：《中国中古思想史长编》，安徽教育出版社 2006 年版，第 86 页。

其疵也,后之人必有正之者矣。故君子弗患乎人之议己,而患其无可议也。……有其作之,不患其无继之者。秦灭先王之典,汉承之而多固陋之仪,然叔孙通之苟简,人见而知之,固不足以惑天下于无穷也。若叔孙通不存其仿佛,则永坠矣。"①叔孙通为汉家所定之礼乐制度,虽不遵循古制,但很好地保留、发展了儒家的礼仪制度,为后世提供了可以借鉴的礼仪典籍。

---

① 王夫之:《读通鉴论》(中册),中华书局 2013 年版,第 16 页。

汉高祖立灵星祠祭祀后稷

其后二岁,或曰周兴而邑邰立后稷之祠,至今血食天下。于是高祖制诏御史:"其令郡国县立灵星祠,常以岁时祠以牛。"[1]

汉兴八年,有言周兴而邑立后稷之祀,于是高帝令天下立灵星祠。言祠后稷而谓之灵星者,以后稷又配食星也。旧说,星谓天田星也。一曰,龙左角为天田官,主谷。祀用壬辰位祠之。壬为水,辰为龙,就其类也。牲用太牢,县邑令长侍祠。舞者用童男十六人。舞者象教田,初为芟除,次耕种、芸耨、驱爵及获刈、舂簸之形,象其功也。[2]

在祭祀时,何为"象教田"之舞蹈?赵逵夫在《我国古代一个以农业生产为题材的大型舞蹈——汉代〈灵星舞〉考述》一文中指出:"'像'即表现、反映,'教田'即教育人们如何从事农业生产。它是地地道道的表现农业生产、赞扬农业劳动的舞蹈。"[3]

周仪在《汉代〈灵星舞〉初探》一文中进一步指出:"《灵星舞》的出现是建立在汉代'灵星祭'得到兴盛发展、国家祭祀用乐制度受到广泛重视的基础上,以适应'灵星祭'祭祀仪式需要为前提的,实为汉代宗教祭祀思想及祭祀用乐制度下的一种必然产物。"更为重要的是,"后稷"被认为是中国古代农业文明的始祖,"《灵星舞》作为汉代'灵星祭'中的宗教祭祀用舞,其表现内容和目的与该祭祀活动相一致,即以模仿再现农业劳动的过程为表现内容,达到祭祀灵星、歌颂后稷功绩、祈求农业丰收的目的。其中'歌颂后稷功绩'这一核心内容,不仅是汉代农耕文化思想影响下民众

---

① 司马迁:《史记》卷二十八《封禅书》,中华书局 1959 年版,第 1380 页。
② 范晔:《后汉书》志第九《祭祀志下》,中华书局 2005 年版,第 2177 页。
③ 赵逵夫:《我国古代一个以农业生产为题材的大型舞蹈——汉代〈灵星舞〉考述》,《西北师大学报(社会科学版)》1998 年第 3 期。

心理的外部折射,更是中国古代农业祭祀传统的延续和发展"①,体现了汉帝国对于农业生产的重视。

---

① 周仪:《汉代〈灵星舞〉初探》,《北京舞蹈学院学报》2012 年第 3 期。

田何传《易》

　　自鲁商瞿受《易》孔子,孔子卒,商瞿传《易》,六世至齐人田何,字子庄,而汉兴。田何传东武人王同、子仲,子仲传菑川人杨何。何以《易》,元光元年征,官至中大夫。齐人即墨成以《易》至城阳相。广川人孟但以《易》为太子门大夫。鲁人周霸,莒人衡胡,临菑人主父偃,皆以《易》至二千石。然要言《易》者本于杨何之家。①

　　自鲁商瞿子木受《易》孔子,以授鲁桥庇子庸。子庸授江东馯臂子弓。子弓授燕周丑子家。子家授东武孙虞子乘。子乘授齐田何子装。及秦禁学,《易》为筮卜之书,独不禁,故传受者不绝也。汉兴,田何以齐田徙杜陵,号杜田生,授东武王同子中、雒阳周王孙、丁宽、齐服生,皆著《易传》数篇。同授淄川杨何,字叔元,元光中征为太中大夫。齐即墨成,至城阳相。广川孟但,为太子门大夫。鲁周霸、莒衡胡、临淄主父偃,皆以《易》至大官。要言《易》者本之田何。②

　　汉初田何传《易》于天下,清唐晏所著《两汉三国学案》,列田何传《易》之谱系:"田何、王同、周王孙、丁宽、服生、杨何、即墨成、孟但、周霸、衡胡、项生、田王孙、主父偃、司马谈、蔡公、京房,以上田氏派。"③

　　另梅新林、俞樟华主编的《中国学术编年》(两汉卷)一书认为:"汉初易学大体上形成南北两大传授系统。北方系统承自孔子,以田何为宗,可谓汉代易学主流。南方易学系统,以马王堆汉墓出土的帛书《六十四卦》《系辞》《二三子问》等五篇易说为代表,流行于楚地。两大系统的相异之处,主要在于传本文字,其主导思想和治学旨趣则基本一致。"④

---

① 司马迁:《史记》卷一百二十一《儒林列传》,中华书局1959年版,第3217页。
② 班固:《汉书》卷八十八《儒林传》,中华书局1962年版,第3597页。
③ 唐晏:《两汉三国学案》,中华书局1986年版,第2页。
④ 梅新林、俞樟华主编:《中国学术编年》(两汉卷),华东师范大学出版社2013年版,第27页。

于梁在其硕士论文《汉初易学初探》中则认为汉初易学可分为六派：一、田何传《易》系统；二、陆贾易学；三、贾谊易学；四、韩婴易学；五、淮南九师易学思想；六、司马季主易学思想。[1] 学术界在汉初易学传授系统上虽有争议，但田何传《易》却是不争的事实。

----

[1] 于梁：《汉初易学初探》，硕士学位论文，曲阜师范大学，2012年。

唐山夫人作《房中祠乐》

又有《房中祠乐》,高祖唐山夫人所作也。周有《房中乐》,至秦名曰《寿人》。凡乐,乐其所生,礼不忘本。高祖乐楚声,故《房中乐》楚声也。孝惠二年,使乐府令夏侯宽备其箫管,更名曰《安世乐》。①

郑文在《汉诗研究》一书中认为:"考唐山夫人作《安世房中歌》的时间,在高帝六年到十年之间。"②唐山夫人所作的《房中祠乐》歌凡十七章,被认为是最早的汉乐府诗。

就其主要形式而言,鲁立智在《房中祠乐源流考》一文中指出:"房中祠乐最初是宫中举行'杂祭祀'时使用的音乐,所祀之神种类繁多;其后成了朝贺置酒之时使用的音乐,属于宴飨音乐;至东汉时,随着西汉礼乐的陵夷,房中祠乐方成为宗庙上的祭祀音乐。"③但《房中祠乐》的作者却存在争议。清人陈本礼《汉诗统笺》中认为:"《房中》十七章,乃高祖祀祖庙乐章,沛属楚地,凡乐,乐其所生,礼不忘本,故高祖乐楚声。唐山夫人深于律吕,能楚声,故命夫人制乐十七章以祀其先。"但黄纪华在《汉〈房中祠乐〉的时代作者辨》一文中却认为:"《房中祠乐》与《郊祀歌》一样,并非成于一人一时,不妨说,《郊祀歌》是李延年与武帝从臣、赋家之流先后合作而成(此点自古至今无异议),而《房中祠乐》则主要是李家兄妹共同的创作。"④

---

① 班固:《汉书》卷二十二《礼乐志》,中华书局 1962 年版,第 1043 页。
② 郑文:《汉诗研究》,甘肃民族出版社 1994 年版,第 31 页。
③ 鲁立智:《房中祠乐源流考》,《求索》2012 年第 3 期。
④ 黄纪华:《汉〈房中祠乐〉的时代作者辨》,《湖北师范学院学报(哲学社会科学版)》1985 年第 3 期。

汉高祖求贤

二月，诏曰："欲省赋甚。今献未有程，吏或多赋以为献，而诸侯王尤多，民疾之。令诸侯王、通侯常以十月朝献，及郡各以其口数率，人岁六十三钱，以给献费。"又曰："盖闻王者莫高于周文，伯者莫高于齐桓，皆待贤人而成名。今天下贤者智能岂特古之人乎？患在人主不交故也，士奚由进！今吾以天之灵，贤士大夫定有天下，以为一家，欲其长久，世世奉宗庙亡绝也。贤人已与我共平之矣，而不与吾共安利之，可乎？贤士大夫有肯从我游者，吾能尊显之。布告天下，使明知朕意。御史大夫昌下相国，相国鄷侯下诸侯王，御史中执法下郡守，其有意称明德者，必身劝，为之驾，遣诣相国府，署行、义、年。有而弗言，觉，免。年老癃病，勿遣。"①

如果说叔孙通制礼是儒家在汉代的初创阶段，那么，汉高祖求贤，则是儒学与帝国结合的开始。儒学一直主张任用贤人，孔子认识到，政治目标的实现要依靠对现实政治有高度使命感的贤人。而孔子对这种贤人又有什么要求呢？他在回答鲁国贵族季康子的问题时言："子为政，焉用杀？子欲善而民善矣。君子之德风，人小之德草，草上之风，必偃。"②孔子认为执政者要道德高尚。在孔子的教育培养下，他的弟子大都"散游诸侯，大者为卿相师傅，小者友教士大夫"③。

刘邦的求贤政策正是儒学在汉代不断发展的重要表现。"尽管皇帝（刘邦）之前的许多战友和伙伴最初已受封采邑，但他无疑宁愿选择一个中央控制的国家机器，尤其是在他遭受了他从前的一些战友和助手后来

---

① 班固：《汉书》卷一下《高帝纪》，中华书局1962年版，第70—71页。
② 杨伯峻：《论语译注》第十二《颜渊》，中华书局2009年版，第127页。
③ 班固：《汉书》卷八十八《儒林传》，中华书局1962年版，第3591页。

背叛了他的痛苦之后。公元前196年的诏令因而是有助于实现在行政管理体制上选任贤能的一个重要步骤,也可以说是走向著名的科第制度的第一个主要的推动力。我们可以设想,残存的儒家传统在它被崇尚法家的秦代政权排除之后,由于这项法令而得到了新的鼓舞。"①儒家思想已被用来构建大一统政权,儒学的诸多传统得到复兴。

---

① 崔瑞德、鲁惟一编,杨品泉等译:《剑桥中国秦汉史(公元前221—公元220年)》,中国社会科学出版社1992年版,第807—808页。

陆贾著《新语》

　　陆贾者，楚人也。以客从高祖定天下，名为有口辩士，居左右，常使诸侯。……陆生时时前说称《诗》《书》。高帝骂之曰："乃公居马上而得之，安事《诗》《书》！"陆生曰："居马上得之，宁可以马上治之乎？且汤武逆取而以顺守之，文武并用，长久之术也。昔者吴王夫差、智伯极武而亡；秦任刑法不变，卒灭赵氏。乡使秦已并天下，行仁义，法先圣，陛下安得而有之？"高帝不怿而有惭色，乃谓陆生曰："试为我著秦所以失天下，吾所以得之者何，及古成败之国。"陆生乃粗述存亡之征，凡著十二篇。每奏一篇，高帝未尝不称善，左右呼万岁，号其书曰《新语》。①

　　汉初，除了名家、墨家之外，诸子之学得到复兴。学术界虽有争议，但陆贾的确是儒家的重要代表人物。《四库全书总目·子部·儒家类》也认为："今但据其书论之，则大旨皆崇王道、黜霸术，归本于修身用人。其称引《老子》者，惟《思务篇》引'上德不德'一语，余皆以孔氏为宗。所援据多《春秋》《论语》之文。汉儒自董仲舒外，未有如是之醇正也。"②就《新语》一书的主要内容而言，其同样具有极强的儒家倾向：一、《新语》十二篇，发挥"行仁义，法先圣"的儒家政治主张，他举出尧、舜之治，周公之政等历史经验，说明一切先圣明王都是以仁义治天下而取得赫赫政绩。又举出吴王夫差、智伯、秦代的历史教训，说明完全依靠暴力必然导致灭亡。二、不同于先秦儒家的特色是，陆贾强调"无为"，主张"夫道莫大于无为"。这里明显受到了道家"无为而治"思想的影响，但陆贾在很大程度上把"仁义"解释为"无为"，直接反映出经过长期战乱后社会需要安定，国家需要休养

---

① 司马迁：《史记》卷九十七《郦生陆贾列传》，中华书局 1959 年版，第 2697—2699 页。
② 纪昀等纂：《四库全书总目》卷九十一《子部·儒家类一》，中华书局 1965 年版，第 771 页。

生息,是具有时代特色的。三、陆贾从天人关系和古今关系两方面论证了仁义为本的政治思想,认为仁义是贯穿于自然界和人类社会的基本原则。四、关于古今关系,陆贾认为"古今同纲纪"。这万世不易的"纲纪"就是仁义。①

---

① 张岂之:《中国思想史》,西北大学出版社 1993 年版,第 110—111 页。

刘邦以太牢祠孔子

孔子葬鲁城北泗上，弟子皆服三年。三年心丧毕，相诀而去，则哭，各复尽哀；或复留。唯子赣庐于冢上，凡六年，然后去。弟子及鲁人往从冢而家者百有余室，因命曰孔里。鲁世世相传以岁时奉祠孔子冢，而诸儒亦讲礼乡饮大射于孔子冢。孔子冢大一顷。故所居堂弟子内，后世因庙藏孔子衣冠琴车书，至于汉二百余年不绝。高皇帝过鲁，以太牢祠焉。诸侯卿相至，常先谒然后从政。①

（高祖）十二年……十一月，行自淮南还。过鲁，以大牢祠孔子。②

宋人释志磐在《佛祖统纪》中认为："周秦以来，为儒者尊孔子为宗师，而在上之君曾未知所以褒称而尊事之。高皇帝当干戈甫定之日，过鲁祠之，且封其后人以奉嗣焉，所以教人以'武定文守'之义。后代人主尊称'先圣'，通祀天下，为万世师儒之法者，自汉家始。岂不盛哉！"③刘邦祭祀孔子，体现了其对儒学的重视，并开创了帝王祭孔的先河，当时虽未成定制，但对儒学的发展意义重大。

根据治世的需要，刘邦逐渐崇儒，并对儒士论功行赏、提高儒士的政治地位、网罗天下有识之士，尽心竭力地发挥儒士的聪明才智。而且，刘邦临终前，已经意识到知识阶层对于巩固政权的重要作用，所以在遗嘱中指定萧何、曹参、王陵、陈平、周勃相继为辅助帝王的接班人，他们之中大多数为学有专长的儒士。刘邦以这样一个儒士为主体的领导集团相继，对于西汉政策的延续、政治清平、经济发展有很大的作用。④

---

① 司马迁：《史记》卷四十七《孔子世家》，中华书局 1959 年版，第 1945—1946 页。
② 班固：《汉书》卷一下《高帝纪》，中华书局 1962 年版，第 76 页。
③ 释志磐：《佛祖统纪》卷三十五，大正藏第 49 册，新文丰出版公司 1983 年版，第 334 页。
④ 谢宝耿：《略论刘邦政权中儒士的作用》，《历史教学问题》1983 年第 3 期。

申培见高祖

    申公者,鲁人也。高祖过鲁,申公以弟子从师入见高祖于鲁南宫。[1]

    汉兴,高祖过鲁,申公以弟子从师入见于鲁南宫。[2]

王承略在《论两汉〈鲁诗〉学派》一文中认为:"汉《诗》学四家中,以《鲁诗》一派出现最早。《鲁诗》的创始人为申培,申培之学传自鲁人浮丘伯。浮丘伯活动于战国后期,曾受业于荀子。秦火燔书之时,浮丘伯正为鲁申培、穆生、白生以及楚刘交传授《诗三百》……刘交……在高祖六年被封为楚元王。刘交至国,以同学申培、穆生、白生诸人为楚中大夫……就申培而言,在先后二三十年的时间中,前后两次师事浮丘伯,治《诗》遂臻于精熟,并在汉初较早为《诗》训诂,首创《鲁诗》学派。"[3]

更为重要的是,申培开创的《鲁诗》学派,还在汉初产生了较大的影响。清人唐晏在《两汉三国学案》中指出,申培"弟子为博士十余人,孔安国至临淮太守,周霸胶西内史,夏宽城阳内史,砀鲁赐东海太守,兰陵缪生长沙内史,徐偃胶西中尉,邹人阙门庆忌胶南内史,其治官民皆有廉节,称其好学。学官弟子行虽不备,而至于大夫、郎、掌故以百数"[4]。申培见刘邦,有利于儒学政治地位的提升,文帝时,申培便被征为博士。

---

① 司马迁:《史记》卷一百二十一《儒林列传》,中华书局 1959 年版,第 3124 页。
② 班固:《汉书》卷八十八《儒林传》,中华书局 1962 年版,第 3608 页。
③ 王承略:《论两汉〈鲁诗〉学派》,《晋阳学刊》2002 年第 4 期。
④ 唐晏:《两汉三国学案》,中华书局 1986 年版,第 214 页。

曹参以黄老之术治国

惠帝二年，萧何卒。参闻之，告舍人趣治行，"吾将入相"。居无何，使者果召参。参去，属其后相曰："以齐狱市为寄，慎勿扰也。"后相曰："治无大于此者乎？"参曰："不然。夫狱市者，所以并容也，今君扰之，奸人安所容也？吾是以先之。"择郡国吏木讷于文辞，重厚长者，即召除为丞相史。吏之言文刻深，欲务声名者，辄斥去之。日夜饮醇酒。卿大夫已下吏及宾客见参不事事，来者皆欲有言。至者，参辄饮以醇酒，闲之，欲有所言，复饮之，醉而后去，终莫得开说，以为常。……惠帝怪相国不治事……参曰："陛下言之是也。且高帝与萧何定天下，法令既明，今陛下垂拱，参等守职，遵而勿失，不亦可乎？"惠帝曰："善。君休矣！"参为汉相国，出入三年。卒，谥懿侯。子窋代侯。百姓歌之曰："萧何为法，顜若画一；曹参代之，守而勿失。载其清净，民以宁一。"①

战国汉初的黄老学派是道家的一个支派。由于这个学派融合道、法，主张"清静自定"，适应汉初休养生息、稳定政治局势和恢复发展经济的需要，因此得到统治阶级的重视而盛极一时。②

黄老之学虽倡导"无为而治"，但"这种分析只注意了黄老清静无为的一面，而没有注意从战国以来，黄老思想在政治方面的积极、有为、进取的本质；注意了黄老思想的宽容、兼收并蓄的一面，而没有注意它严酷的另一面。汉初黄老思想，主张清静无为，对秦代的严刑酷诛来说，似乎确是一百八十度的大转变。但是，它的实质仍然是严酷而毫不放松控制与镇压的'法治'。它纠正与改变的是秦代对法治的滥用，而其法治的精神与

---

① 司马迁：《史记》卷五十四《曹相国世家》，中华书局 1959 年版，第 2029—2031 页。
② 张岂之：《中国思想史》，西北大学出版社 1993 年版，第 113 页。

立场,则是没有改变的。黄老思想,正如帛书①所表明的,本身就是一种法家思想。它对政治、人生、社会、社会秩序,不诉诸道德说教和宗法情谊;不乞求理性的自觉,而完全求助于漠然无情的暴力和物质手段的奖罚,认为惟有法律、法令、吏治、强力,才是巩固统治,建立社会秩序的可靠手段。汉初统治者在清静无为的宽容面貌下,所严守不失的,正是黄老或法家思想的这个基本精神与立场。因此,'汉承秦制',不只是指具体的政治经济制度、社会结构、施政大纲,也包括秦代奉行的法家指导思想"②。曹参以黄老之术治国,并不是简单的放任自流,而是法制的另一种表现形式,松紧有度、一张一弛。

---

① 即《黄老帛书》,马王堆汉墓出土《老子》乙本卷前古佚书的简称。

② 金春峰:《汉代思想史》,中国社会科学出版社 2006 年版,第 42—43 页。

和亲匈奴

　　以宗室女为公主,嫁匈奴单于。①

　　"白登之围"后,刘邦听取了娄敬的建议,与匈奴和亲,把宗室之女作为公主嫁给单于,并奉送匈奴米、酒等物品。从春秋战国到明清,和亲贯穿于中国古代社会发展的始末,学术界对于和亲政策一直存在争议,或认为其丧权辱国,或认为其促进了民族融合,或认为其利弊兼有。而汉帝国与匈奴的"和亲之约",避免了双方大规模的军事冲突,同时促进了汉匈两家的经济、文化交流,有利于汉初社会的稳定、经济的复苏;但和亲政策并没有换来持久的和平,一再的退让不仅助长了匈奴的贪念,还影响了西汉政局的稳定,使西汉政府付出了惨痛的代价。直到武帝时期,汉帝国才在军事上主动打击匈奴。《试析匈奴人的社会文化价值观念》一文认为:"古代匈奴族崇拜自然神灵,其社会文化价值观念主要体现为:(1)敬畏自然,迷信神灵;(2)敬重英雄和人才;(3)崇尚力量和勇气;(4)珍视妇女和家庭;(5)崇尚功利,灵活通变。"文章还论证了在与中原汉族王朝长期交往中,匈奴族的文化价值观念逐渐受到影响,其上层社会部分接受了汉族的儒家文化思想。② 儒学的一些核心理念可以被不同民族、不同文化、不同地域的人认可、接受,这正是儒学的魅力所在。

---

① 　班固:《汉书》卷二《惠帝纪》,中华书局 1962 年版,第 89 页。
② 　吴小强:《试析匈奴人的社会文化价值观念》,《黔南民族师范学院学报》2017 年第 3 期。

除"挟书律"

三月甲子,皇帝冠,赦天下。省法令妨吏民者;除挟书律。[1]

颜师古《汉书注》引应劭曰:"挟,藏也。"又引张晏曰:"秦律敢有挟书者族。"《汉书·艺文志》载:"至秦患之,乃燔灭文章,以愚黔首。汉兴,改秦之败,大收篇籍,广开献书之路。"

惠帝废除秦之"挟书律",对儒学发展影响巨大。"初,秦燔灭文章以愚黔首,下令敢有挟书者族,六艺自此缺焉。于是好古之士,或藏之山崖屋壁,或以口授生徒,高祖因秦律,未遑除去。至是年三月,帝乃下令除之。于是壁藏者纷纷出世,而口授者亦得书之于简策矣。"[2]儒学经典开始在民间传授,六艺之学得以发扬光大。

此外,陈静在《西汉"除挟书律"的历史意义》一文中还指出,除挟书律"正式废止了西周以来延续了七八百年的官书垄断传统,使得书籍可以自由收藏,自由复制,自由流通。在'除挟书律'后的一百来年间,先秦官书能够被人们公开收藏并进而在公众间流通;司马迁写出了第一部以社会公众为读者的史书——《史记》,书籍著作领域出现了面向公众传播的明确观念……因此,我们完全可以说,'除挟书律'不仅为作者将自己著作公之于世扫清了障碍,更将中国书籍逐渐引入了公众传播的新时代。"[3]不只是儒学,"除挟书律"对于史学、文学的发展,以及文化典籍的传播都产生了促进作用。

---

① 班固:《汉书》卷二《惠帝纪》,中华书局 1962 年版,第 90 页。
② 刘汝霖:《汉晋学术编年》卷一,中华书局 1987 年版,第 33—34 页。
③ 陈静:《西汉"除挟书律"的历史意义》,《齐鲁学刊》2005 年第 2 期。

伏生传《尚书》

　　伏生者,济南人也。故为秦博士。孝文帝时,欲求能治《尚书》者,天下无有,乃闻伏生能治,欲召之。是时伏生年九十余,老,不能行,于是乃诏太常使掌故朝错往受之。秦时焚书,伏生壁藏之。其后兵大起,流亡,汉定,伏生求其书,亡数十篇,独得二十九篇,即以教于齐鲁之间。学者由是颇能言《尚书》,诸山东大师无不涉《尚书》以教矣。①

　　《尚书》秦汉之前被称为《书》,汉文帝时尊称为《尚书》,其分为《虞书》《夏书》《商书》《周书》,是战国之前的官方文件汇编,体裁有诰(君对臣的讲话)、谟(臣对君的讲话)、誓(君王誓众之词)、命(册命)、典(记载重要事件的文字),为汉代五经之一。

　　清唐晏所著《两汉三国学案》,列伏生传《书》之谱系:"伏生、张生(夏侯都尉)、欧阳生、周霸、贾嘉、晁错,以上伏氏派。"②

　　滕秋玲、李象润在《西汉大儒伏生与〈尚书〉》一文中认为:伏生是炎帝后裔,孔子弟子宓子贱之后,并拜李悝为师(子夏之弟子),其师承直接上承孔子。不仅如此,伏生还博览群书,尤精于《书》经,秦之时为博士,始皇焚书,伏生将《书》藏之于壁,后存二十九篇。秦末,伏生隐居于山东聊城阳谷县古地宓城集一带,汉定后,儒学的地位逐渐上升,惠帝四年,废挟书之律后,伏生开始在齐鲁之地传《书》二十九篇。此后,《尚书》一直是古代士大夫们的必读之书,《尚书》所宣扬的敬天、明德、慎罚、保民的核心思想深入中国社会的各个阶层。帝王将相以《尚书》安邦定国;工商士民以《尚书》修身待物。《尚书》中的内容反映了儒家思想对天道、性命、伦理和政

---

① 司马迁:《史记》卷一百二十一《儒林列传》,中华书局1959年版,第3124－3125页。
② 唐晏:《两汉三国学案》,中华书局1986年版,第99页。

治等人类所关心的重大问题的理解和认识,对中国传统文化和民族精神的形成与发展产生了重大的影响。《尚书》虽为孔子删定,但伏生在《尚书》传播史上的地位是无可替代的。①

---

① 滕秋玲、李象润:《西汉大儒伏生与〈尚书〉》,《春秋》2008 年第 1 期。

颜贞出《孝经》

　　《孝经》者,孔子为弟子曾参说孝道,因明天子庶人五等之孝,事亲之法。亦遭焚烬。河间人颜芝为秦禁,藏之。汉氏尊学,芝子贞出之,是为今文。①

　　　颜芝。汉氏尊学,初,除挟书之律,有河间人颜贞出其父芝所藏,凡十八章,以相传授。②

　　除挟书之律后,颜贞开始传授其父所藏之《孝经》,此《孝经》用当时的隶书书写,称为今文《孝经》。颜贞传《孝经》之谱系:"颜芝(子贞)、长孙氏、江翁、后仓、翼奉、孔腾、孔安国、董仲舒、张禹、匡衡、刘向、刘辅、郑众、范升、卫宏、许慎、马融、田君、何休、郑玄、刘邵、樊安、王朗、王肃、武荣、高诱、何晏、韦昭、虞翻、谢万、苏林、郑小同、王立、徐整、严峻。"③

　　"《孝经》以论述孝道系统而全面,被帝王视为教化百姓、治理国家的圣经宝典,很多帝王亲自注释讲授;作为儒家经典和科举入仕的必读书,为历代学子士人所诵读研究;又以篇幅短小而文字通俗,为平民百姓所家喻户晓,深刻影响了人们的思想行为,在中国古代产生了重大影响。"④《孝经》对中华民族"孝道"的塑造,以及孝行在社会各个阶层的践行都产生了促进作用,逐渐成为儒家十三经之一。

---

① 陆德明:《经典释文序录疏证》,中华书局 2008 年版,第 118 页。
② 唐晏:《两汉三国学案》,中华书局 1986 年版,第 521 页。
③ 唐晏:《两汉三国学案》,中华书局 1986 年版,第 521 页。
④ 秦进才:《两汉〈孝经〉传播与孝行管窥》,《社会科学战线》2005 年第 1 期。

曹参卒

　　参为汉相国,出入三年。卒,谥懿侯。子窋代侯。百姓歌之曰:"萧何为法,顜若画一;曹参代之,守而勿失。载其清净,民以宁一。"①

　　曹参一生最大的功绩,在于推行"黄老之术"。在担任齐国国相期间,曹参就是"黄老之术"的坚定执行者;但曹参的"黄老之术""并非真的无所作为,放弃国家对社会的管理职能,而是在执行既定政策的前提下,以一定程度的放任主义给百姓以发展生产的宽松环境,这在当时应该说是最高明的治国方略了"②。作为汉初著名的政治家,曹参对于"黄老之学"的践行,确保了汉初社会的繁荣、稳定。

---

① 司马迁:《史记》卷五十四《曹相国世家》,中华书局1959年版,第2031页。
② 孟祥才:《曹参治齐与汉初统治思想与统治政策的选择》,《管子学刊》1998年第4期。

陈平为左丞相

惠帝六年，相国曹参薨，安国侯王陵为右丞相，平为左丞相。①

孝惠帝六年，相国曹参卒，以安国侯王陵为右丞相，陈平为左丞相。②

陈平少时家贫，好读书，多习黄老之术，是刘邦的重要谋士。吕后掌权后，"立诸吕为王，陈平伪听之。及吕太后崩，平与太尉勃合谋，卒诛诸吕，立孝文皇帝，陈平本谋也"，确保了刘氏政权的稳定。

不仅如此，再据《史记·陈丞相世家》载："孝文帝立，以为太尉勃亲以兵诛吕氏，功多；陈平欲让勃尊位，乃谢病。孝文帝初立，怪平病，问之。平曰：'高祖时，勃功不如臣平。及诛诸吕，臣功亦不如勃。愿以右丞相让勃。'于是孝文帝乃以绛侯勃为右丞相，位次第一；平徙为左丞相，位次第二。赐平金千斤，益封三千户。"③陈平还赏罚有度，始终以国事为重。孙玉太在《论陈平》一文中指出："陈平是汉初杰出的政治家、谋略家，在亡秦灭楚、建立汉朝的过程中扮演了一个重要的谋士角色。汉高祖刘邦去世后，他又韬光养晦，力撑危局，主谋诛灭吕氏外戚，维护了汉初的统一局面。……为文帝时期出现的仓廪充实、天下大治的局面奠定坚实的基础。"④

---

① 班固：《汉书》卷四十《张陈王周传》，中华书局1962年版，第2046页。
② 司马迁：《史记》卷五十六《陈丞相世家》，中华书局1959年版，第2059页。
③ 司马迁：《史记》卷五十六《陈丞相世家》，中华书局1959年版，第2061页。
④ 孙玉太：《论陈平》，《山东大学学报（哲学社会科学版）》2005年第2期。

弛困辱商贾之律

天下已平,高祖乃令贾人不得衣丝乘车,重租税以困辱之。孝惠、高后时,为天下初定,复弛商贾之律,然市井之子孙亦不得仕宦为吏。①

商鞅、韩非皆认为"重农抑商"为富国强兵之根本。汉初,高祖沿袭法家之说,将商人另立户籍,称为"市籍",并"令贾人不得衣丝乘车,重租税以困辱之"。由于商品经济得到了恢复与发展,到惠帝之时,抑商政策才有所松动;但随着商人手中财富的不断增多,"商贾大者积贮倍息,小者坐列贩卖,操其奇赢,日游都市,乘上之急,所卖必倍"②,土地兼并、农民破产,国家税收减少。汉初"重农抑商"的国策没有改变,贾谊在《论积贮疏》、晁错在《论贵粟疏》中都阐释了"重农"的重要作用,而司马迁在《史记·货殖列传》、桑弘羊在《盐铁论》中却表达了"重商"的重要性,直到东汉末年,王符等人仍在强调"农工商各有本末"的观点。

---

① 司马迁:《史记》卷三十《平准书》,中华书局1959年版,第1418页。
② 班固:《汉书》卷二十四上《食货志》,中华书局1962年版,第1132页。

孔鲋弟子襄为博士

(孔)鲋弟子襄,年五十七,尝为孝惠皇帝博士,迁为长沙太守。[1]

另据《汉书·匡张孔马传》载:"(孔)鲋弟子襄为孝惠博士,长沙太傅。"泷川资言在《史记会注考证》中认为"太守"当为"太傅"。

西汉建立后,虽有叔孙通制礼、除挟书之律,但儒学并不是治世的主导思想。据《汉书·儒林传》载:"及高皇帝诛项籍,引兵围鲁,鲁中诸儒尚讲诵习礼,弦歌之音不绝,岂非圣人遗化好学之国哉?于是诸儒始得修其经学,讲习大射乡饮之礼。叔孙通作汉礼仪,因为奉常,诸弟子共定者,咸为选首,然后喟然兴于学。然尚有干戈,平定四海,亦未皇庠序之事也。孝惠、高后时,公卿皆武力功臣。孝文时颇登用,然孝文本好刑名之言。及至孝景,不任儒,窦太后又好黄老术,故诸博士具官待问,未有进者。"[2]直到"窦太后崩,武安君田蚡为丞相,黜黄老、刑名百家之言,延文学儒者以百数,而公孙弘以治《春秋》为丞相,封侯,天下学士靡然乡风矣"。武帝时期,儒者才渐渐登上历史舞台。"武帝的尊儒是中国历史上的大事,其影响远远超出学术文化以外,亦远远超出西汉和东汉。'独尊儒术',既代表一种思想和学术的指导方针,又代表一种新的对知识分子的政策。从此以后,经学迅猛发展,'明经之士'在社会和政治上的力量急剧扩张,形成了'士族'这一标志社会、经济、政治和文化相结合的力量,成了地主阶级的骨干,从而在宣元以后,一直影响和支配着汉代政权和政治的命运。"[3]

孔光字子夏,孔子十四世之孙也。孔子生伯鱼鲤,鲤生子思伋,

---

① 司马迁:《史记》卷四十七《孔子世家》,中华书局 1959 年版,第 1947 页。
② 班固:《汉书》卷八十八《儒林传》,中华书局 1962 年版,第 3592 页。
③ 金春峰:《汉代思想史》,中国社会科学出版社 2006 年版,第 13 页。

伋生子上帛，帛生子家求，求生子真箕，箕生子高穿。穿生顺，顺为魏相。顺生鲋，鲋为陈涉博士，死陈下。鲋弟子襄为孝惠博士，长沙太傅。襄生忠，忠生武及安国，武生延年。延年生霸，字次儒。霸生光焉。安国、延年皆以治《尚书》为武帝博士。安国至临淮太守。霸亦治《尚书》，事太傅夏侯胜，昭帝末年为博士，宣帝时为太中大夫，以选授皇太子经，迁詹事，高密相。是时，诸侯王相在郡守上。……霸四子，长子福嗣关内侯。次子捷、捷弟喜皆列校尉诸曹。光，最少子也，经学尤明，年未二十，举为议郎。光禄勋匡衡举光方正，为谏大夫。坐议有不合，左迁虹长，自免归教授。成帝初即位，举为博士，数使录冤狱，行风俗，振赡流民，奉使称旨，由是知名。[1]

入汉后，孔氏世家以经学传家。儒学为何会在汉代得到独尊？陈学凯在《汉代儒学的关注与局限》一文中指出："在中国儒学发展史上，汉代是一个极为关键和特殊的时期。从表面上看，儒学于汉武帝时期获得了国家意识形态的身份和独尊的地位；但从制度层面上讲，儒家传承的周代礼制体系，即使在战国、秦、西汉初期也并没有被完全取代，而是在礼制制度层面上基本被保存继承了下来。……应该说，在秦汉之际，代表和传承周代政治精神的儒学在礼仪制度层面是客观存在的社会政治现实，而在思想和意识形态领域里则没有独尊的地位。……正是由于这样一个牢固的礼制传统的长期存在，儒学走向国家意识形态的崇高地位，并独尊于诸子之上才是必然的，是一个时间和条件的问题。"[2]

那么，儒学所传承的政治精神又是什么呢？儒学在汉代得到独尊"不只是有政治权力的支持，不只是由于符合巩固大一统的中央集权的需要，主要的原因也在于它反映了中国社会和中华民族性格的根本特征，在中国源远流长的宗法伦理中，有深厚的根基"[3]。儒学秉承了中华民族的道统——重伦理、重道德、重礼仪，这也是儒学在汉代独尊的根本原因。

---

[1]　班固：《汉书》卷八十一《匡张孔马传》，中华书局1962年版，第3352—3353页。
[2]　陈学凯：《汉代儒学的关注与局限》，《南开学报（哲学社会科学版）》2011年第4期。
[3]　金春峰：《汉代思想史》，中国社会科学出版社2006年版，第5页。

申培游学长安

　　吕太后时，申公游学长安，与刘郢同师。[1]

　　据《汉书·儒林传》载："吕太后时，浮丘伯在长安，楚元王遣子郢与申公俱卒学。"另据《汉书·楚元王传》载："高后时，浮丘伯在长安，元王遣子郢客与申公俱卒业。"

　　《鲁诗》创于申培，其授业于浮丘伯。吕后时，楚元王遣子郢客与申培共学于浮丘伯。据《汉书·儒林传》载："申公卒以《诗》《春秋》授，而瑕丘江公尽能传之，徒众最盛。"梅新林、俞樟华主编的《中国学术编年》（两汉卷）据此认为：申培除了传《鲁诗》之外，还是汉初穀梁学派的重要代表，并根据吴之英《汉师传经表》、蒋曰豫《两汉传经表》列出《穀梁春秋》师传表，认为浮丘伯传《穀梁春秋》于申培。

　　但唐晏所著的《两汉三国学案》却认为："陆氏《新语》凡引《春秋》者四，其二明出《穀梁》；其一引夹谷之会，未云何《传》，当是《穀梁》语。然则陆生者，固《穀梁》大师也。而其年岁应长于申公，今列之《春秋》之首云。"[2]"陆贾、申公、瑕丘、江公、荣广、皓星公、蔡千秋、周庆、丁姓、尹更始（子咸）、江博士、王亥、申章、昌曼君、房凤、王龚、胡常、萧秉、刘向、梅福、翟方进、侯霸、庸谭、严彭祖、夏侯胜、韦贤、史高、贾逵、尹敏、段肃、陈修、钟宁、糜信、唐固，以上《春秋》穀梁派。"[3]

---

①　司马迁:《史记》卷一百二十一《儒林传》，中华书局 1959 年版，第 3120—3121 页。
②　唐晏:《两汉三国学案》，中华书局 1986 年版，第 405—406 页。
③　唐晏:《两汉三国学案》，中华书局 1986 年版，第 402 页。

张良卒

　　汉十二年,上从击破布军归,疾益甚,愈欲易太子。留侯谏,不听,因疾不视事。叔孙太傅称说引古今,以死争太子。上详许之,犹欲易之。及燕,置酒,太子侍。四人从太子,年皆八十有余,须眉皓白,衣冠甚伟。……四人为寿已毕,趋去。上目送之,召戚夫人指示四人者曰:"我欲易之,彼四人辅之,羽翼已成,难动矣。吕后真而主矣。"……竟不易太子者,留侯本招此四人之力也。留侯从上击代,出奇计马邑下,及立萧何相国,所与上从容言天下事甚众,非天下所以存亡,故不著。留侯乃称曰:"家世相韩,及韩灭,不爱万金之资,为韩报仇强秦,天下振动。今以三寸舌为帝者师,封万户,位列侯,此布衣之极,于良足矣。愿弃人间事,欲从赤松子游耳。"乃学辟谷,道引轻身。……后八年卒,谥为文成侯。①

　　历代史书都将张良塑造为"运筹帷幄之中,决胜千里之外"的谋臣的典范。的确如此,"张良是秦末汉初的政治家、军事家、谋略家。他以自己的智慧和胆略,为刘邦战胜项羽立下了不可磨灭的功绩,为西汉王朝的建立奠定了坚实的基础。西汉初年大封功臣,张良因功官拜太子少傅,之后辞官归隐,成为汉初三杰中唯一一位得以善终的人"②。

　　在张良传奇的一生中,道家思想对其影响最甚。"张良是秦末汉初著名的谋臣,他那传奇的一生都与道家思想的影响息息相关。他通过道家自然之'天道'找到了政治依靠刘邦,完成了人生的重大选择,并运用'以弱胜强''以退为进'的道家'顺天'思想,为刘邦取得了争霸天下的有利条件;张良'无为而治'的道家政治措施,使汉初经济很快复苏;道家淡泊名

---

① 司马迁:《史记》卷五十五《留侯世家》,中华书局1959年版,第2046—2048页。
② 梁安和:《简析张良的智慧人生》,《咸阳师范学院学报》2015年第1期。

利、珍视生命的思想又促使张良走上了归隐之路,他运用辟谷、导引等道家养生方法自我修炼,达到了超凡脱俗的殊胜境界。"①

《张良"退隐"原因初探——兼论秦汉之际的道家思想》一文认为道家是当时的显学,具有"出世"与"入世"兼采的特点。张良明显地接受了道家思想,年轻时从黄石公学习。黄石公在史书中的记载是一个接近于神仙的修道的人物。黄石公对张良的影响不仅是一部《太公兵法》,还包含着道家神仙家的思想态度。可以说,张良在习学兵法、立志复韩的同时就接受了神仙家出世修道的思想。张良的思想在辅佐刘邦时,可以说是入世之"道"。在汉兴之后,他的退隐又成为出世之"道"。②

① 金陵:《论道家思想对张良一生的影响》,《怀化学院学报》2009 年第 10 期。
② 潘明娟、耿占军:《张良"退隐"原因初探——兼论秦汉之际的道家思想》,《唐都学刊》2004 年第 6 期。

陆贾、陈平等谋除诸吕

孝惠帝时，吕太后用事，欲王诸吕，畏大臣有口者，陆生自度不能争之，乃病免家居。……吕太后时，王诸吕，诸吕擅权，欲劫少主，危刘氏。右丞相陈平患之，力不能争，恐祸及己，常燕居深念。陆生往请，直入坐，而陈丞相方深念，不时见陆生。陆生曰："何念之深也？"陈平曰："生揣我何念？"陆生曰："足下位为上相，食三万户侯，可谓极富贵无欲矣。然有忧念，不过患诸吕、少主耳。"陈平曰："然。为之奈何？"陆生曰："天下安，注意相；天下危，注意将。将相和调，则士务附；士务附，天下虽有变，即权不分。为社稷计，在两君掌握耳。臣常欲谓太尉绛侯，绛侯与我戏，易吾言。君何不交欢太尉，深相结？"为陈平画吕氏数事。陈平用其计，乃以五百金为绛侯寿，厚具乐饮；太尉亦报如之。此两人深相结，则吕氏谋益衰。陈平乃以奴婢百人，车马五十乘，钱五百万，遗陆生为饮食费。陆生以此游汉廷公卿间，名声籍甚。及诛诸吕，立孝文帝，陆生颇有力焉。[1]

陆贾著《新语》"宣扬儒家的仁义德治，批判法家片面崇尚法治和黄老清静无为的思想，而同时又吸收融合法家和黄老思想"[2]。更为重要的是，"陆贾高扬'仁义'，这在当时就是鲜明地树立起尊儒的旗帜。在实践中，陆贾正是以'仁义'为本来实现儒家思想与汉初政治制度的结合的。他认为仁义道德是治国之要道，特别是对于暴秦之后历经战乱的广大百姓来说，更需要仁义道德的春风细雨给予滋润和化育"[3]。

除了著书立说之外，陆贾还将儒家的"正名"观践行到实处，吕后擅权

---

[1] 司马迁：《史记》卷九十七《郦生陆贾列传》，中华书局 1959 年版，第 2699—2701 页。
[2] 金春峰：《汉代思想史》，中国社会科学出版社 2006 年版，第 67 页。
[3] 邹远修：《陆贾：汉代尊儒第一人》，《理论学刊》2002 年第 4 期。

后,"陆贾虽然暂时隐退,但他密切注视朝政,在经过冷静的观察和分析之后,毅然向陈平出谋献策,劝其深结太尉周勃,并'为陈平画诸吕数事',制定了解决诸吕问题的初步方案。公元前180年,吕后死,吕禄、吕产阴谋发动政变。陈平、周勃顺利地铲除了诸吕,为西汉政权继续沿着政治稳定的方向发展扫除了一大障碍"[1]。真正的儒者并非仅仅皓首穷经,而是将儒家的价值观弘道于家国天下。

----

① 林风:《陆贾与汉初政治》,《史学月刊》1988 年第 3 期。

贾谊为博士

　　贾生名谊，雒阳人也。年十八，以能诵诗属书闻于郡中。吴廷尉为河南守，闻其秀才，召置门下，甚幸爱。孝文皇帝初立，闻河南守吴公治平为天下第一，故与李斯同邑而常学事焉，乃征为廷尉。廷尉乃言贾生年少，颇通诸子百家之书。文帝召以为博士。是时贾生年二十余，最为少。每诏令议下，诸老先生不能言，贾生尽为之对，人人各如其意所欲出。诸生于是乃以为能，不及也。孝文帝说之，超迁，一岁中至太中大夫。①

　　和陆贾一样，贾谊是汉初儒家的重要代表人物，其思想的基本点是攻守异术，认为在兼并进取的时候，法术诈力是必要的，但统一以后，为了巩固政权，就应该改弦更张，施仁心，行仁政，以仁义为本。此外，贾谊还主张废除严刑酷法、推行礼制，并认为黄老思想主张放任自流，会滋生社会矛盾，进而对"无为"思想进行批判②。

　　"汉高祖时有叔孙通为博士，以备询问，与秦博士执掌同；而又兼出使、荐人等，是与秦博士异处。此贾谊之博士，执掌对策，以备垂询，既不同于叔孙通之博士职守，又与申培等专研经学之博士有异。"③文帝虽喜好黄老之术，但因贾谊有杰出的学识与才能，遂被召为博士。

---

①　司马迁：《史记》卷八十四《屈原贾生列传》，中华书局 1959 年版，第 2491—2492 页。
②　金春峰：《汉代思想史》，中国社会科学出版社 2006 年版，第 75—82 页。
③　郑杰文、李梅：《中国学术思想编年·秦汉卷》，陕西师范大学出版社 2005 年版，第 59 页。

张苍传贾谊《左氏传》

  左丘明作《传》以授曾申。申传卫人吴起。起传其子期。期传楚人铎椒。椒传赵人虞卿。卿传同郡荀卿名况。况传武威张苍。苍传洛阳贾谊。谊传至其孙嘉。嘉传赵人贯公。贯公传其少子长卿。长卿传京兆尹张敞。及侍御史张禹。①

  汉兴,北平侯张苍及梁太傅贾谊、京兆尹张敞、太中大夫刘公子皆修《春秋左氏传》。谊为《左氏传》训故,授赵人贯公,为河间献王博士,子长卿为荡阴令,授清河张禹长子。②

  但张苍是否传《左氏传》于贾谊,学术界一直存在争议。廖季平、徐仁甫就认为贾谊不习《春秋左氏传》,而有的学者则认为,贾谊主张兴礼乐,实行儒家常规的礼乐教化,以渐进的方式移风易俗。贾谊主礼,特别迷信古礼,有偏向礼的形式而忽视礼的内容——仁的倾向,然礼一旦失去仁的内容就与法没有什么区别了,这就导致贾谊的思想有复古倒退和实行法治的倾向。由此可见,贾谊之思想与《春秋左氏传》之思想是具有一致性的。③ 不仅如此,清人唐晏还对张苍传《左氏传》之谱系进行了考订:"张苍、贾谊、刘公子、贯公、贯长卿、张敞、张禹、尹更始(子咸)、翟方进、胡常、贾护、杜邺、陈钦、刘歆、龚胜、虞俊、郑兴、贾逵、孔奋(弟奇、子嘉)、寇恂、冯异、来歙、郑众、杜林、桓谭、韩歆、陈元、服虔、颍容、谢该、乐详、许慎、崔瑗、张驯、王玢、周磐、尹珍、马严、延笃、杨赐、彭汪、濮阳闿、孔乔、许淑、张恭祖、刘陶……高岱、沈珩,以上为左氏派。"④

---

① 陆德明:《经典释文序录疏证》,中华书局 2008 年版,第 118 页。
② 班固:《汉书》卷八十八《儒林传》,中华书局 1962 年版,第 3620 页。
③ 杨德春:《论贾谊思想与〈春秋左氏传〉思想的一致性》,《安康学院学报》2011 年第 5 期。
④ 唐晏:《两汉三国学案》,中华书局 1986 年版,第 403—404 页。

董仲舒生

梅新林、俞樟华主编的《中国学术编年》（两汉卷）对施之勉、苏舆、华友根、周桂钿、吴文治、姜亮夫、魏文华等人观点进行考辨后认为，董仲舒生于汉文帝元年，即公元前179年。今从之。

董仲舒"治《公羊春秋》，始推阴阳，为儒者宗"。其是西汉时期的儒学大师，汉景帝时任博士官，汉武帝时举贤良文学之士，他应诏先后三次对策，进献著名的"天人三策"，建议"不在六艺之科，孔子之术者，皆绝其道，勿使并进"。汉武帝采纳了他的建议，"罢黜百家，独尊儒术"。冯友兰在《中国哲学史》中，将董仲舒之前的时代称为"子学时代"，董仲舒之后的时代称为"经学时代"，董仲舒既是汉代今文经学的《春秋》公羊派大师，更是儒学发展史上的划时代人物。

贾山上《至言》

  贾山，颍川人也。祖父（祛），故魏王时博士弟子也。山受学祛，所言涉猎书记，不能为醇儒。尝给事颍阴侯为骑。孝文时，言治乱之道，借秦为谕，名曰《至言》。其辞曰："臣闻为人臣者，尽忠竭愚，以直谏主，不避死亡之诛者，臣山是也。臣不敢以久远谕，愿借秦以为谕，唯陛下少加意焉。……是以元年膏雨降，五谷登，此天之所以相陛下也。刑轻于它时而犯法者寡，衣食多于前年而盗贼少，此天下之所以顺陛下也。臣闻山东吏布诏令，民虽老羸癃疾，扶杖而往听之，愿少须臾毋死，思见德化之成也。今功业方就，名闻方昭，四方乡风，今从豪俊之臣，方正之士，直与之日日猎射，击兔伐狐，以伤大业，绝天下之望，臣窃悼之。……古者大臣不媟，故君子不常见其齐严之色，肃敬之容。大臣不得与宴游，方正修洁之士不得从射猎，使皆务其方以高其节，则群臣莫敢不正身修行，尽心以称大礼。如此，则陛下之道尊敬，功业施于四海，垂于万世子孙矣。诚不如此，则行日坏而荣日灭矣。夫士修之于家，而坏之于天子之廷，臣窃愍之。……"[①]

  贾山在《至言》中以秦为鉴、以史为鉴，建议文帝赏罚有度、广泛纳谏、注重节俭、轻徭薄赋。贾山虽"不能为醇儒"，但在《至言》篇中，既注重礼仪规范，又重视使贤、用贤，还强调重民、爱民，儒家思想占据了主导地位。

  此外，《至言》还有经学之意义："贾山《至言》、董仲舒'天人三策'以后，宣、元、成、哀各代的经学意义，是通过他们的奏议而表现出来的。没有经学，便不能出现这些掷地有声的奏议。虽然其中多缘灾异以立言，但若稍稍落实地去了解，则灾异只是外衣，外衣里的现实政治社会的利弊是非，才是他们奏议中的实质。他们对现实政治社会的利弊是非，能观察得

---

① 班固：《汉书》卷五十一《贾邹枚路传》，中华书局1962年版，第2327—2336页。

这样真切,能陈述得这样著明,是出于他们平日与人民为一体之仁,及判断明决、行为果断之义。这正是由经学塑造而来。所以两汉经学,除死守章句的小儒外,乃是由竹帛进入到他们的生命,再由生命展现为奏议,展现为名节的经学。"①

---

① 徐复观:《徐复观论经学史二种》,上海书店出版社 2006 年版,第 166 页。

诏能言极谏者

　　十一月晦，日有食之。十二月望，日又食。上曰："朕闻之，天生蒸民，为之置君以养治之。人主不德，布政不均，则天示之以菑，以诫不治。乃十一月晦，日有食之，适见于天，菑孰大焉！朕获保宗庙，以微眇之身托于兆民君王之上，天下治乱，在朕一人，唯二三执政犹吾股肱也。朕下不能理育群生，上以累三光之明，其不德大矣。令至，其悉思朕之过失，及知见思之所不及，丐以告朕。及举贤良方正能直言极谏者，以匡朕之不逮。因各饬其任职，务省繇费以便民。朕既不能远德，故憪然念外人之有非，是以设备未息。今纵不能罢边屯戍，而又饬兵厚卫，其罢卫将军军。太仆见马遗财足，余皆以给传置。"①

　　汉文帝如此求贤纳谏，除了受灾异现象影响之外，还有更加深层的原因，"汉文帝是在诸王叛乱被铲除后立为代王，又在诸吕叛乱未遂后做了皇帝的。对政局的治乱兴衰他亲眼所见，有亲身体会。所以他在招贤纳谏方面更强于汉朝其他皇帝"②。汉文帝还身体力行，从谏如流，广泛任用贤臣。"正由于刘恒具有这种颇为开明民主的作风，所以当时确实出了一些直言敢谏之臣，如中郎将袁盎、中郎署长冯唐、廷尉张释之等。"③由此才能开"文景之治"之先河。

　　此外，"文帝因天象谴告，故下诏令举荐贤良方正能直言极谏的人，以知民意，顺民心。此乃受先秦天象谴告说影响，开董仲舒'天人感应'说之先声"④。

---

① 司马迁：《史记》卷十《孝文本纪》，中华书局 1959 年版，第 422 页。
② 申海田：《论汉文帝招贤纳谏巩固政权的几项措施》，《齐鲁学刊》1988 年第 5 期。
③ 杨绍维：《略论汉文帝的开明思想和作风》，《燕山大学学报（哲学社会科学版）》2000 年第 1 期。
④ 郑杰文、李梅：《中国学术思想编年·秦汉卷》，陕西师范大学出版社 2005 年版，第 64 页。

张苍为丞相

（文帝）四年，丞相灌婴卒，张苍为丞相。[①]

  张苍特有的儒生特质是其就任丞相的重要原因。"事实上，文帝一朝是西汉皇权与政权步入正轨的重要转折点，也是汉代王朝性格与文化，即'汉家制度'的初步形成时期。无论是儒生势力在汉代的兴起，还是儒家思想在汉代的昌盛，其发端都在此时。以往研究通常认为，西汉文帝、景帝朝准备了强大的经济基础，武帝朝时诸事始大盛。……文帝所留下的不仅仅是强大的经济基础，更重要的是强大的政治基础、思想基础与人才储备。武帝时儒家思想垄断地位的形成，则恰恰来自文帝时的政治、思想与人才储备。武帝时一大批儒生与倾向儒生的势力，很大一部分都在文帝的有意培养之下形成。从即位初期以来，义帝便不断地培养儒生势力，这些势力在景帝、武帝之时均起到了巨大作用。没有文帝一朝的准备，儒家不可能在武帝时迅速取得垄断地位。"而且，"文帝通过推进改革而打击军功受益阶层，亦通过打击军功受益阶层而推进改革的进行。在这个过程中，文帝与儒生的势力都在不断壮大，二者相辅相成，最终发展成为武帝的绝对权威与儒家思想的官方化"。[②] 在汉文帝执政期间，儒学得到了长足的发展，为日后的独尊奠定了坚实的基础。

---

① 司马迁:《史记》卷九十六《张丞相列传》，中华书局 1959 年版，第 2680 页。
② 张倩茹:《张苍免相与西汉文帝朝政局》，《南都学坛》2017 年第 2 期。

贾谊作《谏除盗铸钱令》

孝文五年,为钱益多而轻,乃更铸四铢钱,其文为"半两"。除盗铸钱令,使民放铸。贾谊谏曰:"法使天下公得顾租铸铜锡为钱,敢杂以铅铁为它巧者,其罪黥。然铸钱之情,非淆杂为巧,则不可得赢;而淆之甚微,为利甚厚。夫事有召祸而法有起奸,今令细民人操造币之势,各隐屏而铸作,因欲禁其厚利微奸,虽黥罪日报,其势不止。乃者,民人抵罪,多者一县百数,及吏之所疑,榜笞奔走者甚众。夫县法以诱民,使入陷阱,孰积于此!曩禁铸钱,死罪积下;今公铸钱,黥罪积下。为法若此,上何赖焉?又民用钱,郡县不同:或用轻钱,百加若干;或用重钱,平称不受。法钱不立,吏急而一之乎,则大为烦苛,而力不能胜;纵而弗呵乎,则市肆异用,钱文大乱。苟非其术,何乡而可哉!今农事弃捐而采铜者日蕃,释其耒耨,冶熔炊炭,奸钱日多,五谷不为多。善人怵而为奸邪,愿民陷而之刑戮,刑戮将甚不详,奈何而忽!国知患此,吏议必曰禁之。禁之不得其术,其伤必大。令禁铸钱,则钱必重;重则其利深,盗铸如云而起,弃市之罪又不足以禁矣。奸数不胜而法禁数溃,铜使之然也。故铜布于天下,其为祸博矣。今博祸可除,而七福可致也。何谓七福?上收铜勿令布,则民不铸钱,黥罪不积,一矣。伪钱不蕃,民不相疑,二矣。采铜铸作者反于耕田,三矣。铜毕归于上,上挟铜积以御轻重,钱轻则以术敛之,重则以术散之,货物必平,四矣。以作兵器,以假贵臣,多少有制,用别贵贱,五矣。以临万货,以调盈虚,以收奇羡,则官富实而末民困,六矣。制吾弃财,以与匈奴逐争其民,则敌必怀,七矣。故善为天下者,因祸而为福,转败而为功。今久退七福而行博祸,臣诚伤之。"[①]

---

① 班固:《汉书》卷二十四下《食货志》,中华书局 1962 年版,第 1153—1156 页。

　　贾谊通过谏书向文帝阐述了废除铸钱令的危害："其一,私铸的重利会导致'奸数不胜,而法禁数溃'。由于私铸钱只有掺入劣质金属才能谋取暴利,因而允许私铸必诱使人民犯法,而私铸犯法者多了以后,官吏捕不胜捕,法将无法制众,法律也形同儿戏。其二,私铸不仅'法钱不立',铜钱种类繁多,郡县各异,无标准的货币;而且铜钱的轻重成色紊乱,'钱文大乱',致使钱币混乱。其三,由于私铸获利甚厚,将使'农事弃捐','释其耒耨',妨碍农业生产,致使'五谷不为多'。"要想解决这一问题,"贾谊认为将铜收归国有,民间无铜就无法私铸,这样,货币流通的混乱局面,老百姓因私铸而犯罪的现象,就可消除了,由此可产生七福:民不铸钱,黔罪不积;伪钱不蕃,民不相疑;采铜铸作者反于田;铜毕归于上,上挟铜积以御轻重,钱轻则以术敛之,重则以术散之,货物必平;以作兵器,以假贵臣,多少有制,用别贵贱;以临万货,以调盈虚,以收奇羡,则官富实而末民困;制吾弃材,以与匈奴逐争其民,则敌必怀"。①

　　但贾谊的货币观与当时的主流经济思想相抵触。汉初的统治者汲取秦朝灭亡的教训,针对当时国民经济严重凋敝、民生极端困苦的局面,不得不奉行黄老之术,在经济上按照"无为而治"的思想,采取了与民休息的政策,即重农、崇俭、轻徭薄赋。而且,贾谊主张将币材收归国有并垄断铸币权的目的之一是打击地方豪族和重商大贾。但从汉文帝统治时期的政治环境看,若采纳这一主张不仅不会巩固皇权统治,加强中央集权,而且还会过早激化矛盾,致使政权不稳,反而危及汉文帝的统治地位。所以,"上不听。是时,吴以诸侯即山铸钱,富埒天子,后卒叛逆。邓通,大夫也,以铸钱财过王者。故吴、邓钱布天下"②。

---

① 王艳、袁野:《从汉文帝不采纳贾谊的〈谏除盗铸钱令〉想到的》,《金融科学》2000 年第 2 期。
② 班固:《汉书》卷二十四下《食货志》,中华书局 1962 年版,第 1157 页。

贾谊上《治安策》

是时,匈奴强,侵边。天下初定,制度疏阔。诸侯王僭拟,地过古制,淮南、济北王皆为逆诛。谊数上疏陈政事,多所欲匡建,其大略曰:"臣窃惟事势,可为痛哭者一,可为流涕者二,可为长太息者六,若其它背理而伤道者,难遍以疏举。进言者皆曰天下已安已治矣,臣独以为未也。曰安且治者,非愚则谀,皆非事实知治乱之体者也。夫抱火厝之积薪之下而寝其上,火未及燃,因谓之安,方今之势,何以异此!本末舛逆,首尾衡决,国制抢攘,非甚有纪,胡可谓治!陛下何不一令臣得孰数之于前,因陈治安之策,试详择焉!……人主之所积,在其取舍。以礼义治之者,积礼义;以刑罚治之者,积刑罚。刑罚积而民怨背,礼义积而民和亲。故世主欲民之善同,而所以使民善者或异。或道之以德教,或驱之以法令。道之以德教者,德教洽而民气乐;驱之以法令者,法令极而民风哀。哀乐之感,祸福之应也。……顾行而忘利,守节而仗义,故可以托不御之权,可以寄六尺之孤。此厉廉耻行礼谊之所致也,主上何丧焉!此之不为,而顾彼之久行,故曰可为长太息者此也。"①

《治安策》又名《陈政事疏》,《汉书·贾谊传》所载之《治安策》是班固对贾谊《陈政事疏》的要点的汇编。在《治安策》中,贾谊面对严峻的社会现实,揭示了危及西汉皇权的一系列严重的政治、经济、社会问题,为汉文帝"建久安之势,成长治之业"提出了一系列建议。②

贾谊"总结了秦王朝二世而亡的教训,针对当时社会上的各种矛盾,

---

① 班固:《汉书》卷四十八《贾谊传》,中华书局 1962 年版,第 2230、2253、2258 页。
② 黄圣周:《礼义积而民和亲 德教洽而民气乐——读贾谊〈治安策〉札记》,《咸宁学院学报》2005 年第 1 期。

进行了认真的反思,为汉初统治者提出了恰当的治国方略。他总结了汉初政治指导思想由无为向有为转变,发展了儒家的德治思想,推进了汉初民本思想的发展,提出了大一统的政治主张,这些对巩固汉初社会的安定团结,实现社会的长治久安都起到了积极的作用。……贾谊提出的大一统思想,礼法并用、仁政治国的思想,民为国本的民本思想,不仅体现了汉初政治思想的精髓,对后来的整个封建社会都有着深远的影响"①。贾谊试图用礼治、德治、教化等以儒家为主的治世手段,来解决文帝朝所遇到的诸多问题,针砭时弊、鞭辟入里,为后世儒者提供了一个将儒家思想与现实政治相契合的杰出典范。

---

① 薛俊武:《贾谊政治哲学研究》,博士学位论文,陕西师范大学,2013 年,摘要第 Ⅰ、Ⅱ 页。

晁错学《尚书》

晁错者,颖川人也。学申商刑名于轵张恢先所,与雒阳宋孟及刘礼同师。以文学为太常掌故。错为人峭直刻深。孝文帝时,天下无治《尚书》者,独闻济南伏生故秦博士,治《尚书》,年九十余,老不可征,乃诏太常使人往受之。太常遣错受《尚书》伏生所。还,因上便宜事,以《书》称说。诏以为太子舍人、门大夫、家令。以其辩得幸太子,太子家号曰"智囊"。数上书孝文时,言削诸侯事,及法令可更定者。书数十上,孝文不听,然奇其材,迁为中大夫。①

晁错是汉初法家的重要代表人物,很多学者称之为"新法家"。"先秦法家发轫于李悝,经申不害、商鞅、韩非至李斯,盛极而衰,西汉前期余波尚存。从秦亡到汉武'罢黜百家'六七十年间,诸子重新活跃,既有新儒家和新道家,也有以晁错为代表的新法家。新法家一是受到阴阳五行思想的影响,将商、韩直线进化的历史观进行翻新,并且以之为理据反对无为而治;二是商、韩利用人性的'趋利避害',强调赏罚和暴力,目标是'得天下',新法家在治国理政上形成了一种温和平实的风格;三是晁错在批判秦政的基础上摒弃了申、韩尤其是李斯理论上的'君主本位',一方面实现了对商鞅、慎到'国家本位'的回归,另一方面吸收儒家'仁者爱人'的思想,以使法家面貌显得更加柔和。"②

晁错虽为法家,但其思想中的确有仁爱、民本之思想。"晁错的政治活动主要集中在西汉初年的文帝、景帝时期,曾受太常委派去济南伏生(处)学习今文《尚书》,相信其对儒家思想应该进行了比较充分的研究,其后来的诸多政治活动也能反映出儒家思想的成分。在向文帝阐释注重边

---

① 司马迁:《史记》卷一百一《袁盎晁错列传》,中华书局 1959 年版,第 2745—2746 页。
② 龚留柱:《晁错及西汉法家的潮起潮落》,《中原文化研究》2014 年第 3 期。

防、保境安民、劝农务本的过程中,他提出了自己的政治思想和政治主张,表现了对汉初匈奴不断骚扰边境的忧虑,及对当时由于连年战乱,致使农民四散流亡,土地兼并加剧,农业生产受到严重冲击,民生凋敝的关注。"①《尚书》中的民本思想的确对晁错产生了一定的影响,但是晁错的儒家倾向是基于当时社会的现实,解决边患、土地兼并、农业生产等问题,确保汉家王朝的长治久安。

① 张泰琦:《晁错民本思想研究》,《石河子大学学报(哲学社会科学版)》2008年第4期。

晁错上《言兵事疏》

　　是时匈奴强,数寇边,上发兵以御之。错上言兵事,曰:"臣闻汉兴以来,胡虏数入边地,小入则小利,大入则大利;高后时再入陇西,攻城屠邑,驱略畜产;其后复入陇西,杀吏卒,大寇盗。窃闻战胜之威,民气百倍;败兵之卒,没世不复。自高后以来,陇西三困于匈奴矣,民气破伤,亡有胜意。今兹陇西之吏,赖社稷之神灵,奉陛下之明诏,和辑士卒,底厉其节,起破伤之民以当乘胜之匈奴,用少击众,杀一王,败其众而大有利。非陇西之民有勇怯,乃将吏之制巧拙异也。故兵法曰:'有必胜之将,无必胜之民。'繇此观之,安边境,立功名,在于良将,不可不择也。臣又闻用兵,临战合刃之急者三:一曰得地形,二曰卒服习,三曰器用利。……帝王之道,出于万全。今降胡义渠蛮夷之属来归谊者,其众数千,饮食长技与匈奴同,可赐之坚甲絮衣,劲弓利矢,益以边郡之良骑。令明将能知其习俗和辑其心者,以陛下之明约将之。即有险阻,以此当之;平地通道,则以轻车材官制之。两军相为表里,各用其长技,衡加之以众,此万全之术也。传曰:'狂夫之言,而明主择焉。'臣错愚陋,昧死上狂言,唯陛下财择。"①

"自汉高祖平城之围后,高祖、惠帝、文帝、景帝几朝多与匈奴采取妥协退让的和亲政策,每年挑选宫女,以公主的身份嫁与匈奴单于,并伴之大量的金银财物,以换取暂时的安宁和喘息的机会。同时,每年从内地征调大批戍卒御边。但匈奴由于利益所在,'大入则大利,小入则小利',在汉朝北部边境便一直骚扰不断,到文景时期,匈奴的侵扰更为频繁、危害更烈,每年被匈奴杀害和掳去的汉边地人口,都在一万人以上,成为西汉

---

①　班固:《汉书》卷四十九《爰盎晁错传》,中华书局 1962 年版,第 2278—2283 页。

朝的一个严重威胁。"①

为了彻底解决边患问题,晁错向汉文帝上《言兵事疏》,认为要想击败匈奴,必须"第一,要坚持'和辑士卒,底厉其节'的抗战路线。就是要团结士卒,磨练他们的战斗意志,振奋人民的精神,抗击气焰嚣张的敌人"。"第二,要择'良将'。晁错认为,这个问题很重要,如果做君主的不注意选拔抗战的良将,就等于'以其国予敌'。""第三,要实行'知彼知己'和'以己之长,击敌之短'的作战指导原则。这是我国先秦法家军事家的一个重要思想。""第四,要加强战备,不可轻敌。晁错认为,对抗匈(奴)战争,既要树立必胜的信心,又要认真地做好准备,不可掉以轻心。"此外,"在具体的对敌作战中,晁错强调必须在战术上重视敌人。他认为,用兵打仗是敌我之间的生死搏斗。如果疏忽轻敌,指挥失误,则变大为小,转强为弱,'悔之无及'。所以一定要考虑周到,做到'出于万全'。在战争中虽然是以众击寡,但是兵士还要发挥'以一当十'的勇敢作战精神,不要因为在数量上压倒敌人而松懈斗志"。②

晁错所上之《言兵事疏》,"从匈奴与汉的客观实际出发,制定战略、战术,对敌我双方的政治、经济、军事、地理等诸要素进行了全面的分析,并以民族特点、社会制度、生活方式及军事方面的长短之处,阐述了以己之长,克敌之短的策略"③。有的学者甚至认为,晁错虽然是文臣,但是其提出的相关策略,奠定了西汉打击匈奴的军事理论基础。究其原因,晁错虽有浓厚的法家情结,但儒家、道家、兵家,甚至阴阳家都对晁错产生了影响,其更是对各家思想进行融合、会通,而《言兵事疏》正是诸家思想的沉淀与结晶。

---

① 邹国慰、沈翀:《晁错"实边"思想论述》,《哈尔滨师专学报》1997年第1期。
② 解放军某部九连理论组:《晁错抗击匈奴的战略思想》,《历史研究》1975年第1期。
③ 周岚:《略论晁错的治国之策》,《社会科学辑刊》1992年第1期。

晁错上《论贵粟疏》

晁错复说上曰："圣王在上而民不冻饥者，非能耕而食之，织而衣之也，为开其资财之道也。……民贫，则奸邪生。贫生于不足，不足生于不农，不农则不地著，不地著则离乡轻家，民如鸟兽，虽有高城深池，严法重刑，犹不能禁也。夫寒之于衣，不待轻暖；饥之于食，不待甘旨；饥寒至身，不顾廉耻。人情，一日不再食则饥，终岁不制衣则寒。夫腹饥不得食，肤寒不得衣，虽慈母不能保其子，君安能以有其民哉！明主知其然也，故务民于农桑，薄赋敛，广畜积，以实仓廪，备水旱，故民可得而有也。……夫能入粟以受爵，皆有余者也；取于有余，以供上用，则贫民之赋可损，所谓损有余补不足，令出而民利者也。顺于民心，所补者三：一曰主用足，二曰民赋少，三曰劝农功。今令民有车骑马一匹者，复卒三人。车骑者，天下武备也，故为复卒。神农之教曰：'有石城十仞，汤池百步，带甲百万，而亡粟，弗能守也。'以是观之，粟者，王者大用，政之本务。令民入粟受爵至五大夫以上，乃复一人耳，此其与骑马之功相去远矣。爵者，上之所擅，出于口而亡穷；粟者，民之所种，生于地而不乏。……"……错复奏言："陛下幸使天下入粟塞下以拜爵，甚大惠也。窃恐塞卒之食不足用大渫天下粟。边食足以支五岁，可令入粟郡县矣；足支一岁以上，可时赦，勿收农民租。如此，德泽加于万民，民俞（愈）勤农。时有军役，若遭水旱，民不困乏，天下安宁；岁孰且美，则民大富乐矣。"上复从其言，乃下诏赐民十二年租税之半。明年，遂除民田之租税。①

天下"积蓄未及"、社会崇奢贱农、匈奴屡犯边境，晁错所上之《论贵粟疏》，抓住了"贵粟"这一核心症结，为上述问题的解决找到一个行之有效

---

① 班固：《汉书》卷二十四上《食货志》，中华书局 1962 年版，第 1130—1135 页。

的办法。

此外，很多学者都认为《论贵粟疏》的主旨之一是"重农抑商"，但《论贵粟疏》及其"贵粟"政策对商人并不产生任何抑制作用，相反通过"入粟拜爵"政策，商人在其中得到了实惠。晁错并不像先秦法家一样，将商人视为"五蠹"之一，而是从国家发展的宏观视角出发，将各个阶层通通纳入自己的考量范围，真正体现出了一位杰出政治家的广阔视野与博大胸襟。

贾谊著《新书》

《中国学术思想编年·秦汉卷》通过考证后认为,贾谊完成《新书》之时间,当为汉文帝十二年。今从之。

《新书》最初为七十二篇,刘向删定为五十八篇,《汉书·艺文志》言:"《贾谊》,五十八篇。"今本为十卷,篇目为五十六篇,《问孝》一篇有目无文,实存五十五篇。《新书》"以儒家思想为主,兼取法家学说,宣扬民本思想,主张以礼治国、储粮固边。此一思想在西汉前期曾产生过重要影响"[1]。

---

① 郑杰文、李梅:《中国学术思想编年·秦汉卷》,陕西师范大学出版社2005年版,第72页。

土德与水德之争

　　鲁人公孙臣上书曰："始秦得水德，今汉受之，推终始传，则汉当土德，土德之应黄龙见。宜改正朔，易服色，色上黄。"是时丞相张苍好律历，以为汉乃水德之始，故河决金隄，其符也。年始冬十月，色外黑内赤，与德相应。如公孙臣言，非也。罢之。[1]

　　是时北平侯张苍为丞相，方明律历。鲁人公孙臣上书陈终始传五德事，言方今土德时，土德应黄龙见，当改正朔服色制度。天子下其事与丞相议。丞相推以为今水德，始明正十月上黑事，以为其言非是，请罢之。[2]

　　"秦始皇是把五德终始理论引入政治生活的第一人。虽然秦朝在运用五德终始理论为本朝的政治服务并不见得成功，但是其做法对后世却产生了深远影响。受到秦朝的启发，继秦而起的西汉王朝，亦像秦朝一样，十分重视本朝在五德中的运序。由于种种原因，汉对本朝属德的确定，来得并不干脆，前后经历了一个既漫长又曲折的变化过程。"[3]

　　汉初推行火德制，但是，此种火德并不是按照五行相生或者五行相胜的原则进行推演的，而是立足于五方帝或五色帝的观念。西汉初年的火德制只维持了很短暂的一段时间，就因为刘邦立黑帝祠而改成了水德制。水德制的实施，表明邹衍的五德终始理论被正式引入了西汉的政治生活。西汉在推演五德之运时虽然排斥了秦朝，但是它把五德终始理论引入政治生活的动机与秦朝却是无异的，这就是希望通过进入五德的推演，来取得统治天下的理据。西汉皇室本出自微末，以非世家而"王天下"，很不容

①　司马迁：《史记》卷二十八《封禅书》，中华书局 1959 年版，第 1381 页。
②　司马迁：《史记》卷十《孝文本纪》，中华书局 1959 年版，第 429 页。
③　杨权：《新五德理论与两汉政治——"尧后火德"说考论》，中华书局 2006 年版，第 103 页。

易建立政治权威,借五德终始理论来证明自家"坐江山"合乎天道,是一种便捷而有效的手段。[①] 贾谊之后,公孙臣继续建议文帝改水德为土德,色尚黄。

---

① 杨权:《新五德理论与两汉政治——"尧后火德"说考论》,中华书局 2006 年版,第 114—115 页。

文帝举贤良

惟十有五年九月壬子，皇帝曰："昔者大禹勤求贤士，施及方外，四极之内，舟车所至，人迹所及，靡不闻命，以辅其不逮；近者献其明，远者通厥聪，比善戮力，以翼天子。是以大禹能亡失德，夏以长楙。高皇帝亲除大害，去乱从，并建豪英，以为官师，为谏争，辅天子之阙，而翼戴汉宗也。赖天之灵，宗庙之福，方内以安，泽及四夷。今朕获执天子之正，以承宗庙之祀，朕既不德，又不敏，明弗能烛，而智不能治，此大夫之所著闻也。故诏有司、诸侯王、三公、九卿及主郡吏，各帅其志，以选贤良明于国家之大体，通于人事之终始，及能直言极谏者，各有人数，将以匡朕之不逮。二三大夫之行当此三道，朕甚嘉之，故登大夫于朝，亲谕朕志。大夫其上三道之要，及永惟朕之不德，吏之不平，政之不宣，民之不宁，四者之阙，悉陈其志，毋有所隐。上以荐先帝之宗庙，下以兴愚民之休利，著之于篇，朕亲览焉，观大夫所以佐朕，至与不至。书之，周之密之，重之闭之。兴自朕躬，大夫其正论，毋枉执事。乌乎，戒之！二三大夫其帅志毋怠！"[1]

文帝举贤良之举意义重大，"策问与对策作为一种制度化的考试方法确立于西汉前期。汉文帝时期两次诏举贤良是策试制度化的开始。汉武帝建元元年的举贤良方正直言极谏之士，出现了董仲舒的三次对策。汉武帝元光元年的策问，出现了公孙弘的对策。西汉前期是古代策试制度化的重要时期，它确实选拔出了真正的人才，对中华文化的发展产生了深远的影响"。就文帝举贤良的具体内容而言：一是对古代统治者的推崇与效仿；二是对自己祖先的膜拜；三是对自己进行解剖与评价；四是讲自己征举贤良及直言极谏者的目的，"将以匡朕之不逮"；五是就对策的问题作

---

[1] 班固：《汉书》卷四十九《爰盎晁错传》，中华书局 1962 年版，第 2290 页。

出说明，即"朕之不德，吏之不平，政之不宣，民之不宁"，要求贤良们认真对待，作出答策。[①] 文帝希望通过举贤良，来选拔务实、正直、勤勉，并以天下为己任的人才来管理国家，而诸如董仲舒、公孙弘这样的儒者，具有较高的文化素养、极强的历史使命感与社会责任感、出色的治世才能，正是贤良能士的不二人选。所以，文帝举贤良的举措大大促进了儒学的发展，文帝推行的措施，"既为儒学的发展提供了有利条件，又开拓了儒家思想的政治空间，儒学从汉文帝时期发展到汉武帝时期的'独尊儒术'，从默默无闻到一枝独秀，亦得力于汉文帝的重视与支持。汉文帝之文治与汉初儒学的发展关系密切如此"[②]。

但是，有的学者对文帝的举贤良之举提出了异议，《汉书》记汉文帝十五年再次下诏举贤良，《史记》不载其事，但《汉书》作者其实也并未见到过诏令的原文，根据的只是汉文帝给推举出来的贤良、太子家令晁错的"求贤诏书"，其中提到了曾下过的"举贤良"诏令。由于把这道求贤诏书误解为下给所有被推举出来的贤良进行统一"策试"的"策诏"，《汉书》作者以含混的笔法给其未读到过的"举贤良"诏令增添了两项并不曾有的内容：汉文帝要对推举出来的贤良"亲自策问"，贤良必须作书面答卷。《汉书》进而又编造说当时有"百余人"参加了"对策"，晁错被评为第一，那时已经有了一套推举、考试、评比和录用人才的制度。《汉书》记建元元年举贤良，继续编造说当时有"百余人"参加"策试"，造成严重的误传。《资治通鉴》沿袭并加重了这些错误。[③]

---

① 胡凡：《西汉前期的策问与对策初探》，《哈尔滨工业大学学报（社会科学版）》2012年第1期。
② 肖宏丽：《汉文帝与汉初儒学发展关系初探》，《现代语文（文学研究版）》2007年第12期。
③ 张尚谦：《〈汉书〉记汉文帝举贤良事辨误》，《云南民族大学学报（哲学社会科学版）》2009年第3期。

文帝置一经博士

初，酺之为大匠，上言"孝文皇帝始置一经博士"。①

"王应麟《困学纪闻》卷八《经说》：'后汉翟酺曰：文帝始置一经博士。考之汉史，申公、韩婴皆以《诗》为博士。五经列于学官者，唯《诗》而已。……余经未立。'连鹤寿云：文帝时'虽立博士，未有主名，……但有《诗》博士而已'（王鸣盛：《蛾术编》卷一《说录》一《立学》按语）。王国维《汉魏博士考》亦谓'文帝始置一经博士'（《观堂集林》卷四，"艺林"四）。皮锡瑞著《经学历史》，钱穆著《国学概论》均引王说。"②

汉文帝设立一经博士的真伪问题曾在史学界引起争论，因《汉书》并未明确记载此事，只有《后汉书》有所言及。经过学人的考证可知，汉文帝置一经博士一事属实，由于没有明确记载具休年份，姑且将此事列于"文帝举贤良"之后。从汉文帝一经博士的设立到汉武帝置五经博士，儒家经典逐步列位学官，并有得到官方认可的经师。

"汉代博士秩卑职尊，升迁要比其他官员顺利。博士是朝中的低级官员，西汉时秩比六百石，相当于县令。博士级别虽低，却享有经学权威的崇高名望，上朝可戴卿大夫级的冠冕。汉代博士一般任职时间不久，不管是否通晓政事，即可升迁，而且往往是超迁，通常一跃就是二千石，即郡太守级。博士升迁的方向有二：一是面向中央，主要任职九卿、太子太傅、诸大夫、侍中；二是面向地方，主要任职郡守、尉、诸侯国相以及刺史、州牧。这种精通经学、出身博士的官员，享有其他官员所不能得到的尊崇，也容易飞黄腾达。例如西汉晁错、薛广德、贡禹、彭宣、师丹、何武等都是博士，后官至御史大夫；而公孙弘、蔡义、韦贤、张禹、匡衡、平当、孔光、翟方进都

---

① 范晔：《后汉书》卷四十八《杨李翟应霍爰徐列传》，中华书局 2005 年版，第 1083 页。
② 曹金华：《汉文帝置经博士考》，《江海学刊》1994 年第 4 期。

官至丞相。"①

　　汉代博士不同于其他官职,无法仅凭功劳或姻亲关系任命,必须拥有真才实学。儒学立于学官后,只有至少通一经的学者才有资格入选。《汉书·儒林传》:"其不事学若下材,及不能通一艺,辄罢之,而请诸能称者。"两汉正是因为相对严格的博士选官制度,才自上而下造就了统领汉朝意识形态地位四百余年的经学。这对中国儒学史乃至中国思想史都具有重要的学术意义和政治意义。

---

① 　陈茂同:《中国历代职官沿革史》,百花文艺出版社 2005 年版,第 114 页。

文帝议封禅

其明年,赵人新垣平以望气见上,言"长安东北有神气,成五采,若人冠絻焉。或曰东北神明之舍,西方神明之墓也。天瑞下,宜立祠上帝,以合符应"。于是作渭阳五帝庙,同宇,帝一殿,面各五门,各如其帝色。祠所用及仪亦如雍五畤。夏四月,文帝亲拜霸渭之会,以郊见渭阳五帝。五帝庙南临渭,北穿蒲池沟水,权火举而祠,若光辉然属天焉。于是贵平上大夫,赐累千金。而使博士诸生刺六经中作《王制》,谋议巡狩封禅事。[1]

"封"字最初指土堆上植树,进而引申出在土堆上祭祀神灵之意。"禅"字出现在战国时期,最初指传、继、替代之意。春秋时期"礼崩乐坏"之后,宗周祭祀体系散乱,战国时期"封""禅"的字义发生了重要转变,开始指某种专门祭名。这一时期联系着学术思潮发生的重大变化,"封禅"说开始出现。到汉初,儒家、神仙家均有自己的封禅说,均由战国时期最初出现于齐地的"封禅"说发展而来。[2] 文帝议封禅,虽受神仙方术之影响,但在封禅活动中,儒家的主导地位却是毋庸置疑的。如果秦始皇封禅只是向儒者询问具体的礼仪问题,那么,到了汉代,经过叔孙通、陆贾、贾谊等人的努力,儒家的礼仪制度、治国方略已与汉帝国的发展逐渐契合到了一起,封禅活动中也逐渐渗透了"大一统""法先王"等儒家观念。

---

[1] 司马迁:《史记》卷二十八《封禅书》,中华书局 1959 年版,第 1382 页。
[2] 杨英:《"封禅"溯源及战国、汉初封禅说考》,《世界宗教研究》2015 年第 3 期。

文翁兴学

文翁,庐江舒人也。少好学,通《春秋》,以郡县吏察举。景帝末,为蜀郡守,仁爱好教化。见蜀地辟陋有蛮夷风,文翁欲诱进之,乃选郡县小吏开敏有材者张叔等十余人亲自饬厉,遣诣京师,受业博士,或学律令。减省少府用度,买刀布蜀物,赍计吏以遗博士。数岁,蜀生皆成就还归,文翁以为右职,用次察举,官有至郡守刺史者。又修起学官于成都市中,招下县子弟以为学官弟子,为除更繇,高者以补郡县吏,次为孝弟力田。常选学官僮子,使在便坐受事。每出行县,益从学官诸生明经饬行者与俱,使传教令,出入闺阁。县邑吏民见而荣之,数年,争欲为学官弟子,富人至出钱以求之。繇是大化,蜀地学于京师者比齐鲁焉。至武帝时,乃令天下郡国皆立学校官,自文翁为之始云。文翁终于蜀,吏民为立祠堂,岁时祭祀不绝。至今巴蜀好文雅,文翁之化也。①

景、武间,文翁为蜀守,教民读书法令,未能笃信道德,反以好文刺讥,贵慕权势。及司马相如游宦京师诸侯,以文辞显于世,乡党慕循其迹。后有王褒、严遵、扬雄之徒,文章冠天下。繇文翁倡其教,相如为之师,故孔子曰:“有教亡类。”②

文翁究竟何时在蜀地兴学,学术界一直存在争议。郑杰文、李梅的《中国学术思想编年·秦汉卷》一书经过考辨后认为,文翁兴学当在“文帝末年”,即公元前158年。今从之。

文翁是汉代最早在地方倡儒学、化民风、兴教育的官员,究其原因,“文翁兴学相关措施,并不在郡守的职务范围之内,文翁发挥的不是吏的

---

① 班固:《汉书》卷八十九《循吏传》,中华书局1962年版,第3625—3627页。
② 班固:《汉书》卷二十八下《地理志》,中华书局1962年版,第1645页。

功能,而是'师儒'的作用。其最后动力,来源于保存在民间的儒教传统"①。文翁此举有利于儒学的传播,"通过选拔蜀郡基层官吏到京师向博士学习以及修建学官、招收学生就地学习两项措施,大力推广儒学,从而成功改造了与中原文化异质的巴蜀文化,使蜀人从思想文化上一统于儒家学说。此举对儒学在全国范围内的传播有着重要的推动意义,影响极为深远"②。

不仅如此,"文翁作为一个地方官,不仅履行朝廷所赋予的治民之责,他同时还自觉地以儒家经学来教导民众,移风易俗,体现出官、师合一的风范。在汉武帝'独尊儒术'之前,他就兴办学官,开了儒学经学与国家教育体制结合的先河,在时间上早于西汉太学的建立,在学术发展与政治统治方式上都有重大意义。像文翁这样自觉地用儒家经学改造社会传统的地方官员,在西汉中后期还有很多,他们沟通了社会上层学术文化与下层民众生活之间的联系,真正将儒家经学推广到社会,实现了移风易俗、教化民众的责任,促进了中华民族总体文明的进步"③。

---

① 余英时:《士与中国文化》,上海人民出版社 1987 年版,第 160 页。
② 房锐:《文翁化蜀与儒学传播》,《中华文化论坛》2005 年第 4 期。
③ 周桂钿、李祥俊:《中国学术通史·秦汉卷》,人民出版社 2004 年版,第 129 页。

胡毋生为博士

胡毋生,齐人也。孝景时为博士,以老归教授。①

胡毋生字子都,齐人也。治《公羊春秋》,为景帝博士。与董仲舒同业,仲舒著书称其德。年老,归教于齐,齐之言《春秋》者宗事之,公孙弘亦颇受焉。②

刘汝霖在《汉晋学术编年》卷一中指出:"《汉书·公孙弘传》:'年四十余,乃学《春秋》杂说。'《儒林传》又称其学于胡母(毋)子都。宏齐人,子都亦齐人,则其受学子都,当在其年老归教于齐之后。而宏卒于元狩二年,年八十。则是年已四十五岁,是其受学子都,至迟不过景帝五年,而又在子都辞博士之后,故知子都之初为博士在景帝初年也。"③今从之。

《汉书·艺文志》中虽没有著录胡毋生的相关著作,但胡毋生和董仲舒、公孙弘一样,同治《公羊春秋》,唐晏所著《两汉三国学案》列公羊胡毋生、董仲舒派传承谱系:"胡毋生、公孙弘、董仲舒、眭弘、褚大、吾丘寿王、贡禹、疏广,以上为《公羊》胡毋、董氏派。"④

钟肇鹏对此提出了反对意见,其通过考辨后认为,董仲舒不是胡毋生的弟子,在影响力上,胡毋生不及董仲舒的原因有二:其一,胡毋生是个老经生,虽然学问大、道德高尚,但著述很少。董仲舒不仅是经师,又是哲学家、思想家,著作宏富,在汉代也是少有的,著作流传至今,在历史上自然影响很大。其二,胡毋生归教于齐,弟子虽然不少,但知名的只有公孙弘一人,而董仲舒的弟子如嬴公、褚大、殷仲、吕步舒,还有司马迁,都是知名人士。嬴公的弟子眭孟,眭孟的弟子严彭祖、颜安乐成为公羊学的严、颜

---

① 司马迁:《史记》卷一百二十一《儒林列传》,中华书局 1959 年版,第 3128 页。
② 班固:《汉书》卷八十八《儒林传》,中华书局 1962 年版,第 3615—3616 页。
③ 刘汝霖:《汉晋学术编年》卷一,中华书局 1987 年版,第 65 页。
④ 唐晏:《两汉三国学案》,中华书局 1986 年版,第 402 页。

两派,两家均列于博士,所以董仲舒的后学源远流长,自然影响很大,非胡毋生所可比拟。①

_____

① 钟肇鹏:《董仲舒与胡毋生》,《河北学刊》2001 年第 5 期。

董仲舒为博士

董仲舒，广川人也。少治《春秋》，孝景时为博士。下帷讲诵，弟子传以久次相授业，或莫见其面。盖三年不窥园，其精如此。进退容止，非礼不行，学士皆师尊之。[1]

董仲舒为博士之确切年份不可考，刘汝霖在《汉晋学术编年》卷一中对此问题进行了考证[2]，认为其孝景元年为博士，今从之。

董仲舒为何会被立为博士，除了善治《春秋》，熟读儒家经典之外，还因其广泛学习了先秦诸子百家之学，尤其是阴阳五行家的思想。例如他在《春秋繁露》中，就广泛吸收了阴阳五行的观念，用于他提出的"天人感应"说及"三统说""仁义说"等。这就是说，董仲舒之所以成为名儒，同其以阴阳五行说解经是分不开的。《汉书·五行志》说："汉兴，承秦灭学之后，景、武之世，董仲舒治《公羊春秋》，始推阴阳，为儒者宗。"董仲舒除吸收了阴阳五行说之外，还广泛吸收了道、法、名辩的思想，将其熔于一炉，都纳入其儒学的范畴。如他提出的忠君思想和"德主刑辅"的思想，就把法家的思想吸收进来；他提出的"阳为德，阴为刑"思想及"爱气""养气"思想，则是黄老思想的内容；他有关"深察名号"及辞指论思想则显然由名辩的思想采集而来。由此可见，董仲舒治经的可贵之处，就在于他能够广采博纳，并用以充实、丰富、改造和发展儒学，终于成为汉代的"群儒首"和"儒者宗"。[3]

---

① 班固：《汉书》卷五十五《董仲舒传》，中华书局1962年版，第2495页。
② 刘汝霖：《汉晋学术编年》卷一，中华书局1987年版，第62—68页。
③ 王永祥：《董仲舒评传》，南京大学出版社1995年版，第72—73页。

河间献王立

　　河间献王德，以孝景帝前二年用皇子为河间王。好儒学，被服造次必于儒者。山东诸儒多从之游。[1]

　　河间献王德以孝景前二年立，修学好古，实事求是。从民得善书，必为好写与之，留其真，加金帛赐以招之。繇是四方道术之人不远千里，或有先祖旧书，多奉以奏献王者，故得书多，与汉朝等。是时，淮南王安亦好书，所招致率多浮辩。献王所得书皆古文先秦旧书，《周官》《尚书》《礼》《礼记》《孟子》《老子》之属，皆经传说记，七十子之徒所论。其学举六艺，立《毛氏诗》《左氏春秋》博士。修礼乐，被服儒术，造次必于儒者。山东诸儒[多]从而游。[2]

刘德，汉景帝刘启之子，于景帝二年(公元前155年)立为河间王，在位二十六年，因其"聪明睿智"，谥为"献"，史称"河间献王"。他是西汉时期著名的儒学家、藏书家，不仅是两汉河间国历史上辉煌时期的领军人物，而且在汉代的学术发展史上占有一席之地。献王刘德的历史功绩被载于史册，也得到后人的不断赞誉。西汉初期，在儒学长期被压抑的背景之下，献王刘德独树一帜，以非凡的气魄和胆识倡导儒学，为儒学的复兴奠定了基础。献王刘德修学好古，他补撰《周官》，以诸侯王身份立《毛诗》《左氏春秋》博士，崇尚礼乐，对古文经学的弘扬发展做出了很大贡献。以献王刘德为首的河间儒学中心不仅对两汉时期的河间学术乃至中央学术产生了重大影响，而且对后世儒家文化的传承以及河间国文化的积淀做出了卓越贡献。　献王刘德以藏书家的身份，用毕生的精力搜集整理古文

---

[1]　司马迁：《史记》卷五十八《五宗世家》，中华书局1959年版，第2093页。
[2]　班固：《汉书》卷五十三《景十三王传》，中华书局1962年版，第2410页。

先秦旧书,《周官》《尚书》《礼》《礼记》《孟子》《老子》等,几乎得到与汉廷相等的图书。①

---

① 李蒙蒙:《河间献王刘德研究》,硕士学位论文,河北师范大学,2014年,第Ⅲ页。

丁宽作《易说》

　　丁宽字子襄,梁人也。初,梁项生从田何受《易》,时宽为项生从者,读《易》精敏,才过项生,遂事何。学成,何谢宽。宽东归,何谓门人曰:"《易》以东矣。"宽至雒阳,复从周王孙受古义,号《周氏传》。景帝时,宽为梁孝王将军距吴楚,号丁将军,作《易说》三万言,训故举大谊而已,今《小章句》是也。宽授同郡砀田王孙。王孙授施雠、孟喜、梁丘贺。繇是《易》有施、孟、梁丘之学。[1]

　　郑杰文、李梅的《中国学术思想编年・秦汉卷》一书经过考辨后认为,《史记・孝景本纪》载景帝三年,吴楚等七国反,景帝诛晁错,遣袁盎谕告。乱不止,遂西围梁。丁宽为梁孝王将军拒吴楚,盖在此时。[2] 今从之。

　　孟喜是丁宽的再传弟子,孟喜易学促使了西汉易学出解经向象数的转变,而后,京房易学勃兴。但丁宽却没有在武帝一朝被立为《易经》博士,究其原因:丁宽从田何处学成东归之后,"复从周王孙受古义",说明丁宽所学所受与其大师兄王同所学所受有所不同。丁宽曾为梁孝王拒吴楚,号丁将军。吴楚"七国之乱"发生于景帝三年(前 154 年)。梁孝王是景帝的少弟,与景帝同为文帝窦皇后即武帝时所说的窦太后所生,为窦后所宠爱,曾贵盛一时并招贤纳士。邹阳、枚乘、严忌等曾为吴王刘濞之士,后来他们发现"吴不可说,皆去之梁,从孝王游"。至"七国之乱"时,梁孝王有韩安国、张羽为将军拒吴楚之兵,丁宽号为丁将军当在此时。

　　梁王失势并于郁闷中去世(前 144 年)以后,邹阳、枚乘等各别而去。如梁孝王薨后,枚乘即返归他的老家淮阴,丁宽亦应如此。《汉书・儒林传》称"宽受同郡砀田王孙",亦可证明田王孙学《易》是在丁宽的老家。丁

---

[1]　班固:《汉书》卷八十八《儒林传》,中华书局 1962 年版,第 3597—3598 页。
[2]　郑杰文、李梅:《中国学术思想编年・秦汉卷》,陕西师范大学出版社 2005 年版,第 89 页。

宽离开梁孝王归家后当以教授门徒为业,而他在民间授徒亦当主要在武帝之时。据《史记·儒林列传》所载武帝时以《易》至大官者没有丁宽及丁宽之门人,可证丁宽一支易学在武帝时处于弥而不彰的状态。至于"读《易》精敏"、让田何感叹"《易》以东矣"的丁宽为何在武帝立五经博士时没有被立为《易经》博士,恐怕与丁宽曾为梁孝王幕僚有关。因为梁孝王在"七国之乱"后曾试图接替景帝之皇位,后来真正继位的武帝一定对梁孝王以前的幕僚心存芥蒂。这应该是丁宽在武帝时未被重用的主要原因。[①] 直到汉昭帝时,丁宽的弟子田王孙被立为博士后,丁宽之易学流派才跻身于官学系统。丁宽"作《易说》三万言"[②],可谓"读《易》精敏",其解经路径为"训故举大谊而已",促进了易学在西汉的传播。

---

① 张文智:《从施、孟、梁丘易学之关系看西汉易学之转型》,《社会科学战线》2014 年第 4 期。
② 见马国瀚所著《玉函山房辑佚书·经编易类》辑《周易丁氏传》二卷。

胡毋生授公孙弘《公羊春秋》

　　胡毋生字子都，齐人也。治《公羊春秋》，为景帝博士。与董仲舒同业，仲舒著书称其德。年老，归教于齐，齐之言《春秋》者宗事之，公孙弘亦颇受焉。[①]

　　刘汝霖在《汉晋学术编年》卷一中认为，胡毋生"受学子都，至迟不过景帝五年"[②]。今从之。在先秦诸家中，儒学最具意识形态超越性和舆论优势，易为社会所接受，而法术最能适应官僚帝制的行政实践，二者之间产生的制约式张力，恰能平衡官僚帝制的国家秩序与宗法血缘的社会秩序之间的潜在对抗。经过士人的努力和政治实践的检验，这种思想最终以儒学为归依，分别与阴阳五行思想和法术思想相结合，构建了国家意识形态和行政实践哲学。公孙弘即是此类儒士的代表，其将《公羊春秋》之学用于政治实践，使儒学的意识形态功能和法术的政治功用结合，构建了帝制时代士大夫的政治实践哲学。在以后的帝制时代，这种政治哲学在实践中一直为士大夫所遵循，人们随处可见"公孙弘们"的身影，只是随着政治实践的发展，他们更好地掩藏起自身的法术特征，将儒术"缘饰"得更加完美。公孙弘以自己的政治实践，完成了官僚帝制对士大夫政治思想的塑造和选择，成为士大夫政治思想史上的一座里程碑。[③]

---

①　班固：《汉书》卷八十八《儒林传》，中华书局 1962 年版，第 3615—3616 页。
②　刘汝霖：《汉晋学术编年》卷一，中华书局 1987 年版，第 65 页。
③　袁德良：《公孙弘政治思想评议》，《孔子研究》2009 年第 3 期。

董仲舒论五行

河间献王问温城董君曰:"《孝经》曰:'夫孝,天之经,地之义。'何谓也?"对曰:"天有五行,木、火、土、金、水是也。木生火,火生土,土生金,金生水。水为冬,金为秋,土为季夏,火为夏,木为春。春主生,夏主长,季夏主养,秋主收,冬主藏。藏,冬之所成也。是故父之所生,其子长之;父之所长,其子养之;父之所养,其子成之。诸父所为,其子皆奉承而续行之,不敢不致如父之意,尽为人之道也。故五行者,五行也。由此观之,父授之,子受之,乃天之道也。故曰:夫孝者,天之经也。此之谓也。"王曰:"善哉!天经既得闻之矣,愿闻地之义。"对曰:"地出云为雨,起气为风。风雨者,地之所为。地不敢有其功名,必上之于天。命若从天气者,故曰天风天雨也,莫曰地风地雨也。勤劳在地,名一归于天,非至有义,其孰能行此?故下事上,如地事天也,可谓大忠矣。土者,火之子也。五行莫贵于土。土之于四时无所命者,不与火分功名。木名春,火名夏,金名秋,水名冬。忠臣之义,孝子之行,取之土。土者,五行最贵者也,其义不可以加矣。五声莫贵于宫,五味莫美于甘,五色莫盛于黄,此谓孝者地之义也。"王曰:"善哉!"①

刘汝霖在《汉晋学术编年》卷一中认为,因汉景帝中元二年河间献王入朝事而志于此②。今从之。

五行之说由来已久,金、木、水、火、土中的相胜、相生关系,发端于先民的农业生产。思孟学派将金、木、水、火、土与人的道德心性礼、义、仁、智、圣相契合,而阴阳家邹衍又将五行与五德相联系,认为五行之间的相

---

① 苏舆:《春秋繁露义证》,中华书局1992年版,第314—317页。
② 刘汝霖:《汉晋学术编年》卷一,中华书局1987年版,第77页。

胜关系决定着历史的演进，人类社会是按照土德、木德、金德、火德、水德的顺序迁延的。

到了汉代，阴阳五行思想进一步发展。顾颉刚认为，汉代人在宗教上，在政治上，在学术上，都深受阴阳五行思想的影响，阴阳五行是汉代人的思想律。① 而董仲舒的"五行"思想则是在思孟学派、邹衍五行学说思想的基础上发展起来的。董仲舒认为五行之间存在着"受"与"被受"的关系，"木受水""火受木""土受火""金受土""水受金"。而且，董仲舒还认为"诸授之者，皆其父也；受之者，皆其子也"，将五行之间的关系曲解附会成了父子关系。不仅如此，董仲舒还认为"故五行者，乃孝子忠臣之行也"，又将忠孝的伦理道德比附于五行。董仲舒还把礼、义、仁、智、信强加于五行："东方者木，农之本，司农尚仁，……南方者火也，本朝。司马尚智，……中央者土，君官也。司营尚信，……西方者金，大理司徒也。司徒尚义，……北方者水，执法司寇也。司寇尚礼，……"②。这样一来，五行观念就和"五常"结合到了一起，而被彻底伦理化。董仲舒对于"孝"的解释，正是"五行"伦理化的具体体现。

① 顾颉刚：《秦汉的方士与儒生》，上海古籍出版社 2005 年版，第 1 页。
② 苏舆：《春秋繁露义证》，中华书局 1992 年版，第 362—365 页。

司马迁生

　　昔在颛顼，命南正重司天，火正黎司地。唐虞之际，绍重黎之后，使复典之，至于夏商，故重黎氏世序天地。其在周，程伯休甫其后也。当宣王时，官失其守而为司马氏。司马氏世典周史。惠襄之间，司马氏适晋。晋中军随会奔魏，而司马氏入少梁。自司马氏去周适晋，分散，或在卫，或在赵，或在秦。其在卫者，相中山。在赵者，以传剑论显，蒯聩其后也。在秦者错，与张仪争论，于是惠王使错将兵伐蜀，遂拔，因而守之。错孙靳，事武安君白起。而少梁更名夏阳。靳与武安君坑赵长平军，还而与之俱赐死杜邮，葬于华池。靳孙昌，为秦王铁官。当始皇之时，蒯聩玄孙卬为武信君将而徇朝歌。诸侯之相王，王卬于殷。汉之伐楚，卬归汉，以其地为河内郡。昌生毋怿，毋怿为汉市长。毋怿生喜，喜为五大夫，卒，皆葬高门。喜生谈，谈为太史公。太史公学天官于唐都，受《易》于杨何，习道论于黄子。……太史公既掌天官，不治民。有子曰迁。迁生龙门，耕牧河山之阳。年十岁则诵古文。二十而南游江淮，上会稽，探禹穴，窥九疑，浮沅湘。北涉汶泗，讲业齐鲁之都，观夫子遗风，乡射邹峄；厄困蕃、薛、彭城，过梁楚以归。于是迁仕为郎中，奉使西征巴蜀以南，略邛、筰、昆明，还报命。[1]

　　学术界关于司马迁的生年大致有六种观点，梅新林、俞樟华主编的《中国学术编年》（两汉卷）一书通过考辨后认为太史公生于孝景帝中元五年[2]。今从之。

---

① 　班固：《汉书》卷六十二《司马迁传》，中华书局 1962 年版，第 2707－2715 页。
② 　梅新林、俞樟华：《中国学术编年》（两汉卷），华东师范大学出版社 2013 年版，第 114－
　　　115 页。

司马迁是中华民族优秀学术传统和西汉时代精神孕育而生的杰出史学家和思想家。司马迁 10 岁开始学习古文典籍,受到优良的文化教养。20 岁到 35 岁,两次游历名川大山。第一次游历回到长安后任职郎中,开始仕宦生涯。奉侍武帝出巡时,西至空桐、北到涿郡、东渐于海、南浮江淮。35 岁,奉命出使巴蜀以南。他的行迹几遍全国,阅历之广是先代和当时任何学者所无法比拟的。在游历的过程中,观赏了祖国壮丽河山,考察了史迹民俗,体验了人民生活,接触了下层民众,增长了知识,开阔了胸襟,这些都对他的政治见解和历史观念的形成起到了积极作用。38 岁任太史令后,曾主持改革历法,所制定的新历法《太初历》,即通行至今的"夏历"。完成历法改革以后,司马迁即开始写作《史记》,力图做到"究天人之际,通古今之变,成一家之言"。①

---

① 张岂之:《中国思想史》,西北大学出版社 1993 年版,第 127 页。

鲁恭王得古文经

及鲁恭王坏孔子宅，欲以为宫，而得古文于坏壁之中，《逸礼》有三十九，《书》十六篇。[①]

武帝末，鲁共王坏孔子宅，欲以广其宫，而得《古文尚书》及《礼记》《论语》《孝经》凡数十篇，皆古字也。共王往入其宅，闻鼓琴瑟钟磬之音，于是惧，乃止不坏。[②]

郑杰文、李梅的《中国学术思想编年·秦汉卷》一书认为，《汉书补注》卷三十："先谦曰：《刘歆传·移让太常博士书》亦云武帝末。《鲁恭王传》以孝景前三年徙王鲁，好治宫室，二十八年薨（据《表》在元光四年），不得至武帝末。《论衡》以为孝景时，是也。"故将鲁恭王得古文经系于此年。[③]刘汝霖《汉晋学术编年》则系于景帝后元三年（公元前 141）。恭王余立于景帝二年（公元前 155）。立二十八年死，时当武帝元朔元年（公元前 128）。武帝即位五十四年，元朔元年仅为建元元年后的第十三个年头，即使恭王坏孔壁在元朔元年亦不当称"武帝末"。换言之，当武帝末，鲁恭王已死，谓恭王坏孔壁事在武帝末，必误无疑。而检《汉书·景十三王传》，则明确谓恭王"初好治宫室，坏孔子旧宅以广其宫，……得古文经传"，可知坏孔壁事为恭王初年事，故刘汝霖说是。[④] 今从二者之说。鲁恭王所得之古文经与他地出土的古文经书一起，构建起了古文经兴起的基础。

古文经与今文经存在着区别：其一，今文经的文字载体是隶书，而古文经的文字载体是六国文字。其二，今文经倡"微言大义"，而古文经重"文字训释、名物考证"。其三，古文经以孔子为史学家，六经的排列以

---

① 班固：《汉书》卷三十六《楚元王传》，中华书局 1962 年版，第 1969 页。
② 班固：《汉书》卷三十《艺文志》，中华书局 1962 年版，第 1706 页。
③ 郑杰文、李梅：《中国学术思想编年·秦汉卷》，陕西师范大学出版社 2005 年版，第 104 页。
④ 孟楚：《鲁恭王坏孔壁得古文经时在景帝末》，《史林》1986 年第 2 期。

《易》为首,次《书》《诗》《礼》《乐》《春秋》,按照它们在历史上出现的先后。今文家以孔子为素王,为政治家,以六经为孔子作,六经之排列以《诗》为首,按六经内容程度的浅深。其四,古文经重君王之礼,今文经重君王之尊。① 此外,有的学者对今古文之别提出了新的看法,二者的差异不在于文字、师承以及解释经文的手法,"今文经与古文经的划分标准应当与汉武帝'置写书之官'有关。那些被写定的经书就是所谓的今文经,反之则称为古文经。因此,司马迁曾目睹鲁、齐、韩三家今文经诗学之'古文',而注重《春秋》义法的《穀梁传》则被视为古文经。这样一种划分标准,既可以说明为什么司马迁称鲁、齐、韩三家诗为'古文',也可以说明为什么当时人将《穀梁传》归入古文经"②。今古文虽都隶属儒学,但二者间的争论从未停止,成为儒学研究的重要领域。

---

① 朱维铮编:《周予同经学史论著选集》,上海人民出版社 1983 年版,第 1—9 页。
② 刘黎明:《再论今文经与古文经的区分标准》,《天府新论》2000 年第 2 期。

立明堂

元年，汉兴已六十余岁矣，天下乂安，荐绅之属皆望天子封禅改正度也。而上乡儒术，招贤良，赵绾、王臧等以文学为公卿，欲议古立明堂城南，以朝诸侯。草巡狩封禅改历服色事未就。会窦太后治黄老言，不好儒术，使人微得赵绾等奸利事，召案绾、臧，绾、臧自杀，诸所兴为者皆废。[①]

兰陵王臧既从受《诗》，已通，事景帝为太子少傅，免去。武帝初即位，臧乃上书宿卫，累迁，一岁至郎中令。及代赵绾亦尝受《诗》申公，为御史大夫。绾、臧请立明堂以朝诸侯，不能就其事，乃言师申公。于是上使使束帛加璧，安车以蒲裹轮，驾驷迎申公，弟子二人乘轺传从。至，见上，上问治乱之事。申公时已八十余，老，对曰："为治者不在多言，顾力行何如耳。"是时上方好文辞，见申公对，默然。然已招致，即以为太中大夫，舍鲁邸，议明堂事。太皇窦太后喜《老子》言，不说儒术，得绾、臧之过，以让上曰："此欲复为新垣平也！"上因废明堂事，下绾、臧吏，皆自杀。[②]

明堂月令主要利用明堂作为布政之宫的性质，提出一套在天人感应理念指导下法天施治、顺时发政的政教合一主张，是具有浓厚阴阳五行色彩的政治理想模式。古今关于明堂之异说虽多，但明堂月令则由于其乃典型的阴阳五行理论，故其特点亦较为明显。[③]《大戴礼记·明堂》已见"明堂月令"一词，可知明堂月令已被采入儒家礼书。赵绾、王臧等贤良文学之士议立明堂，欲建明堂于长安城南以朝诸侯，虽未成功，但儒学复兴之势已不可阻挡。

---

① 司马迁：《史记》卷十二《孝武本纪》，中华书局1959年版，第452页。
② 班固：《汉书》卷八十八《儒林传》，中华书局1962年版，第3608页。
③ 葛志毅：《明堂月令考论》，《求是学刊》2002年第5期。

公孙弘为博士

　　丞相公孙弘者,齐菑川国薛县人也,字季。少时为薛狱吏,有罪,免。家贫,牧豕海上。年四十余,乃学《春秋》杂说。养后母孝谨。建元元年,天子初即位,招贤良文学之士。是时弘年六十,征以贤良为博士。使匈奴,还报,不合上意,上怒,以为不能,弘乃病免归。①

　　公孙弘在儒学理论上的建树虽不如董仲舒,但其"首建为博士置弟子员和择儒生为吏之策,在改变汉代官吏成分和人才选育制度上起了别人不可替代的作用"②。虽然,其出使匈奴后的相关言论并没有得到汉武帝的认可,但是,"生活在这一时期的公孙弘正是士大夫转型的代表:他以儒术缘饰文法,并将其成功地应用于帝制政治,成为从战国'处士横议'到帝制时代儒雅文臣转变过程中的一座里程碑"③。

---

① 司马迁:《史记》卷一百一十二《平津侯主父列传》,中华书局1959年版,第2949页。
② 孟祥才:《论公孙弘》,《管子学刊》2001年第4期。
③ 袁德良:《公孙弘政治思想评议》,《孔子研究》2009年第3期。

窦太后黜儒臣

　　魏其、武安俱好儒术，推毂赵绾为御史大夫，王臧为郎中令。迎鲁申公，欲设明堂，令列侯就国，除关，以礼为服制，以兴太平。举适诸窦宗室毋节行者，除其属籍。时诸外家为列侯，列侯多尚公主，皆不欲就国，以故毁日至窦太后。太后好黄老之言，而魏其、武安、赵绾、王臧等务隆推儒术，贬道家言，是以窦太后滋不说魏其等。及建元二年，御史大夫赵绾请无奏事东宫。窦太后大怒，乃罢逐赵绾、王臧等，而免丞相、太尉，以柏至侯许昌为丞相，武强侯庄青翟为御史大夫。魏其、武安由此以侯家居。①

　　黄老思想为汉家的治国之术，武帝虽好儒，但窦太后"一是倡导黄老学说，坚持把黄老学说作为治理国家的指导思想；二是荐举信奉黄老思想的人才，打击和压制主张儒家学说或法家学说的人才"②。窦太后黜儒臣，是黄老之学与儒学的第一次正面交锋。

---

①　司马迁：《史记》卷一百七《魏其武安侯列传》，中华书局 1959 年版，第 2843 页。
②　王绍东、池星乐：《窦太后——汉初无为政治的幕后坚守者与推动者》，《鲁东大学学报（哲社版）》2014 年第 6 期。

置五经博士

五年春，……置《五经》博士。①

博士，秦官，掌通古今，秩比六百石，员多至数十人。武帝建元五年初置《五经》博士。②

孝文皇帝欲广游学之路，《论语》《孝经》《孟子》《尔雅》皆置博士。后罢传记博士，独立《五经》而已。迄今诸经通义，得引孟子以明事，谓之博文。③

文帝、景帝之时，《鲁诗》《韩诗》《齐诗》已被立为博士，汉武帝则给儒家的五种主要经典《诗》《书》《礼》《易》《春秋》设立教职，每一种很可能有一个以上的博士，但是即使这样，比起传统的七十二名博士也要少得多。④ 此外，"西汉博士的待遇相当于中级官员，容易升迁，在社会上的地位较高，除了教学之外，还要参政议政、奉命出使、制礼、掌管藏书和试策，很受人们尊敬"⑤。更为重要的是，汉武帝"置五经博士。从此以后，博士始专向儒家和经学方面走去，把始皇时的博士之业《诗》《书》和'百家之言'分开了。这是一个剧急的转变，使得此后博士的执掌不为'通古今'而为'作经师'。换句话说，学术的道路从此限定只有经学一条了"⑥。汉武帝置五经博士实为儒学发展史上之大事。

---

① 班固：《汉书》卷六《武帝纪》，中华书局1962年版，第159页。
② 班固：《汉书》卷十九上《百官公卿表》，中华书局1962年版，第726页。
③ 焦循：《孟子正义·孟子题辞》，河北人民出版社1988年版，第10—11页。
④ 崔瑞德、鲁惟一编，杨品泉等译：《剑桥中国秦汉史（公元前221—公元220年）》，中国社会科学出版社1992年版，第811页。
⑤ 《中国思想史》编写组：《中国思想史》，高等教育出版社2015年版，第125页。
⑥ 顾颉刚：《汉代学术史略》，东方出版社1996年版，第59页。

司马谈作《论六家要旨》

　　太史公学天官于唐都，受《易》于杨何，习道论于黄子。太史公仕于建元元封之间，愍学者之不达其意而师悖，乃论六家之要指曰："《易大传》：'天下一致而百虑，同归而殊涂。'夫阴阳、儒、墨、名、法、道德，此务为治者也，直所从言之异路，有省不省耳。尝窃观阴阳之术，大祥而众忌讳，使人拘而多所畏；然其序四时之大顺，不可失也。儒者博而寡要，劳而少功，是以其事难尽从；然其序君臣父子之礼，列夫妇长幼之别，不可易也。墨者俭而难遵，是以其事不可遍循；然其强本节用，不可废也。法家严而少恩；然其正君臣上下之分，不可改矣。名家使人俭而善失真；然其正名实，不可不察也。……夫儒者以六艺为法。六艺经传以千万数，累世不能通其学，当年不能究其礼，故曰'博而寡要，劳而少功'。若夫列君臣父子之礼，序夫妇长幼之别，虽百家弗能易也。墨者亦尚尧舜道，言其德行曰：'堂高三尺，土阶三等，茅茨不翦，采椽不刮。食土簋，啜土刑，粝粱之食，藜藿之羹。夏日葛衣，冬日鹿裘。'其送死，桐棺三寸，举音不尽其哀。教丧礼，必以此为万民之率。使天下法若此，则尊卑无别也。夫世异时移，事业不必同，故曰'俭而难遵'。要曰强本节用，则人给家足之道也。此墨子之所长，虽百家弗能废也。法家不别亲疏，不殊贵贱，一断于法，则亲亲尊尊之恩绝矣。可以行一时之计，而不可长用也，故曰'严而少恩'。若尊主卑臣，明分职不得相逾越，虽百家弗能改也。……凡人所生者神也，所托者形也。神大用则竭，形大劳则敝，形神离则死。死者不可复生，离者不可复反，故圣人重之。由是观之，神者生之本也，形者生之具也。不先定其神[形]，而曰'我有以治天下'，何由哉?"①

　　司马谈作《论六家要旨》之确切时间不可考,郑杰文、李梅所著《中国学术思想编年·秦汉卷》认为:"《史记·太史公自序》称太史公'仕于建元元封之间',则其初仕至迟不得晚于此年,故系于此。"宋代王益之《西汉年纪》卷十言:"谈之仕,始于建元,而终于元封。此论必作于建元。盖是时窦太后已崩,武帝相田蚡,隆儒术而贬道家,故其言如此。今附于建元六年窦太后已崩之后。"今从之。

　　《论六家要旨》在中国古代学术史上占有重要地位,其认为各家都有缺点和错误,唯独道家兼各家之所长而没有任何片面性和弊病。司马谈之前,黄老学派从未正面提出道家思想与其他各家思想的关系问题,也从未表达出一种道家思想高于并包含着其他各家思想的优点的观念。它没有一种以道家思想统摄各家的历史的自觉。《论六家要旨》第一次表现了这种自觉。这是在新的形势下,针对儒家和统一思想所作出的反应,也是汉初黄老在政治上的成功所造成的在学术思想领域的反响和凯旋。是在儒道斗争中,在官方崇儒抑道形势下,对道家思想的新认识与新肯定,是道儒互斥在新形势下的继续。②

---

① 司马迁:《史记》卷一百三十《太史公自序》,中华书局1959年版,第3288－3292页。
② 金春峰:《汉代思想史》,中国社会科学出版社2006年版,第61－65页。

汉武帝崇儒

　　及至孝景，不任儒，窦太后又好黄老术，故诸博士具官待问，未有进者。汉兴，言《易》自淄川田生；言《书》自济南伏生；言《诗》，于鲁则申培公，于齐则辕固生，燕则韩太傅；言《礼》，则鲁高堂生；言《春秋》，于齐则胡毋生，于赵则董仲舒。及窦太后崩，武安君田蚡为丞相，黜黄老、刑名百家之言，延文学儒者以百数，而公孙弘以治《春秋》为丞相封侯，天下学士靡然乡风矣。①

　　汉兴六十余年，"汉室急于寻找一套既具有维护大一统帝制意识形态功能又具有政治实践功用的理论；士大夫也发扬所学，各种思想纷至沓来。而各思想流派及思想家之间，也由于思想冲突、权力斗争和政见分歧等原因，矛盾斗争层出不穷，结果'适者生存'，促成了适应官僚帝制的思想和思想家的胜出。汉武帝时期初步形成的帝制政治意识形态深刻影响了此后两千多年的帝制政治。如冯友兰先生即以汉武帝为界，将中国学术分为武帝以前的'子学时代'和武帝以后的'经学时代'，而经学时代的政治实践实际上遵循的是儒法结合的政治思想。因此，探讨这一时期'儒表法里'政治哲学的形成和在政治实践中相对于其他学派的胜出，对于理解以后两千年的政治现实具有寻根探源的重大意义"②。经过数十年的休养生息，汉廷已经具备了对外打击匈奴、对内贬斥诸侯的能力，无为而治的黄老思想已经不适应时代的要求，特别是窦太后死后，汉武帝黜黄老、刑名之学，延文学儒生，儒学的发展进入一个崭新的时代。

---

① 班固：《汉书》卷八十八《儒林传》，中华书局 1962 年版，第 3592—3593 页。
② 袁德良：《思想史视野中的公孙弘》，《南京师大学报（社会科学版）》2009 年第 2 期。

董仲舒献"天人三策"

　　武帝即位,举贤良文学之士前后百数,而仲舒以贤良对策焉。制曰:"……盖闻五帝三王之道,改制作乐而天下洽和,百王同之。当虞氏之乐莫盛于《韶》,于周莫盛于《勺》。圣王已没,钟鼓管弦之声未衰,而大道微缺,陵夷至乎桀纣之行,王道大坏矣。……子大夫明先圣之业,习俗化之变,终始之序,讲闻高谊之日久矣,其明以谕朕。科别其条,勿猥勿并,取之于术,慎其所出。乃其不正不直,不忠不极,枉于执事,书之不泄,兴于朕躬,毋悼后害。子大夫其尽心,靡有所隐,朕将亲览焉。"仲舒对曰:"陛下发德音,下明诏,求天命与情性,皆非愚臣之所能及也。臣谨案《春秋》之中,视前世已行之事,以观天人相与之际,甚可畏也。国家将有失道之败,而天乃先出灾害以谴告之,不知自省,又出怪异以警惧之,尚不知变,而伤败乃至。以此见天心之仁爱人君而欲止其乱也。自非大亡道之世者,天尽欲扶持而全安之,事在强勉而已矣。强勉学问,则闻见博而知益明;强勉行道,则德日起而大有功:此皆可使还至而有效者也。……夫人君莫不欲安存而恶危亡,然而政乱国危者甚众,所任者非其人,而所繇者非其道,是以政日以仆灭也。夫周道衰于幽厉,非道亡也,幽厉不繇也。至于宣王,思昔先王之德,兴滞补弊,明文武之功业,周道粲然复兴,诗人美之而作,上天祐之,为生贤佐,后世称诵,至今不绝。此夙夜不解行善之所致也。……臣谨案《春秋》之文,求王道之端,得之于正。正次王,王次春。春者,天之所为也;正者,王之所为也。其意曰,上承天之所为,而下以正其所为,正王道之端云尔。然则王者欲有所为,宜求其端于天。天道之大者在阴阳。阳为德,阴为刑;刑主杀而德主生。是故阳常居大夏,而以生育养长为事;阴常居大冬,而积于空虚不用之处。以此见天之任德不任刑也。天使阳出布施于上而主岁功,使阴入伏于下而时出佐阳;阳不得阴之助,亦不能独成岁。终阳以成岁为名,此天意也。王者承天意以从事,故任德教而不任刑。……《春秋》深探其本,而反自贵者始。故为人君者,正心以正朝廷,正朝廷以正百官,正百官以正万民,正万民以正四方。四方正,远近莫敢不一于正,而亡有邪气奸其间者。是以阴阳调而风雨时,群生和而万民殖,五谷孰而草木茂,天地之间被润泽而大丰美,四海之内闻盛德而皆徕臣,诸福之物,可致之祥,莫不毕至,而王道终矣。……古之王者明于此,是故南面而治天下,莫不以教化为大务。立大学以教于国,设庠序以化于邑,渐民以仁,摩民以谊,节民以礼,故其刑罚甚轻而禁不犯者,教化行而习俗美也。圣王之继乱世也,扫除其迹而悉去之,复修教化而崇起之。教化已明,习俗已成,子孙循之,行五六百岁尚未败也。……为政而宜于民者,固当受禄于天。夫仁谊礼知信五常之道,王者所当修饬也;五者修饬,故受天之祐,而享鬼神之灵,德施于方外,延及群生也。”

……仲舒对曰:“臣闻尧受命,以天下为忧,而未以位为乐也,故诛逐乱臣,务求贤圣,是以得舜、禹、稷、禼、咎繇。众圣辅德,贤能佐职,教化大行,天下和洽,万民皆安仁乐谊,各得其宜,动作应礼,从容中道。故孔子曰‘如有王者,必世而后仁’,此之谓也。尧在位七十载,乃逊于位以禅虞舜。尧崩,天下不归尧子丹朱而归舜。舜知不可辟,乃即天子之位,以禹为相,因尧之辅佐,继其统业,是以垂拱无为而天下治。……臣闻制度文采玄黄之饰,所以明尊卑,异贵贱,而劝有德也。故《春秋》受命所先制者,改正朔,易服色,所以应天也。然则宫室旌旗之制,有法而然者也。故孔子曰:‘奢则不逊,俭则固。’俭非圣人之中制也。臣闻良玉不瑑,资质润美,不待刻瑑,此亡异于达巷党人不学而自知也。然则常玉不瑑,不成文章;君子不学,不成其德。臣闻圣王之治天下也,少则习之学,长则材诸位,爵禄以养其德,刑罚以威其恶,故民晓于礼谊而耻犯其上。武王行大谊,平残贼,周公作礼乐以文之,至于成康之隆,囹圄空虚四十余年。此亦教化之渐而仁谊之流,非独伤肌肤之效也。……故养士之大者,莫大[乎]太学;太学者,贤士之所关也,教化之本原也。今以一郡一国之众,对亡应书者,是王道往往而绝也。臣愿陛下兴太学,置明师,以养天下之士，数考问以尽其材，则英俊宜可得矣。今之郡守、县令，民之师帅，所使承流而宣化也；故师帅不贤，则主德不宣，恩泽不流。今吏既亡教训于下，或不承用主上之法，暴虐百姓，与奸为市，贫穷孤弱，冤苦失职，甚不称陛下之意。是以阴阳错缪，氛气充塞，群生寡遂，黎民未济，皆长吏不明，使至于此也。夫长吏多出于郎中、中郎，吏二千石子弟选郎吏，又以富訾，未必贤也。且古所谓功者，以任官称职为差，非谓积日累久也。故小材虽累日，不离于小官；贤材虽未久，不害为辅佐。是以有司竭力尽知，务治其业而以赴功。今则不然。累日以取贵，积久以致官，是以廉耻贸乱，贤不肖浑淆，未得其真。臣愚以为使诸列侯、郡守、二千石各择其吏民之贤者，岁贡各二人以给宿卫，且以观大臣之能；所贡贤者有赏，所贡不肖者有罚。夫如是，诸侯、吏二千石皆尽心于求贤，天下之士可得而官使也。遍得天下之贤人，则三王之盛易为，而尧舜之名可及也。毋以日月为功，实试贤能为上，量材而授官，录德而定位，则廉耻殊路，贤不肖异处矣。陛下加惠，宽臣之罪，令勿牵制于文，使得切磋究之，臣敢不尽愚！"

……仲舒复对曰："臣闻《论语》曰：'有始有卒者，其唯圣人乎！'今陛下幸加惠，留听丁承学之臣，复下明册，以切其意，而究尽圣德，非愚臣之所能具也。……故《春秋》之所讥，灾害之所加也；《春秋》之所恶，怪异之所施也。书邦家之过，兼灾异之变，以此见人之所为，其美恶之极，乃与天地流通而往来相应，此亦言天之一端也。古者修教训之官，务以德善化民，民已大化之后，天下常亡一人之狱矣。……是故王者上谨于承天意，以顺命也；下务明教化民，以成性也；正法度之宜，别上下之序，以防欲也：修此三者，而大本举矣。人受命于天，固超然异于群生，入有父子兄弟之亲，出有君臣上下之谊，会聚相遇，则有耆老长幼之施；粲然有文以相接，欢然有恩以相爱，此人之所以贵也。生五谷以食之，桑麻以衣之，六畜以养之，服牛乘马，圈豹槛虎，是其得天之灵，贵于物也。……改正朔，易服色，以顺天命而已；其余尽循尧道，何更为哉！故王者有改制之名，亡变道之实。然夏上忠，殷上敬，周上文者，所继之救，当用此也。孔子曰：'殷因于夏礼，所损益可知也；周因于殷礼，所损益可知也；其或继周者，虽百世可知也。'此言百王之用，以此三者矣。夏因于虞，而独不言所损益者，其道如一而所上同也。道之大原出于天,天不变,道亦不变,是以禹继舜,舜继尧,三圣相受而守一道,亡救弊之政也,故不言其所损益也。繇是观之,继治世者其道同,继乱世者其道变。今汉继大乱之后,若宜少损周之文致,用夏之忠者。陛下有明德嘉道,愍世俗之靡薄,悼王道之不昭,故举贤良方正之士,论[议]考问,将欲兴仁谊之休德,明帝王之法制,建太平之道也。……夫已受大,又取小,天不能足,而况人乎!此民之所以嚣嚣苦不足也。身宠而载高位,家温而食厚禄,因乘富贵之资力,以与民争利于下,民安能如之哉!是故众其奴婢,多其牛羊,广其田宅,博其产业,畜其积委,务此而亡已,以迫蹴民,民日削月朘,浸以大穷。富者奢侈羡溢,贫者穷急愁苦;穷急愁苦而不上救,则民不乐生;民不乐生,尚不避死,安能避罪!此刑罚之所以蕃而奸邪不可胜者也。故受禄之家,食禄而已,不与民争业,然后利可均布,而民可家足。此上天之理,而亦太古之道,天子之所宜法以为制,大夫之所当循以为行也。……《春秋》大一统者,天地之常经,古今之通谊也。今师异道,人异论,百家殊方,指意不同,是以上亡以持一统;法制数变,下不知所守。臣愚以为诸不在六艺之科孔子之术者,皆绝其道,勿使并进。邪辟之说灭息,然后统纪可一而法度可明,民知所从矣。"①

关于董仲舒策问年代的问题,古往今来学术界争议不断。周桂钿对司马光、马端临、沈钦韩、苏舆、史念海、夏曾佑、范文澜、侯外庐、翦伯赞等人的观点进行考辨后认定董仲舒的对策年月为元光元年五月。② 今从之。

《汉书・董仲舒传》所载的《天人三策》,是董仲舒回答汉武帝策问时的语录汇编。汉武帝的策问都是从国家的现实问题出发:第一问是"三代受命,其符安在? 灾异之变,何缘而起?"第一策提出,新的治国策略的基本精神是恢复儒家王道。汉武帝在策问中希望有人能结合汉代政治形势,提出一套从根本上解决汉代社会问题的思路,使汉代社会出现三代之治那样理想的政治景象。董仲舒在对策中指出,政治好坏的关键是要有

---

① 班固:《汉书》卷五十六《董仲舒传》,中华书局 1962 年版,第 2495—2523 页。
② 周桂钿:《董学探微》,北京师范大学出版社 1989 年版,第 9—19 页。

正确的治国方略,他认为儒家的王道政治才是正确的治国策略,其核心是礼制以及与之相适应的仁义教化。因此,董仲舒提出要用教化来恢复王道。①

第二问是"夫帝王之道,岂不同条共贯与?何逸劳之殊也?"第二策提出,恢复王道的关键在于任用儒生。汉代之所以出现一些严重的社会问题,并得不到有效处理,就在于没有像太公、散宜生等这样的人才。董仲舒主张中央要下决心兴太学,置明师,以培养人才,而地方也要举贤才,通过考察,挑选那些真正有道德、有才干的人充实政治机构。

第三问是"垂问乎天人之应","夫三王之教所祖不同,而皆有失,或谓久而不易者道也,意岂异哉?"第三策提出,恢复王道在思想上要独尊儒术。汉武帝对董仲舒第二策的分析深以为然,又第三次发问:如何才能使王道政治的理想落实到政府实践和民众心中?针对汉代统纪不明、法度难一的现实问题,董仲舒从儒家王道政治出发,认为申韩法术和苏张纵横之术不但搞乱了人们的思想,而且扰乱了国家的政令,提出只有罢黜这些思想,独用儒家六艺来教育化导百姓,才能实现大一统。②

那么,董仲舒对策的主线为何?董仲舒将"天人感应"理论贯穿到策问当中,对通过五行媒介发挥作用的天、地、人三界的一元性质作了新的强调,并以解决西汉社会的政治、经济问题为最终目的。③ "天人三策"是董仲舒对儒学在汉代政治、经济、文化领域的重要作用的论证。在"天人三策"中,他不但宣传了儒学的基本精神,而且设计了儒学复兴的具体途径,架起了儒学与汉代政治相互沟通的桥梁。④

---

① 《中国思想史》编写组:《中国思想史》,高等教育出版社 2015 年版,第 121—122 页。
② 《中国思想史》编写组:《中国思想史》,高等教育出版社 2015 年版,第 122 页。
③ 崔瑞德、鲁惟一编,杨品泉等译:《剑桥中国秦汉史(公元前 221—公元 220 年)》,中国社会科学出版社 1992 年版,第 758—759 页。
④ 《中国思想史》编写组:《中国思想史》,高等教育出版社 2015 年版,第 123 页。

公孙弘征为博士

后六年，窦太后崩。其明年，上征文学之士公孙弘等。[①]

泷川资言所著《史记会注考证》、刘跃进所著《秦汉文学编年史》均认为"五年是元年之误"，今从之。

公孙弘与董仲舒均以儒学立身，董仲舒在儒学的意识形态化方面作出了重要贡献，但这只是一种学理式的建议，而公孙弘凭借政治力量，以制度化和利禄化的途径将其付诸实践，并为后世所遵循，为儒学在西汉中后期以后兴起和意识形态领域"独尊"地位的确立作出了极为重大的贡献。

从战国士人的自由奔放，到秦朝"以法为教""以吏为师"，再到汉初的"忠厚长者"，发展到此时儒表法里的士人人格，士大夫的人格特征接受政治现实的考验和"试错"，最后以一种"折中"且具有内在张力的模式走向定型，与官僚帝制和宗法社会的二重秩序实现了契合。而公孙弘正是这种转变的里程碑人物，他从战国游士、秦朝文吏和汉初"长者"的历史累积中走出，将儒学的意识形态功能和法术的政治功用结合起来，构建了帝制时代士大夫的政治实践哲学，并将其成功地运用于帝制政治。尽管董仲舒发轫的"阴阳儒学"在两汉时期是公开宣传的官方意识形态，是政治文化的"显流"，但儒表法里的行为方式，则是政治实践遵循的法则，是用而不言的"潜流"。与"显流"相比，"潜流"文化由于自身固有的阴暗色彩而不被公开宣扬，甚至为意识形态所批判，却主导着政治实践。在以后的帝制时代，这种政治哲学在实践中一直为士大夫所遵循，人们随处可见"公孙弘们"的身影，只是随着政治实践的发展，他们更好地掩藏起自身的法术特征，将儒术"缘饰"得更加完美。所谓"两千年之政，秦政也"，

[①] 司马迁：《史记》卷十二《孝武本纪》，中华书局1959年版，第452页。

而"两千年之学,荀学也"。公孙弘以自己的政治实践,完成了官僚帝制对士大夫政治思想的塑造和选择,成为士大夫政治思想史上的一座里程碑。[①]

---

① 袁德良:《思想史视野中的公孙弘》,《南京师大学报(社会科学版)》2009 年第 2 期。

汉武帝好神仙

  是时,李少君亦以祠灶、谷道、却老方见上,上尊之。少君者,故深泽侯舍人,主方。匿其年及其生长,常自谓七十,能使物,却老。其游以方遍诸侯。无妻子。人闻其能使物及不死,更馈遗之,常余金钱衣食。人皆以为不治生业而饶给,又不知其何所人,愈信,争事之。少君资好方,善为巧发奇中。尝从武安侯饮,坐中有九十余老人,少君乃言与其大父游射处,老人为儿时从其大父,识其处,一坐尽惊。少君见上,上有故铜器,问少君。少君曰:"此器齐桓公十年陈于柏寝。"已而案其刻,果齐桓公器。一宫尽骇,以为少君神,数百岁人也。少君言上曰:"祠灶则致物,致物而丹沙可化为黄金,黄金成,以为饮食器,则益寿。益寿而海中蓬莱仙者乃可见,见之以封禅则不死,黄帝是也。臣尝游海上,见安期生,安期生食巨枣,大如瓜。安期生,仙者,通蓬莱中,合则见人,不合则隐。"于是天子始亲祠灶,遣方士入海求蓬莱安期生之属,而事化丹沙诸药齐为黄金矣。居久之,李少君病死。天子以为化去不死,而使黄锤史宽舒受其方。求蓬莱安期生莫能得,而海上燕齐怪迂之方士多更来言神事矣。[1]

  西汉社会迷信鬼神,而武帝"尤敬鬼神"。其信仰神仙学说之坚笃,追求飞升臆念之执着,为神仙活动付出代价之巨大,都为他的前辈所望尘莫及。汉武帝崇信李少君,亲祠灶,遣方士入海求长生不老之术,其与秦始皇一样,均为狂热的神仙教徒。武帝的神仙思想造就了一个庞大的方士集团。方士不劳而食,专以迷信活动为能事,是西汉社会的一大毒瘤,严重毒化了社会风气。在方士的推动下,神仙思想不断发展,到新莽时已产

---

① 司马迁:《史记》卷二十八《封禅书》,中华书局 1959 年版,第 1385—1386 页。

生了谶纬、灾异等学说。① 但是,李少君言"祠灶则致物,致物而丹沙可化为黄金。黄金成,以为饮食器,则益寿",为中国古代炼丹术的最早记载,更是古代化学实验的先导,在中国科技史上占有一席之地。

① 韩玉德:《汉武帝神仙思想刍议》,《齐鲁学刊》1981 年第 3 期。

裸葬之争

　　杨王孙者,孝武时人也。学黄老之术,家业千金,厚自奉养生,亡所不致。及病且终,先令其子,曰:"吾欲裸葬,以反吾真,必亡易吾意。死则为布囊盛尸,入地七尺,既下,从足引脱其囊,以身亲土。"其子欲默而不从,重废父命,欲从之,心又不忍,乃往见王孙友人祁侯。祁侯与王孙书曰:"王孙苦疾,仆迫从上祠雍,未得诣前。愿存精神,省思虑,进医药,厚自持。窃闻王孙先令裸葬,令死者亡知则已,若其有知,是戮尸地下,将裸见先人,窃为王孙不取也。且《孝经》曰'为之棺椁衣衾',是亦圣人之遗制,何必区区独守所闻?愿王孙察焉。"王孙报曰:"……故圣王生易尚,死易葬也。不加功于亡用,不损财于亡谓。今费财厚葬,留归隔至,死者不知,生者不得,是谓重惑。於戏!吾不为也。"祁侯曰:"善。"遂裸葬。①

　　武帝时,奢靡之风日甚,丧葬习俗嬗变,时人以厚葬为荣,与汉初大有不同。杨王孙意识到,厚葬虽然对死者有益,但对生者却是很大的负担,大量财富埋于地下,腐烂浪费,对社会财富也是一个巨大的损耗。若世人为显示家族荣耀,争相攀比,社会风气会越来越糟糕。②

　　此外,杨王孙坚持裸葬,显然是受到了墨家节葬思想的影响,但是,他的裸葬论较墨子节葬论前进了一步,更富有理性色彩。墨子执有鬼,反对厚葬,只强调节用尚俭,没有触及厚葬者的思想基础——灵魂鬼神观念。杨王孙则直接以人死无知,"夫死者,终生之化,而物之归"立论,这就比墨子节葬论在理论上有质的飞跃。杨王孙认为人死"精神离形,各归其真",似有形神二元论的痕迹。但细玩文意,这只是借用了陈旧的表述形式,实

---

① 班固:《汉书》卷六十七《杨胡朱梅云传》,中华书局 1962 年版,第 2907—2909 页。
② 单磊:《杨王孙的朴素唯物主义思想及其影响》,《渭南师范学院学报》2014 年第 21 期。

际上他并不认为有灵魂存在。他说:"精神离形,各归其真,故谓之鬼。鬼之为言归也。"鬼之为归,归之自然,"反真冥冥,亡形亡声",彰显了无神论的主张。[1]

① 卜白:《杨王孙裸葬论》,《孔子研究》1988 年第 1 期。

毛苌为河间献王博士

毛公，赵人也。治《诗》，为河间献王博士，授同国贯长卿。长卿授解延年。延年为阿武令，授徐敖。敖授九江陈侠，为王莽讲学大夫。由是言《毛诗》者，本之徐敖。①

毛苌，赵人，生卒年不详，因传"毛诗"，被河间献王征为博士，称为"小毛公"。毛苌所传《诗经》虽然没有得到西汉统治者的重视，未被列为学官，但其对先秦《诗经》追本溯源、寻求原始本义的阐释以及浓厚的教化理论，使其具有顽强的生命力，受到世人的重视。到了东汉，属于古文经学派的毛苌所传《诗经》终被立为学官，连今文经学大家也不能漠视，如郑众、贾逵、马融、郑玄等或传授或注释《毛诗》，以建构自己完整的学术体系。②

---

① 班固：《汉书》卷八十八《儒林传》，中华书局 1962 年版，第 3614 页。
② 张玉、王清纯：《毛苌与毛公书院》，《沧州师范专科学校学报》2008 年第 4 期。

公孙弘复为博士

元光五年,复征贤良文学,菑川国复推上弘。弘谢曰:"前已尝西,用不能罢,愿更选。"……"臣闻上古尧、舜之时,不贵爵赏而民劝善,不重刑罚而民不犯,躬率以正而遇民信也;末世贵爵厚赏而民不劝,深刑重罚而奸不止,其上不正,遇民不信也。夫厚赏重刑未足以劝善而禁非,必信而已矣。是故因能任官,则分职治;去无用之言,则事情得;不作无用之器,即赋敛省;不夺民时,不妨民力,则百姓富;有德者进,无德者退,则朝廷尊;有功者上,无功者下,则群臣逡;罚当罪,则奸邪止;赏当贤,则臣下劝:凡此八者,治民之本也。故民者,业之即不争,理得则不怨,有礼则不暴,爱之则亲上,此有天下之急者也。故法不远义,则民服而不离;和不远礼,则民亲而不暴。故法之所罚,义之所去也;和之所赏,礼之所取也。礼义者,民之所服也,而赏罚顺之,则民不犯禁矣。故画衣冠,异章服,而民不犯者,此道素行也。……因此观之,天德无私亲,顺之和起,逆之害生。此天文、地理、人事之纪。臣弘愚戆,不足以奉大对。"时对者百余人,太常奏弘第居下。策奏,天子擢弘对为第一。召入见,容貌甚丽,拜为博士,待诏金马门。①

在此次策问中,汉武帝出的题目内容是:上古尧舜时为什么风调雨顺,风俗淳朴,政治清明?要贤良文学们从"天文地理人事之纪"做出回答。公孙弘在对策中提出"治民之本"八条,同时,又提出了"气同""声比""人主和德于上,百姓和合于下"的和合理论以及对仁、义、礼、智等所谓治之本的阐述。公孙弘对策中提出的一套观点,大都似曾相识,找不到多少新创造的东西,而只是传统儒学理论的复述与阐发。负责考试的太常理

---

① 班固:《汉书》卷五十八《公孙弘卜式我儿宽传》,中华书局1962年版,第2613—2617页。

所当然地将他的对策排在下等,呈给汉武帝定夺。谁知汉武帝十分赏识公孙弘的对策,将其从下第拔擢为第一。召见时,又见这位老人"容貌甚丽",内心窃喜,由是再次拜为博士,待诏金马门。[①] 公孙弘复为博士是儒学发展的大势所趋,西汉武帝时期的文化建设,是"崇儒更化",确立了"六艺"与孔子之术的主流地位。"六艺"代表了古代文化传统的知识和价值,孔子对"六艺"进行整理,并重新予以解释,为传统的礼乐建立了内在仁义的精神实质,这是所谓"哲学的突破"。汉武帝"崇儒更化"的重要举措就是提高儒生学士的社会、政治和经济地位,尤在政治队伍中重用儒生,把经学与利禄紧密地结合起来。[②] 公孙弘恰逢其时。

---

① 孟祥才:《论公孙弘》,《管子学刊》2001 年第 4 期。
② 刘国民:《论汉武帝时期的"崇儒更化"》,《中国青年社会科学》2016 年第 6 期。

孔安国献《古文尚书》

　　《古文尚书》者,出孔子壁中。武帝末,鲁共王坏孔子宅,欲以广其宫。而得《古文尚书》及《礼记》《论语》《孝经》凡数十篇,皆古字也。共王往入其宅,闻鼓琴瑟钟磬之音,于是惧,乃止不坏。孔安国者,孔子后也,悉得其书,以考二十九篇,得多十六篇。安国献之。遭巫蛊事,未列于学官。刘向以中古文校欧阳、大小夏侯三家经文,《酒诰》脱简一,《召诰》脱简二。率简二十五字者,脱亦二十五字,简二十二字者,脱亦二十二字,文字异者七百有余,脱字数十。《书》者,古之号令,号令于众,其言不立具,则听受施行者弗晓。古文读应尔雅,故解古今语而可知也。①

　　白新良所著《孔安国献书考》一文,以及郑杰文、李梅所著《中国学术思想编年·秦汉卷》一书通过考辨后均认为孔安国献《古文尚书》当在公元前130年,今从之。

　　在西汉初年书缺简佚、经籍散失的文化大萧条背景之下,大量孔壁古书的出现点燃了文化复兴的希望之火,但这批经书是用先秦古文所写,时人多不识其字。孔安国以孔子后裔的身份得其书,凭其通晓古文字的才能,对孔壁古书均作了较为系统的整理,后人将古书上献朝廷,而所保存的副本则传学于家族内部。孔安国对这批古书的整理为以后学者的研究奠定了坚实的基础,在汉代学术史上具有非常重要的意义。② 虽然《古文尚书》未列于学官,但通过孔安国对其的整理、训解、传授,古文师法逐渐形成,促进了古文经学的形成。两汉时期孔安国传《古文尚书》谱系

---

① 　班固:《汉书》卷三十《艺文志》,中华书局1962年版,第1706—1707页。
② 　陈以凤:《孔安国学术研究》,博士学位论文,山东大学,2010年,第177页。

如下[1]：

```
                            孔安国
        ┌──────────────────┼──────────────────┐
      司马迁                 孔卬                 都尉朝
                        ┌─────┴─────┐             │
                      孔衍        孔骧           庸生
                        │                         │
                      孔子立                     胡常
                        │                         │
                      孔子元                     徐敖
                        │                    ┌────┴────┐
                      孔子建               王璜      涂恽
                        │                        ┌────┴────┐
                       孔仁                    贾徽      桑钦
                        │                        │
                       孔丰                    贾逵
                        │
                       孔僖
                        │
                      孔季彦
```

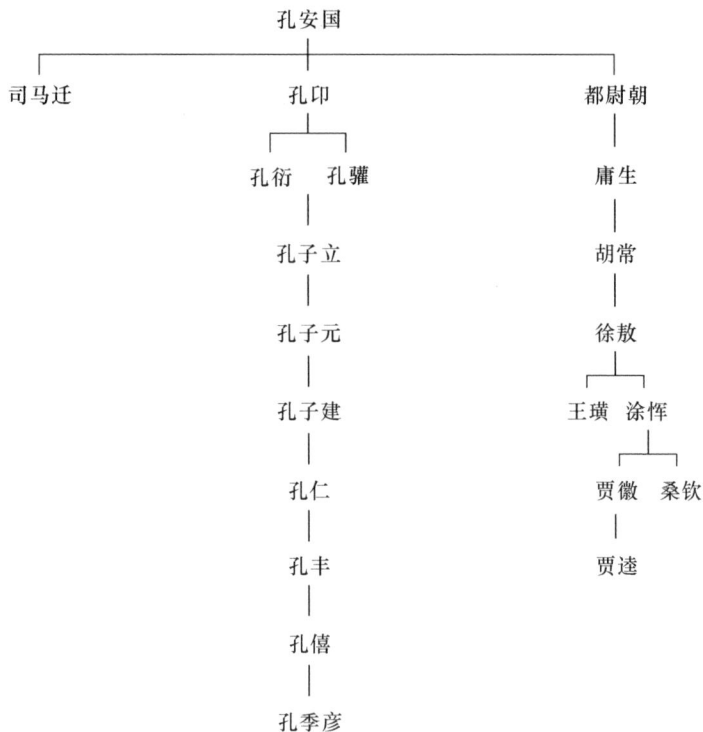

① 陈以凤：《孔安国学术研究》，博士学位论文，山东大学，2010 年，第 52 页。

诏令举孝廉

元朔元年冬十一月，诏曰："公卿大夫，所使总方略，一统类，广教化，美风俗也。夫本仁祖义，襃德禄贤，劝善刑暴，五帝三王所繇昌也。朕夙兴夜寐，嘉与宇内之士臻于斯路。故旅耆老，复孝敬，选豪俊，讲文学，稽参政事，祈进民心，深诏执事，兴廉举孝，庶几成风，绍休圣绪。夫十室之邑，必有忠信；三人并行，厥有我师。今或至阖郡而不荐一人，是化不下究，而积行之君子雍于上闻也。二千石官长纪纲人伦，将何以佐朕烛幽隐，劝元元，厉蒸庶，崇乡党之训哉？且进贤受上赏，蔽贤蒙显戮，古之道也。其与中二千石、礼官、博士议不举者罪。"有司奏议曰："古者，诸侯贡士，一适谓之好德，再适谓之贤贤，三适谓之有功，乃加九锡；不贡士，一则黜爵，再则黜地，三而黜爵地毕矣。夫附下罔上者死，附上罔下者刑，与闻国政而无益于民者斥，在上位而不能进贤者退，此所以劝善黜恶也。今诏书昭先帝圣绪，令二千石举孝廉，所以化元元，移风易俗也。不举孝，不奉诏，当以不敬论。不察廉，不胜任也，当免。"奏可。[①]

汉武帝在诏令中强调了人才对于国家的重要性，并令二千石举孝廉，议不举孝廉者之罪。举孝廉虽为国家选拔人才的制度，但却为儒学的持续繁盛提供了保障，"汉武帝时期的儒者们，为了参政议政，当然地追求'独尊儒术'。而汉武帝也想摆脱汉初以来军功官吏和黄老势力的束缚。'举孝廉'正是汉武帝完成统一思想，强化封建统治目的的重要杠杆。汉武帝确立了其独尊的统治，'举孝廉'也被作为一种岁举常制固定下来，也就是说孝子廉吏所反映的儒家伦理道德观念，被确立下来"。但是，孝廉是由地方官推举上去的。被推荐者，因此而成为荐者的故吏、门生，这就

---

① 班固：《汉书》卷六《武帝纪》，中华书局 1962 年版，第 166—167 页。

很容易形成大大小小的利益集团,后来的门阀士族正是这样逐渐发展而成的。①

---

① 张俊:《从"举孝廉"看官吏选举》,《人民论坛》2010 年第 17 期。

颁布推恩令

偃说上曰:"古者诸侯不过百里,强弱之形易制。今诸侯或连城数十,地方千里,缓则骄奢易为淫乱,急则阻其强而合从以逆京师。今以法割削之,则逆节萌起,前日晁错是也。今诸侯子弟或十数,而适嗣代立,余虽骨肉,无尺寸地封,则仁孝之道不宣。愿陛下令诸侯得推恩分子弟,以地侯之。彼人人喜得所愿,上以德施,实分其国,不削而稍弱矣。"于是上从其计。又说上曰:"茂陵初立,天下豪桀并兼之家,乱众之民,皆可徙茂陵,内实京师,外销奸猾,此所谓不诛而害除。"上又从其计。①

主父偃以宣扬儒家"仁孝"之道的名义向汉武帝献推恩令,其是贾谊"分"藩与晁错"削"藩的综合与发展,意在使诸侯王诸了析地而封,削弱诸侯势力。"《推恩令》动摇了封国土地领有权向所有权的'固化'倾向,诸侯王不断析分地产,地产也加入市场流通,但在最高法权意义上仍旧归属天子,体现了土地所有权的'二重性'。从政治上看,'国大则赋多,赋多则兵强,其为乱也易;国小则赋微,赋微则兵寡,其为乱也难'。边地诸侯王国既'亡南北边',就不能与境外势力勾结,对于加强国家统一和巩固边防是有利的。"②

---

① 司马迁:《史记》卷一百一十二《平津侯主父列传》,中华书局 1959 年版,第 2961 页。
② 庄春波:《汉武帝评传》,南京大学出版社 2001 年版,第 134—135 页。

张汤以治《春秋》《尚书》者补廷尉史

已而赵禹迁为中尉，徙为少府，而张汤为廷尉，……汤为人多诈，舞智以御人。始为小吏，乾没，与长安富贾田甲、鱼翁叔之属交私。及列九卿，收接天下名士大夫，己心内虽不合，然阳浮慕之。是时上方乡文学，汤决大狱，欲傅古义，乃请博士弟子治《尚书》《春秋》补廷尉史，亭疑法。奏谳疑事，必豫先为上分别其原，上所是，受而著谳决法廷尉䌷絜，扬主之明。奏事即谴，汤应谢，乡上意所便，必引正、监、掾史贤者，曰："固为臣议，如上责臣，臣弗用，愚抵于此。"罪常释。即奏事，上善之，曰："臣非知为此奏，乃正、监、掾史某为之。"其欲荐吏，扬人之善蔽人之过如此。所治即上意所欲罪，予监史深祸者；即上意所欲释，与监史轻平者。所治即豪，必舞文巧诋；即下户羸弱，时口言，虽文致法，上财察。于是往往释汤所言。汤至于大吏，内行修也。通宾客饮食。于故人子弟为吏及贫昆弟，调护之尤厚。其造请诸公，不避寒暑。是以汤虽文深意忌不专平，然得此声誉。而刻深吏多为爪牙用者，依于文学之士。[①]

张汤以"博士弟子治《尚书》《春秋》补廷尉史"，这体现了汉廷对于文学的重视，但是，《尚书》《春秋》属儒家之五经，而且，五经不仅是史，是古代文化知识的宝库，更可以用来解决现实社会政治中的重要问题，尤在政治上具有法典的意义，以治《春秋》《尚书》者补廷尉史正是对五经的社会、政治功能的最好诠释。更为重要的是，专经博士及其弟子员可以直接进入仕途，把经学与利禄紧密地结合起来。这一方面具有积极的意义，儒者"通古今，知然否"，理性行政，以德治国，使政治更具有合理性；另一方面也有消极的意义，多数儒者把经学作为敲门砖，即以经学为手段，追求利

---

① 司马迁：《史记》卷一百二十二《酷吏列传》，中华书局 1959 年版，第 3138—3139 页。

禄为目的,不能真诚地从事经学的学术研究,缺少为知识而知识的精神,不利于经学研究的独立和创新。①

---

① 刘国民:《论汉武帝时期的"崇儒更化"》,《中国青年社会科学》2016 年第 6 期。

公孙弘封侯拜相

元朔中，代薛泽为丞相。先是，汉常以列侯为丞相，唯弘无爵，上于是下诏曰："朕嘉先圣之道，开广门路，宣招四方之士，盖古者任贤而序位，量能以授官，劳大者厥禄厚，德盛者获爵尊，故武功以显重，而文德以行褒。其以高成之平津乡户六百五十封丞相弘为平津侯。"其后以为故事，至丞相封，自弘始也。时上方兴功业，娄举贤良。弘自见为举首，起徒步，数年至宰相封侯，于是起客馆，开东阁以延贤人，与参谋议。弘身食一肉，脱粟饭，故人宾客仰衣食，奉禄皆以给之，家无所余。然其性意忌，外宽内深。诸常与弘有隙，无近远，虽阳与善，后竟报其过。杀主父偃，徙董仲舒胶西，皆弘力也。①

公孙弘以一介布衣，凭借自己的出色才识，一跃成为丞相，这既是其自身学识的体现，更是汉武帝重视儒学的结果。汉初诸帝在文化政策上，积极的作为不多。这致使在秦之荒芜的文化园地上兴起的文化事业，发展相当缓慢；且汉廷没有在各种思想文化中确立某种思想的主流地位，从而未能实现文化上的大一统，学者和民众不知所从。因此，武帝时期所赋予文化建设的使命，比历史上任何一个"易姓为王"的朝代更为紧迫和重大。② 公孙弘即是在此种大环境下逐渐进入汉廷的政治中心。儒学独尊是一个艰难而复杂的长期过程，在这一过程中，汉武帝、董仲舒显然起过重要作用。但是，由于这一过程的艰难复杂，若没有其他人的通力配合，仅靠汉武帝与董仲舒，自然难以真正实现儒术独尊的目标。而在这些"其他人"之中，公孙弘则是一个极其引人注目的人物。在某种意义上说，如

---

① 班固：《汉书》卷五十八《公孙弘卜式儿宽传》，中华书局 1962 年版，第 2620—2621 页。
② 刘国民：《论汉武帝时期的"崇儒更化"》，《中国青年社会科学》2016 年第 6 期。

果没有公孙弘的努力,儒学独尊固然迟早仍要完成,但不知要推迟多少年。①

① 马勇:《公孙弘:儒学中兴的健将》,《孔子研究》1993 年第 1 期。

为博士官置弟子五十人

公孙弘为学官，悼道之郁滞，乃请曰："丞相御史言：制曰'盖闻导民以礼，风之以乐。婚姻者，居屋之大伦也。今礼废乐崩，朕甚愍焉。故详延天下方正博闻之士，咸登诸朝。其令礼官劝学，讲议洽闻兴礼，以为天下先。太常议，与博士弟子，崇乡里之化，以广贤材焉'。谨与太常臧、博士平等议曰：闻三代之道，乡里有教，夏曰校，殷曰序，周曰庠。其劝善也，显之朝廷；其惩恶也，加之刑罚。故教化之行也，建首善自京师始，由内及外。今陛下昭至德，开大明，配天地，本人伦，劝学修礼，崇化厉贤，以风四方，太平之原也。古者政教未洽，不备其礼，请因旧官而兴焉。为博士官置弟子五十人，复其身。太常择民年十八已上，仪状端正者，补博士弟子。郡国县道邑有好文学，敬长上，肃政教，顺乡里，出入不悖所闻者，令相长丞上属所二千石，二千石谨察可者，当与计偕，诣太常，得受业如弟子。一岁皆辄试，能通一艺以上，补文学掌故缺；其高弟可以为郎中者，太常籍奏。即有秀才异等，辄以名闻。其不事学若下材及不能通一艺，辄罢之，而请诸不称者罚。臣谨案诏书律令下者，明天人分际，通古今之义，文章尔雅，训辞深厚，恩施甚美。小吏浅闻，不能究宣，无以明布谕下。治礼次治掌故，以文学礼义为官，迁留滞。请选择其秩比二百石以上，及吏百石通一艺以上，补左右内史、大行卒史；比百石已下，补郡太守卒史：皆各二人，边郡一人。先用诵多者，若不足，乃择掌故补中二千石属，文学掌故补郡属，备员。请著功令。佗如律令。"制曰："可。"自此以来，则公卿大夫士吏斌斌多文学之士矣。[1]

公孙弘的奏请其意有三："其一，为五经博士置弟子员共五十人，由太

---

① 司马迁：《史记》卷一百二十一《儒林列传》，中华书局1959年版，第3118—3120页。

常负责选拔。博士弟子在受业中享受一定的待遇,如'复其身'。郡国县道也可以向朝廷推荐青年才俊,到京师从博士学习,为'如弟子',位次低于博士弟子,候博士弟子有缺补充为博士弟子,如弟子的数量不等。因此,博士与博士弟子、如弟子共同构成了'太学'。其二,博士弟子员受业一年要考核而任用:通一艺以上,补文学掌故缺;高弟可以为郎中,太常籍奏;有秀才异等,辄向武帝推荐。文学掌故是政府中的下级官员。郎中是侍于武帝左右的近臣,也是政府官员的储备库,地位较为尊贵。朝廷置博士弟子员,在京师兴太学;地方上,郡国县道设立郡学和县学。官学的兴盛强化了五经的主要地位,促使士人学习五经及儒家的经典,并接受儒家的价值观念,儒家思想文化取得了正统的地位。其三,对以经学、礼学为官的治礼、掌故等低级官员加以擢升。"①

公孙弘为了儒学的持续勃兴,制定了选拔博士弟子的政策细规,将儒学水平作为选拔官吏的基本标准,以利禄制度保障儒学的官学地位,使儒学成为儒生和文吏都必须学习的必修课,秦政的"以吏为师"也由此转变为汉政的"以师为吏",使儒生和文吏这两种截然不同的群体逐渐融合,促成中国古代士大夫身兼学者和官僚二重身份特征的形成。与董仲舒等普通士大夫不具政策权威性的学术建议相比,这一官方政策对儒学兴盛所起到的作用,实在不可同日而语。从这一点上说,这一奏请是儒学发展史和中国古代政治史中的一座里程碑,公孙弘也是"独尊儒术"这一中国思想史上分水岭事件当之无愧的第一"功臣"。②

---

① 马勇:《公孙弘:儒学中兴的健将》,《孔子研究》1993 年第 1 期。
② 袁德良:《思想史视野中的公孙弘》,《南京师大学报(社会科学版)》2009 年第 2 期。

《公羊春秋》大兴

瑕丘江公,受《穀梁春秋》及《诗》于鲁申公,传子至孙为博士。武帝时,江公与董仲舒并。仲舒通《五经》,能持论,善属文。江公呐于口,上使与仲舒议,不如仲舒。而丞相公孙弘本为《公羊》学,比辑其议,卒用董生。于是上因尊《公羊》家,诏太子受《公羊春秋》,由是《公羊》大兴。①

刘汝霖所著《汉晋学术编年》和郑杰文、李梅所著《中国学术思想编年·秦汉卷》均将此事系于元朔六年,今从之。

《春秋公羊传》是一部解释《春秋》的著作,成书于战国时期,据说与子夏有关。公羊春秋派认为,孔子依据鲁史作的《春秋》虽然文字简略,却常常用一两个字表示褒贬,有"大义"存乎其中。《春秋公羊传》从《春秋》的词句中把这些"大义"发掘出来加以阐明。它重在发挥"微言大义",而不是像《左传》那样重在补充翔实的史料。汉代今文经立有十四博士,但没有一个学派能够像董仲舒的公羊春秋学那样受到汉代统治者的重视,久居统治地位而产生巨大的影响。②

《春秋公羊传》的基本精神,董仲舒概括为:"是非二百四十二年之中,以为天下仪表。贬天子,退诸侯,讨大夫,以达王事而已矣。"汉初诸侯不断叛乱,大臣贵戚违法逾制,强凌弱,众暴寡,贫富分化严重,社会矛盾日益剧烈。温情脉脉的宗法情谊、道德教化和残酷无情、尔虞我诈的政治现实,产生了尖锐的矛盾。清静无为,放任不管,导致礼制废弛、等级混乱,对统治秩序造成了严重危害。在这种形势下,董仲舒讲"公羊学",强调严肃宗法和政治的纪纲,严格等级秩序,提倡正名分,大一

---

① 班固:《汉书》卷八十八《儒林传》,中华书局 1962 年版,第 3617 页。
② 张岂之:《中国思想史》,西北大学出版社 1993 年版,第 119 页。

统,等等,是对症下药的,反映了时代的特殊要求,[1]这也是《春秋公羊传》大兴的原因。

① 金春峰:《汉代思想史》,中国社会科学出版社 2006 年版,第 173—174 页。

吕步舒以《春秋》决狱

先是，淮南王安入朝，始与帝舅太尉武安侯田蚡有逆言。其后胶西于王、赵敬肃王、常山宪王皆数犯法，或至夷灭人家，药杀二千石，而淮南、衡山王遂谋反。胶东、江都王皆知其谋，阴治兵弩，欲以应之。至元朔六年，乃发觉而伏辜。时田蚡已死，不及诛。上思仲舒前言，使仲舒弟子吕步舒持斧钺治淮南狱，以春秋谊颛断于外，不请。既还奏事，上皆是之。①

而董生为江都相，自有传。弟子遂之者，兰陵褚大，东平嬴公，广川段仲，温吕步舒。大至梁相，步舒丞相长史，唯嬴公守学不失师法，为昭帝谏大夫，授东海孟卿、鲁眭孟。②

吕步舒以《春秋》决狱于外，汉武帝"皆是之"，据《后汉书·应劭传》载："董仲舒老病致仕，朝廷每有政议，数遣廷尉张汤亲至陋巷，问其得失。于是作《春秋决狱》二百三十二事。动以经对，言之详矣。"其是"指在中华法系的发展历史上，在具体的司法实践中，以儒家的经典尤其是《春秋》的精神和事例作为审判的依据，来定罪量刑。特别是对于疑难案件，要求用儒家经典分析案情、认定犯罪的根据，解释和适用法律。它为汉代统治者所提倡，是汉武帝确立'罢黜百家，独尊儒术'后法律儒家化的必然产物"③。除了《春秋》外，决狱所依据的儒家典籍还有《诗经》《书经》《易经》《仪礼》等，实为"引经决疑""经义决疑"，在两汉极为盛行。

就其影响而言，有的学者认为"春秋决狱""以儒家思想作为法律上定罪量刑的依据，在融合了儒家、法家等诸多思想主张，确立了中国古代法

---

① 班固：《汉书》卷二十七上《五行志》，中华书局1962年版，第1333页。
② 班固：《汉书》卷八十八《儒林传》，中华书局1962年版，第3616页。
③ 崔灿：《论汉代的〈春秋决狱〉》，《法制与社会》2009年第22期。

律儒家化的标志的同时,也因为其判案的主观性强,司法官员经常以自己的个人好恶任意定罪,扩大了法律的随意性和任意性,背离了法律的公正性、正义性的要求"①。但是,"春秋决狱"的基本精神为"原心定罪",意即"决狱必须根据犯罪事实来探索罪犯的犯罪动机等主观心态。凡心术不正,故意为恶的,即使是犯罪未遂,也要加以处罚。对共同犯罪中的首谋和组织领导者等首恶分子要从重处罚。而行为动机、目的纯正,合乎道德人情,即使其行为违反法律,造成损失,也可以减轻甚至免于处罚"②。"春秋决狱"虽有局限性,但却重人伦、倡道德,既有利于社会矛盾的缓和,又有利于限制皇权。

---

① 周建英:《董仲舒与春秋决狱》,《衡水学院学报》2007 年第 3 期。
② 吕志兴:《"春秋决狱"新探》,《西南师范大学学报(人文社会科学版)》2000 年第 5 期。

立乐府

　　初，高祖既定天下，过沛，与故人父老相乐，醉酒欢哀，作"风起"之诗，令沛中僮儿百二十人习而歌之。至孝惠时，以沛宫为原庙，皆令歌儿习吹以相和，常以百二十人为员。文、景之间，礼官肄业而已。至武帝定郊祀之礼，祠太一于甘泉，就乾位也；祭后土于汾阴，泽中方丘也。乃立乐府，采诗夜诵，有赵、代、秦、楚之讴。以李延年为协律都尉，多举司马相如等数十人造为诗赋，略论律吕，以合八音之调，作十九章之歌。以正月上辛用事甘泉圜丘，使童男女七十人俱歌，昏祠至明。夜常有神光如流星止集于祠坛，天子自竹宫而望拜，百官侍祠者数百人皆肃然动心焉。①

　　《资治通鉴》卷十九言："（元狩）三年……是岁得神马于渥洼水中。上方立乐府。"今从之。

　　乐府是汉代的音乐机构，而汉武帝"立乐府"是其礼乐文化建设的重要内容。汉武帝"立乐府而采歌谣"的高明之处是"以俗正俗"：一方面把民间俗曲引进典雅庄重的仪式，丰富了仪式音乐的艺术形式；另一方面，通过对歌谣的改造，既突出娱乐音乐的劝世功能和教化意义，也大大提高了各地歌谣的艺术品位，使其深受汉代宫廷、贵戚乃至平民百姓的欢迎。更重要的是，各地歌谣经过乐府机关"补短移化"的加工改造，完成了身份的转变，即由抒发百姓世俗之情为主的街陌讴谣转换成代表汉代朝廷意志和传达"正俗"意图的乐府诗。其题材的世俗性、情感表达的普世化，以及文本的叙事特征也在加工过程中悄然形成。②

---

① 班固：《汉书》卷二十二《礼乐志》，中华书局 1962 年版，第 1045 页。
② 吴大顺：《论汉乐府的生成模式及其体制特征》，《中南民族大学学报（人文社会科学版）》2017年第 1 期。

盐铁专卖

大农上盐铁丞孔仅、咸阳言:"山海,天地之藏也,皆宜属少府,陛下不私,以属大农佐赋。愿募民自给费,因官器作煮盐,官与牢盆。浮食奇民欲擅管山海之货,以致富羡,役利细民。其沮事之议,不可胜听。敢私铸铁器煮盐者,钛左趾,没入其器物。郡不出铁者,置小铁官,便属在所县。"使孔仅、东郭咸阳乘传举行天下盐铁,作官府,除故盐铁家富者为吏。吏道益杂,不选,而多贾人矣。①

汉武帝的盐铁专卖政策上承管仲、商鞅,开启了国家垄断模式之先河,即在专卖中,盐允许民制,相当于管仲之法:招募平民煮盐,官府提供铁锅,盐煮出来后,政府全部收购。铁由政府直接掌握生产过程,相当于商鞅之法:铁矿的开采、冶炼和铁器的铸造,由官府指定犯罪之人做苦工,并征发一部分民工从事生产和运输;生产出来的铁器归官府所有,由官府运销,任何人都不得私自制铁。客观地讲,官营盐铁无论在资金、设备和人员方面,还是在降低成本、标准化生产和工艺技术方面,都具有私营盐铁无可比拟的优势。桑弘羊推行的一系列措施,增加了政府收入,有效支援了武帝时期旷日持久的对匈奴的战争,并从经济上遏止了富商大贾和豪强势力的发展,加强了中央集权。②

---

① 司马迁:《史记》卷三十《平准书》,中华书局 1959 年版,第 1429 页。
② 张雯、彭新武:《盐铁官营:流变与反思》,《求索》2017 年第 4 期。

张汤自杀

  汤为御史大夫七岁,败。……始长史朱买臣,会稽人也。读《春秋》。庄助使人言买臣,买臣以《楚辞》与助俱幸,侍中,为太中大夫,用事。……数年,坐法废,守长史,见汤,汤坐床上,丞史遇买臣弗为礼。买臣楚士,深怨,常欲死之。王朝,齐人也。以术至右内史。边通,学长短,刚暴强人也,官再至济南相。故皆居汤右,已而失官,守长史,诎体于汤。汤数行丞相事,知此三长史素贵,常凌折之。以故三长史合谋曰:"……吾知汤阴事。"使吏捕案汤左田信等,……汤乃为书谢曰:"汤无尺寸功,起刀笔吏,陛下幸致为三公,无以塞责。然谋陷汤罪者,三长史也。"遂自杀。汤死,家产直不过五百金,皆所得奉赐,无他业。昆弟诸子欲厚葬汤,汤母曰:"汤为天子大臣,被污恶言而死,何厚葬乎!"载以牛车,有棺无椁。天子闻之,曰:"非此母不能生此子。"乃尽案诛三长史。丞相青翟自杀。出田信。上惜汤,稍迁其子安世。①

  张汤,曾任廷尉、御史大夫等职,支持盐铁官营,制定"告缗令"打击富商大贾,还和赵禹共同编订律令,是武帝一朝的名臣。其提倡"明法以绳天下":在政治上,以法惩罚割据分裂的诸侯、骄横失职的公卿、屈辱妥协的议臣,捍卫了国家的统一和独立;在经济上,以法制裁垄断经济的富商大贾,盐铁铸钱国有,算缗告缗,限制土地兼并,保证了国家的财政收入。张汤在强调法的同时,还注重儒家的礼制,有效地维护了社会的稳定。②

---

① 司马迁:《史记》卷一百二十二《酷吏列传》,中华书局 1959 年版,第 3142—3144 页。
② 华友根:《张汤的法制活动及其影响》,《学术月刊》1992 年第 11 期。

武帝封禅泰山

三月,遂东幸缑氏,礼登中岳太室。从官在山下闻若有言"万岁"云。问上,上不言;问下,下不言。于是以三百户封太室奉祠,命日崇高邑。东上泰山,泰山之草木叶未生,乃令人上石立之泰山巅。……四月,还至奉高。上念诸儒及方士言封禅人人殊,不经,难施行。天子至梁父,礼祠地主。乙卯,令侍中儒者皮弁荐绅,射牛行事。封泰山下东方,如郊祠太一之礼。封广丈二尺,高九尺,其下则有玉牒书,书秘。礼毕,天子独与侍中奉车子侯上泰山,亦有封。其事皆禁。……皆至泰山祭后土。封禅祠,其夜若有光,昼有白云起封中。天子从禅还,坐明堂,群臣更上寿。于是制诏御史:"朕以眇眇之身承至尊,兢兢焉惧不任。维德菲薄,不明于礼乐。修祠太一,若有象景光,屑如有望,震于怪物,欲止不敢,遂登封太山,至于梁父,而后禅肃然。自新,嘉与士大夫更始,赐民百户牛一酒十石,加年八十孤寡布帛二匹。复博、奉高、蛇丘、历城,无出今年租税。其大赦天下,如乙卯赦令。行所过毋有复作。事在二年前,皆勿听治。"又下诏曰:"古者天子五载一巡狩,用事泰山,诸侯有朝宿地。其令诸侯各治邸泰山下。"[①]

帝王封禅始于秦始皇,而汉武帝则是封禅次数最多的君王,此次为汉武帝的第一次封禅。汉武帝封禅周行一万余里,可谓气势磅礴、波澜壮阔。武帝封禅之举深受儒家思想之影响,举行封禅大典也是当时思想背景下儒生学士们的愿望。大多数下层儒生文士,由于备受贵族压抑和社会动荡侵扰,迫切要求"天下太平"的秩序。封禅典礼逐渐渗入儒学因素,迎合了这批人借此晋身入仕的心理需要。自汉武尊儒之后,人们就期望

---

① 司马迁:《史记》卷二十八《封禅书》,中华书局 1959 年版,第 1397—1398 页。

封禅与儒家的结合。① 故封禅不仅是王权政治追求天命正统和"顺天应民"的心理要求,而且从封建时代知识结构与宗教思想信仰阶段而论,也是普遍的社会要求;其于礼俗社会而论,显然是朝野上下与政治关系中的一种精神纽带,对国家社会以及对于在信仰生活中注重仪式体验和象征意义的民族,有一种内向的凝聚力。②

---

① 成国雄:《盛世大典与西汉雄风——论汉武帝泰山封禅》,《吉林广播电视大学学报》2007 年第 3 期。

② 何平立:《汉武封禅:儒学正统化大典》,《上海大学学报(社会科学版)》2003 年第 4 期。

司马迁为太史令,撰《史记》

据《史记·太史公自序》载:司马谈"卒三岁而迁为太史令,绅史记石室金匮之书。五年而当太初元年,十一月甲子朔旦冬至,天历始改,建于明堂,诸神受纪"。司马谈卒于元封元年,司马迁为太史令当在元封三年。

太史令以国家的天文历法、祭祀为务,监管国家典籍,载史言事,在汉代职位较低。司马迁的主要著作就是《史记》,其是二十四史的第一部,并开创了纪传体通史的体例。首先,《史记》是一部史书,以天子为主线,按年代记载天下所发生的大事,保留编年体的特色,称为"纪"。再把除了天子之外的重要人物,分别写成单篇,称为"传"。这种体例称为纪传体,是司马迁写《史记》时创造的,后代史书都加以采用,成为"二十四史"的通例。其次,《史记》还是一部文学作品,司马迁在文学方面的造诣主要是传记文学,他写《史记》的纪和传时,其生动的描述有长久的艺术魅力。而且,《史记》选择最能体现人物性格的典型语言,将其成败与个人性格、客观形势相联系,给人留下深刻的印象,对成功的经验与失败的教训都有恰到好处的描写,为后人提供了各种典范。最后,司马迁写《史记》,是借历史人物与事件来表达自己的一家之言、哲学思想体系。司马迁的哲学,主要是政治哲学,他的政治哲学排除了天人感应之说,崇尚自然无为,以求真尚行为主旨。[1]

总之,《史记》作为我国第一部纪传体通史,系统、生动、深刻且多方面地记载了我国自有文字以来的历史发展,反映了我国多民族人民的生产、经济、生活、风尚和政治、军事斗争、学术思想建树,以及各种制度的建立

---

[1] 周桂钿:《秦汉思想史》,河北人民出版社 2000 年版,第 240—253 页。

和沿革,不仅在中国历史上发生了极为深远的影响,在世界历史著作中也堪称瑰宝。①

---

① 金春峰:《汉代思想史》,中国社会科学出版社 2006 年版,第 225 页。

孔安国卒

（孔）忠生武，武生延年及安国。安国为今皇帝博士，至临淮太守，蚤卒。[1]

郑杰文等通过考辨后认为，孔安国去世于太初前，今从之。[2]

孔安国，字子国，鲁国人。孔子第十一世孙，西汉大儒，汉代经学传承的重要人物。约自汉景帝中元元年至汉武帝征和年间在世。作为一位经学大师，孔安国少学《诗》于申培，受《尚书》于伏生，毕生以经学为业，博通儒典，为孔氏家学的继承和发展做出了巨大贡献。孔安国曾整理古文《尚书》、古文《论语》和古文《孝经》并为之训解作传，同时还编集了记述孔子及其弟子思想言行的著作《孔子家语》。另外，孔安国游学河间，积极入仕，汉武帝时曾任博士、侍中、谏大夫，官至临淮太守，学宦双成。[3] 孔安国保存、整理古代历史文化典籍，为后世提供了弥足珍贵的文献资料。他甘于寂寞，研习传承孔壁古书，使古文师法逐步形成，促进了古文经学的兴起，对汉代儒学的发展也有显著影响。同时他积极教学育人，传授儒家经典，推动了儒家精义的传播与汉代经学的发展。[4]

---

① 司马迁：《史记》卷四十七《孔子世家》，中华书局 1959 年版，第 1947 页。
② 郑杰文、李梅：《中国学术思想编年·秦汉卷》，陕西师范大学出版社 2005 年版，第 175 页。
③ 梁晨：《孔安国年谱》，硕士学位论文，山东师范大学，2013 年，中文摘要第 1 页。
④ 陈以凤：《孔安国学术研究》，博士学位论文，山东大学，2010 年，第 1 页。

造太初历

至今上即位,招致方士唐都,分其天部;而巴落下闳运算转历,然后日辰之度与夏正同。乃改元,更官号,封泰山。因诏御史曰:"乃者,有司言星度之未定也,广延宣问,以理星度,未能詹也。盖闻昔者黄帝合而不死,名察度验,定清浊,起五部,建气物分数。然盖尚矣。书缺乐弛,朕甚闵焉。朕唯未能循明也,紬绩日分,率应水德之胜。今日顺夏至,黄钟为宫,林钟为徵,太蔟为商,南吕为羽,姑洗为角。自是以后,气复正,羽声复清,名复正变,以至子日当冬至,则阴阳离合之道行焉。十一月甲子朔旦冬至已詹,其更以七年为太初元年。年名'焉逢摄提格',月名'毕聚',日得甲子,夜半朔旦冬至。"①

(司马迁为太史令)五年而当太初元年,十一月甲子朔旦冬至,天历始改,建于明堂,诸神受纪。②

武帝命唐都、落下闳、司马迁等人更造历法,名曰"太初历",其以建寅为正,即以正月为一年的开始,自此以后,历代王朝均以正月为岁首。太初历"以律起历",取一个朔望月为二十九又八十一分之四十三日。之所以取八十一为分母,是因为黄钟律管长九寸,围九分,自乘得八十一。太初历行用于太初元年夏五月至后汉章帝元和二年二月甲寅,共一百八十九年,是我国现存的第一部具有较完整文献资料记载的古代历法。它同时考虑到太阳视运动和月亮圆缺变化规律,采用回归年和朔望月平均值为基本周期,属阴阳合历,继承了中国古代阴阳合历的科学性与合理性。并且采用夏正——以寅月为岁首,与春种、夏忙、秋收、冬闲的农耕节奏合拍,为指导农业及畜牧业生产生活带来极大方便。太初历还以无中气(二

---

① 司马迁:《史记》卷二十六《历书》,中华书局 1959 年版,第 1260－1261 页。
② 司马迁:《史记》卷一百三十《太史公自序》,中华书局 1959 年版,第 3296 页。

十四节气中位于偶数者，即冬至、大寒、惊蛰、春分、清明、小满、夏至、大暑、处暑、秋分、霜降、小雪）之月为闰月，比此前的年终置闰法更为合理。其交食周期、五星会合周期都比较准确。太初历所测定的二十八宿赤道距度（赤经差）值，一直沿用了 800 多年，直到唐开元十三年才被一行重新测定的值取代。①

---

① 斯琴毕力格：《太初历再研究》，硕士学位论文，内蒙古师范大学，2004 年，第 4 页。

司马迁与壶遂论史书

太史公曰："先人有言：'自周公卒五百岁而有孔子。孔子卒后至于今五百岁，有能绍明世，正《易传》，继《春秋》，本《诗》《书》《礼》《乐》之际？'意在斯乎！意在斯乎！小子何敢让焉！"上大夫壶遂曰："昔孔子何为而作《春秋》哉？"太史公曰："余闻董生曰：'周道衰废，孔子为鲁司寇，诸侯害之，大夫壅之。孔子知言之不用，道之不行也，是非二百四十二年之中，以为天下仪表，贬天子，退诸侯，讨大夫，以达王事而已矣。'子曰：'我欲载之空言，不如见之于行事之深切著明也。'夫《春秋》，上明三王之道，下辨人事之纪，别嫌疑，明是非，定犹豫，善善恶恶，贤贤贱不肖，存亡国，继绝世，补敝起废，王道之大者也。《易》著天地、阴阳、四时、五行，故长于变；《礼》经纪人伦，故长于行；《书》记先王之事，故长于政；《诗》记山川、溪谷、禽兽、草木、牝牡、雌雄，故长于风；《乐》乐所以立，故长于和；《春秋》辩是非，故长于治人。是故《礼》以节人，《乐》以发和，《书》以道事，《诗》以达意，《易》以道化，《春秋》以道义。拨乱世反之正，莫近于《春秋》。《春秋》文成数万，其指数千。万物之散聚皆在《春秋》。《春秋》之中，弑君三十六，亡国五十二，诸侯奔走不得保其社稷者不可胜数。察其所以，皆失其本已。故《易》曰'失之毫厘，差之千里'。故曰'臣弑君，子弑父，非一旦一夕之故也，其渐久矣'。故有国者不可以不知《春秋》，前有谗而弗见，后有贼而不知。为人臣者不可以不知《春秋》，守经事而不知其宜，遭变事而不知其权。为人君父而不通于《春秋》之义者，必蒙首恶之名。为人臣子而不通于《春秋》之义者，必陷篡弑之诛，死罪之名。其实皆以为善，为之不知其义，被之空言而不敢辞。夫不通礼义之旨，至于君不君，臣不臣，父不父，子不子。夫君不君则犯，臣不臣则诛，父不父则无道，子不子则不孝。此四行者，天下之大过也。……"壶遂曰……太史公曰:"……'伏羲至纯厚,作《易》八卦。尧舜之盛,《尚书》载之,礼乐作焉。汤武之隆,诗人歌之。《春秋》采善贬恶,推三代之德,襃周室,非独刺讥而已也。'汉兴以来,至明天子,获符瑞,封禅,改正朔,易服色,受命于穆清,泽流罔极,海外殊俗,重译款塞,请来献见者,不可胜道。臣下百官力诵圣德,犹不能宣尽其意。且士贤能而不用,有国者之耻;主上明圣而德不布闻,有司之过也。且余尝掌其官,废明圣盛德不载,灭功臣世家贤大夫之业不述,堕先人所言,罪莫大焉。余所谓述故事,整齐其世传,非所谓作也,而君比之于《春秋》,谬矣。"①

司马迁与壶遂的对话由两个问题展开:其一,孔子为何作《春秋》? 其二,孔子作《春秋》因无明君,秩序混乱,而武帝一朝政通人和,司马迁为何要作《史记》? 司马迁与壶遂的对话实则涉及《春秋》的史学地位和史书功用、史官职责等诸多重大问题,凸显出这是一次重大的史学辩论。从司马迁对这些问题的阐释,并结合他自身的著述活动,庶几可见《史记》继承、发展《春秋》的传统与精神,并在中国史学上产生了极为深远的影响。在司马迁看来,《春秋》是神圣的,他秉承父志,继承《春秋》。在后人看来,《史记》不仅继承了《春秋》,同时又大大发展了《春秋》,为中国史学的发展奠定了广阔而深厚的基础。就这次辩论而言,司马迁对壶遂所问的精辟阐述,乃是中国史学思想史上最光彩的篇章之一。②

---

① 司马迁:《史记》卷一百三十《太史公自序》,中华书局 1959 年版,第 3296—3300 页。
② 阎静:《一次影响深远的史学辩论——司马迁与壶遂对话的再认识》,《历史教学(高校版)》2008 年第 3 期。

儒生的方士化

其明年，东巡海上，考神仙之属，未有验者。方士有言"黄帝时为五城十二楼，以候神人于执期，命曰迎年"。上许作之如方，名曰明年。上亲礼祠上帝，衣上黄焉。①

汉武帝的求仙活动贯穿其一生，对西汉政治的发展产生了巨大的影响。从遇到李少君开始，到弄虚作假的栾大被下令腰斩，汉武帝这一阶段的求仙活动暂时告一段落。这些求仙活动都发生在元封元年以前。这一时期，汉武帝在神仙方士的欺骗下有过许多荒诞离奇的举动。但这一时期，即汉武帝统治的前三十年，也正是汉武帝成就其事业的主要时期。汉武帝改变统治政策，使西汉王朝在恢复发展的基础上，出现了前所未有的极盛时期，形成了中国封建社会第一个盛世。被迷信神仙思想所愚弄和政治上的雄才大略这两条并行不悖的平行线，各自沿着自己的轨迹运行。汉武帝虽然被迷信神仙思想所愚弄，但这没有直接对稳固的西汉政局产生巨大影响。当然，汉武帝为了求神祭仙，浪费了惊人的金钱，给百姓带来沉重的负担；加上他奢侈、酷暴的统治，给自己的统治带来危机，这一点是不能回避的。② 就对儒学的影响而言，作为官方哲学的神仙思想向广大儒生、方士指出了一条略有风险然而可靠的"禄利之路"，儒生、方士则依皇权兜售神仙学说，出现了儒生方士化的倾向。③

---

① 司马迁：《史记》卷十二《孝武本纪》，中华书局 1959 年版，第 484 页。
② 邢子艳：《论迷信神仙思想与汉武帝朝政治》，硕士学位论文，内蒙古大学，2007 年，第 29 页。
③ 韩玉德：《汉武帝神仙思想刍议》，《齐鲁学刊》1981 年第 3 期。

司马迁遭腐刑

于是论次其文。七年而太史公遭李陵之祸，幽于缧绁。乃喟然而叹曰："是余之罪也夫！是余之罪也夫！身毁不用矣。"退而深惟曰："夫《诗》《书》隐约者，欲遂其志之思也。昔西伯拘羑里，演《周易》；孔子厄陈蔡，作《春秋》；屈原放逐，著《离骚》；左丘失明，厥有《国语》；孙子膑脚，而论兵法；不韦迁蜀，世传《吕览》；韩非囚秦，《说难》《孤愤》；《诗》三百篇，大抵贤圣发愤之所为作也。此人皆意有所郁结，不得通其道也，故述往事，思来者。"于是卒述陶唐以来，至于麟止，自黄帝始。①

后闻陵降，上怒甚，责问陈步乐，步乐自杀。群臣皆罪陵，上以问太史令司马迁，迁盛言："陵事亲孝，与士信，常奋不顾身以殉国家之急。其素所畜积也，有国士之风。今举事一不幸，全躯保妻子之臣随而媒孽其短，诚可痛也！且陵提步卒不满五千，深轹戎马之地，抑数万之师，虏救死扶伤不暇，悉举引弓之民共攻围之。转斗千里，矢尽道穷，士张空拳，冒白刃，北首争死敌，得人之死力，虽古名将不过也。身虽陷败，然其所摧败亦足暴于天下。彼之不死，宜欲得当以报汉也。"初，上遣贰师大军出，财令陵为助兵，及陵与单于相值，而贰师功少。上以迁诬罔，欲沮贰师，为陵游说，下迁腐刑。久之，上悔陵无救，曰："陵当发出塞，乃诏强弩都尉令迎军。坐预诏之，得令老将生奸诈。"乃遣使劳赐陵余军得脱者。②

学术界对于司马迁遭受腐刑之年代存在争议，《资治通鉴》将此事系于天汉二年，王国维所著《观堂集林·太史公行年考》、泷川资言所著《史

---

① 司马迁：《史记》卷一百三十《太史公自序》，中华书局 1959 年版，第 3300 页。
② 班固：《汉书》卷五十四《李广苏建传》，中华书局 1962 年版，第 2455－2457 页。

记会注考证·太史公年谱》均将司马迁受腐刑系于天汉三年,今从后者。

关于司马迁受腐刑之原因,学术界大致存在三种观点:一、诋毁景帝。《史记·太史公自序》裴骃《集解》引卫宏《汉书旧仪》注曰:"司马迁作《景帝本纪》,极言其短及武帝过,武帝怒而削去之。后坐举李陵,陵降匈奴,故下迁蚕室。"二、自愿。赵铭在《琴鹤山房遗稿》卷五《司马迁下蚕室论》中言:"夫迁以救李陵得罪,迁但欲护陵耳,非有沮贰师意也。帝怒其欲沮贰师而为陵游说,则迁罪更不容诛,以武帝用法之严,而吏傅帝意以置迁于法,迁之死尚得免乎?汉法,罪当斩赎为庶人者,唯军将为然,而死罪欲腐者许之,则自景帝时著为令。张贺以戾太子宾客,当诛,其弟安世为上书,得下蚕室,其是明证。迁惜《史记》未成,请减死一等就刑,以继成父谈所为吏,帝亦惜其才而不忍致诛,然则迁之下蚕室,出于自请无疑也。"三、抗争。司马迁年收入近十万钱,加之他的女婿是华阴富商,家财甚巨,完全有能力缴纳低于五十万钱的免罪金。司马迁以"家贫,财赂不足以自赎"为理由拒绝赎罪的原因在于,司马迁不认为自己有罪,拒绝自赎,亦出于对汉武帝残暴统治的抗拒与愤恨。① 不管何种原因,司马迁忍辱负重,最终完成"究天人之际,通古今之变"的宏志。

---

① 刘华祝:《释司马迁"家贫财赂不足以自赎"而遭腐刑》,《司马迁与〈史记〉学术研讨会会议手册(2007年)》,第26页。

司马迁作《报任安书》

迁既被刑之后,为中书令,尊宠任职。故人益州刺史任安予迁书,责以古贤臣之义。迁报之曰:"少卿足下:曩者辱赐书,教以慎于接物,推贤进士为务,意气勤勤恳恳,若望仆不相师用,而流俗人之言。仆非敢如是也。……仆少负不羁之才,长无乡曲之誉,主上幸以先人之故,使得奉薄技,出入周卫之中。仆以为戴盆何以望天,故绝宾客之知,忘室家之业,日夜思竭其不肖之材力,务一心营职,以求亲媚于主上。而事乃有大谬不然者。夫仆与李陵俱居门下,素非相善也,趣舍异路,未尝衔杯酒接殷勤之欢。然仆观其为人自奇士,事亲孝,与士信,临财廉,取予义,分别有让,恭俭下人,常思奋不顾身以徇国家之急。其素所畜积也,仆以为有国士之风。夫人臣出万死不顾一生之计,赴公家之难,斯已奇矣。……盖西伯拘而演《周易》;仲尼厄而作《春秋》;屈原放逐,乃赋《离骚》;左丘失明,厥有《国语》;孙子髌脚,《兵法》修列;不韦迁蜀,世传《吕览》;韩非囚秦,《说难》《孤愤》。《诗》三百篇,大氐贤圣发愤之所为作也。此人皆意有所郁结,不得通其道,故述往事,思来者。及如左丘明无目,孙子断足,终不可用,退论书策以舒其愤,思垂空文以自见。仆窃不逊,近自托于无能之辞,网罗天下放失旧闻,考之行事,稽其成败兴坏之理,凡百三十篇,亦欲以究天人之际,通古今之变,成一家之言。……每念斯耻,汗未尝不发背沾衣也。身直为闺阁之臣,宁得自引深臧于岩穴邪!故且从俗浮湛,与时俯仰,以通其狂惑。今少卿乃教以推贤进士,无乃与仆之私指谬乎。今虽欲自雕琢,曼辞以自解,无益,于俗不信,只取辱耳。要之死日,然后是非乃定。书不能尽意,故略陈固陋。"[①]

---

① 班固:《汉书》卷六十二《司马迁传》,中华书局1962年版,第2725—2736页。

郑杰文、李梅所著《中国学术思想编年·秦汉卷》对赵翼、泷川资言、王国维、徐朔方等人的观点进行考辨后认为,司马迁作《报任安书》当在汉武帝征和二年,今从之。[①]

《报任安书》全文一千三百余字,大致分为六段:第一段与第六段言延迟复信的原因及心情,第二段言不配"推贤进士"的原因,第三段言下狱的经过,第四段讲述负腐刑,第五段言《史记》的撰写。《报任安书》是司马迁悲凉一生的真实写照,其在文中列举了人世间的十大耻辱,而腐刑则是"最"与"极"的。为了完成《史记》的撰写,司马迁"隐忍苟活,幽于粪土之中而不辞""虽被万戮,岂有悔哉!",以"人固有一死,死有重于泰山,或轻于鸿毛,用之所趋异也"自勉,最终完成了"亦欲以究天人之际,通古今之变,成一家之言"的宏愿。《报任安书》不仅为我们留下了一笔宝贵的文化遗产,更向我们诠释了何为立德、立功、立言,特别是司马迁通过"立言"来实现人生的价值,成为古之学者的典范。

---

① 郑杰文、李梅:《中国学术思想编年·秦汉卷》,陕西师范大学出版社 2005 年版,第 188 页。

武帝卒

  二年春正月，朝诸侯王于甘泉宫，赐宗室。二月，行幸盩厔五柞宫。乙丑，立皇子弗陵为皇太子。丁卯，帝崩于五柞宫，入殡于未央宫前殿。三月甲申，葬茂陵。赞曰：汉承百王之弊，高祖拨乱反正，文景务在养民，至于稽古礼文之事，犹多阙焉。孝武初立，卓然罢黜百家，表章《六经》。遂畴咨海内，举其俊茂，与之立功。兴太学，修郊祀，改正朔，定历数，协音律，作诗乐，建封禅，礼百神，绍周后，号令文章，焕焉可述。后嗣得遵洪业，而有三代之风。如武帝之雄材大略，不改文景之恭俭以济斯民，虽《诗》《书》所称何有加焉！①

  作为一代明君的刘彻，"究天人之际，通古今之变"，从古今百家学说中选择了"兼儒墨，合名法""杂王霸道"的"新儒学"为指导思想。他兴学重教，以儒家经典为教材，使读经入仕成为选择官员的渠道之一；"尊儒"而未"罢黜百家"，为儒学成为正统创造了条件；"援礼入法"，把儒家伦理作为社会秩序的"纲常"；建《献书之策》，保护整理学术文化遗产；"总赵代之音，撮齐楚之气"的汉赋文章盛于一时；"曼声协律""为变新声"，乐府艺术别开生面；武帝时代的科技把西汉物质文明推向更高水平；中国思想文化没有走上"宗教化"道路，与刘彻造神运动的失败和儒家"人文主义"精神的恢复有关。

  刘彻的"夷夏之辨"是以"亲近徕远"为宗旨，在边疆设置军屯和民屯制度，在少数民族地区设置"属国"，发展贸易，通婚缔约，保障中国安全，推动经济文化交流，促进了多民族国家的形成。打通"丝绸之路"，发展国际商路，推进了中西经济文化的传播和交流，对世界文明进步产生了积极而深远的影响。刘彻改革军事体制，逐匈奴于大漠以北，标志着古代中国

---

① 班固：《汉书》卷六《武帝纪》，中华书局1962年版，第211—212页。

农业文明对匈奴游牧民族冲击的积极回应,揭开历时数世纪之久的"民族大迁徙"之序幕,改变了世界历史的面貌。刘彻的皇权主义思想体系包括了"百家争鸣"中各学派围绕"内圣外王之道之辨"的全部重要论题。汉武帝时代构成了中国传统思想文化发展的基本价值取向,中国传统思想文化经过"子学时代"至汉武帝时代进入"经学时代"。虽然儒学"独尊"在汉元帝时代才最后完成,但是,刘彻毕竟才是"子学时代"实际上的终结者。从此,儒家思想作为近代以前中国社会的正统意识形态,其核心地位不可动摇。[1]

---

[1] 庄春波:《汉武帝评传》,南京大学出版社 2001 年版,第 527—530 页。

司马迁卒

迁既死后,其书稍出。①

学术界对于司马迁的卒亡年代存在争议,郑杰文、李梅所著《中国学术思想编年·秦汉卷》对古今观点进行考辨后认为,司马迁卒于汉昭帝始元元年②,今从之。

司马迁是我国杰出的思想家、史学家、文学家,其鸿篇巨制《史记》是我国第一部纪传体通史,上自黄帝,下至武帝太初年间,共计一百三十篇,包括《本纪》十二篇、《世家》三十篇、《列传》七十篇、《表》十篇、《书》八篇。司马迁创立的本纪、表、书、世家、列传五体结构,体系完整,规模宏大,气势磅礴,识见超群,被后世史家奉为"极则",从而奠定了史学的独立地位。

作为文学家的司马迁开创了散文叙事的传记文学。《史记》遗泽后世,成为历代文学大家和千计万计的读者学习、借鉴的典范。《史记》对后世传记文学、散文、小说、戏曲都产生了深远的影响。

作为思想家,司马迁具有崇高的人格和创新的精神。他的崇高人格和创新精神,主要表现在以下三个方面:一是忍辱负重,发愤著书,实现了"成一家之言"的理想;二是勇于探索和创新,创作了划时代的纪传体通史,用以稽其成败兴坏之理,志古自镜;三是严格地忠实于信实可靠的历史,不与圣人同是非。这些精神和品格,都是值得我们继承和发扬的。③此外,司马迁采儒墨、兼明法,诸子百家在其身上交汇、融合,终成"一家之言"。

---

① 班固:《汉书》卷六十二《司马迁传》,中华书局1962年版,第2737页。
② 郑杰文、李梅:《中国学术思想编年·秦汉卷》,陕西师范大学出版社2005年版,第191—192页。
③ 张大可:《司马迁评传》(上),南京大学出版社2011年版,第182—209页。

召开盐铁会议

　　昭帝即位六年，诏郡国举贤良文学之士，问以民所疾苦，教化之要。皆对愿罢盐铁酒榷均输官，毋与天下争利，视以俭节，然后教化可兴。弘羊难，以为此国家大业，所以制四夷，安边足用之本，不可废也。乃与丞相千秋共奏罢酒酤。①

　　二月，诏有司问郡国所举贤良文学民所疾苦。议罢盐铁榷酤。（颜师古注引应劭曰："武帝时，以国用不足，县官悉自卖盐铁，酤酒。昭帝务本抑末，不与天下争利，故罢之。"）②

　　昭帝始元六年召开了盐铁会议，这是就武帝以后国家政策和政治指导思想展开辩论的一次会议。辩论的双方，一方是从汉武帝时起长期当政的法家代表人物御史大夫桑弘羊，一方是儒家思想忠实信徒贤良文学，双方在功利、对国家和人民的态度、刑法和德治等问题上展开了辩论。会议不仅在政治上是终止武帝的战争政策，转入新的休养生息的和平状态的开始和标志，也是思想上终止汉初儒法合流，重新恢复先秦孔孟思想传统的历史契机。因此，盐铁会议成为一个分界线，会议之前，儒法两家思想的关系是既相互斗争，又相互融合，而以融合为主，儒家思想甚至以外儒内法兼收并蓄的形式出现。

　　会议以前，荀子思想的影响在汉代儒家中居于优势，会议以后，则孟子的思想不断扩大影响，盐铁会议就是这种变化的标志。与荀子思想相比，孟子的学说更能体现儒家人文主义思想的传统，极富古代人道民主色彩，贤良文学在会议中，充分发挥了孟子在君民关系、性善、战争

---

① 班固：《汉书》卷二十四下《食货志》，中华书局 1962 年版，第 1176 页。
② 班固：《汉书》卷七《昭帝纪》，中华书局 1962 年版，第 223 页。

等方面的主张,"公羊决狱""刑德并举""屈民伸君"等思想受到了打击,孟子思想取得了主导的地位,这是汉代儒家思想值得注意的变化。[①]

———————————

① 金春峰:《汉代思想史》,中国社会科学出版社 2006 年版,第 245—255 页。

刘向生

向字子政,本名更生。年十二,以父德任为辇郎。……居列大夫官前后三十余年,年七十二卒。①

钱穆在《刘向歆父子年谱》中认为,刘向生于汉昭帝元凤二年②。徐兴无在《刘向生卒年考异》中同样认为刘向生于汉昭帝元凤二年③,今从之。

刘向字子政,沛县人,汉室宗亲,系楚元王刘交的四世孙。刘向生于昭帝元凤二年,既公元前79年,死于成帝绥和元年,即公元前8年,经历了西汉昭、宣、元、成四代君主。刘向所生活的时代正是西汉王朝由中兴走向衰亡的过渡阶段,各种社会矛盾日益激化。在王权内部,一部分刘氏宗亲、士大夫同外戚、宦官之间进行着争夺统治权的激烈斗争,刘向则是这些宗亲和士大夫们的重要代表人物。在斗争的过程中,他提出了一些加强王权、改善民生的政治主张和社会政策。元、成两朝,是儒者大进的时代,各级官员渐为儒生所充斥,与贡禹、韦玄成等醇儒要求:大汉帝国的文化构建从武帝时期铺张、创造、开拓式的制礼作乐转向内敛、深沉、长久的道德建构;儒家思想从缘饰吏事的政治工具变成帝国的政治灵魂;儒学和经学从援引灾异、警戒人君的政治巫术转变为文化教育根据。不同的是刘向不是一个来自民间的知识分子,对于民生与社会问题不甚关注,他成长于郎官系统,活动于政治中枢,每当灾异发生,辄将矛头直对外戚、宦官,他相信具体的灾异现象与具体的人事之间,存在着真实的联系与占验,可以采取一定的政治行为消弭灾异。而且,刘向是一个变通的政治

---

① 班固:《汉书》卷三十六《楚元王传》,中华书局1962年版,第1928—1966页。
② 顾颉刚:《古史辨(第五册)》,上海古籍出版社1982年版,第153页。
③ 徐兴无:《刘向评传》,南京大学出版社2005年版,第484—511页。

家,在对外关系上不执拗于德化四夷,既注重国家的长远利益,又注重现实的利益。再者,皇室宗亲加上郎官近侍出身,又锐意于中枢政治的刘向,与黑暗、不公正、不道德的政治势力进行了刚直不阿的斗争,体现出了忠贞谏臣和社稷之臣的特质,因而在两汉儒学发展史上占有一席之地。[①]

---

① 徐兴无:《刘向评传》,南京大学出版社 2005 年版,第 141—153 页。

京房生

　　京房字君明，东郡顿丘人也。治《易》，事梁人焦延寿。延寿字
赣。……赣常曰："得我道以亡身者，必京生也。"其说长于灾变，分六
十四卦，更直日用事，以风雨寒温为候：各有占验。房用之尤精。好
钟律，知音声。①

　　钱穆在《刘向歆父子年谱》中认为，京房生于汉昭帝元凤四年②。今
从之。

　　宣帝即位以后，立刻为眭孟平反，并征孟子为郎，认为眭孟所言公孙
病已正是自己，自此，灾异之学大兴，京房的易学思想正是在此种大环境
下发展起来的。京房对孟喜易学的发展主要是：虽然两者的着眼点都是
阴阳二气，但孟喜所注重的是阴阳消长进退所引起的天地气候的变化，京
房则将注意点完全转到了各卦的阴阳变易与互变所造成的卦象与卦义的
改变，从而使周易全部阴阳化。为了更好地具体地解释各卦的推移变化
及卦的义理（吉凶祸福），京房创造性地提出了几种卦象之阴阳变易的方
法：一是飞伏法，一是互体说，一是卦变说。这些方法从本体论上说，是阴
阳本身的相感、相荡，从方法论上说则是阴阳的变易规律在解释易义上的
自觉的运用。汉代的象数易学基本上是在孟喜基础上由京房确立的。③

---

①　班固：《汉书》卷七十五《眭两夏侯京翼李传》，中华书局 1962 年版，第 3160 页。
②　顾颉刚：《古史辨（第五册）》，上海古籍出版社 1982 年版，第 165 页。
③　金春峰：《汉代思想史》，中国社会科学出版社 2006 年版，第 292－297 页。

戴德、戴圣从后苍习《礼》

孟卿，东海人也。事萧奋，以授后仓、鲁闾丘卿。仓说《礼》数万言，号曰《后氏曲台记》，授沛闻人通汉子方、梁戴德延君、戴圣次君、沛庆普孝公。孝公为东平太傅。德号大戴，为信都太傅；圣号小戴，以博士论石渠，至九江太守。由是《礼》有大戴、小戴、庆氏之学。通汉以太子舍人论石渠，至中山中尉。普授鲁夏侯敬，又传族子咸，为豫章太守。大戴授琅邪徐良斿卿，为博士、州牧、郡守，家世传业。小戴授梁人桥仁季卿、杨荣子孙。仁为大鸿胪，家世传业，荣琅邪太守。由是大戴有徐氏，小戴有桥、杨氏之学。[①]

郑杰文、李梅所著《中国学术思想编年·秦汉卷》将此事系于汉宣帝本始二年[②]，今从之。

西汉时期的戴德与其从兄之子戴圣同受学于后苍；二人分别编订的两部《礼记》——大、小戴《礼记》是先秦儒家八派的"记"文的两种选编本，它们分别是大、小戴阐释《礼经》，补经所未备的主要依据。从目前的文献记载看，大、小戴《礼记》编订于刘向校书之后，其内容来源即刘向校书所得之二百余篇"记"。但大、小戴《礼记》的成书情况，《汉书》《后汉书》都没有记载。戴圣（小戴）所传的《礼记》四十九篇后来由"记"变"经"，自魏晋以后一直被皇家奉为礼学经典；由于不能在官学中占据有利的位置，戴德（大戴）所传的《礼记》八十五篇则长期被人冷落，不知道什么时候已丢失大半，今人永远不能再窥其全貌。周予同先生认为，大、小戴《礼记》是研究儒家八派思想的主要文献。[③]

---

① 班固：《汉书》卷八十八《儒林传》，中华书局 1962 年版，第 3615 页。
② 郑杰文、李梅：《中国学术思想编年·秦汉卷》，陕西师范大学出版社 2005 年版，第 206 页。
③ 史应勇：《两部儒家礼典的不同命运——论大、小戴〈礼记〉的关系及〈大戴礼记〉的被冷落》，《学术月刊》2000 年第 4 期。

萧望之言灾异

　　家世以田为业，至望之，好学，治《齐诗》，事同县后仓且十年。以令诣太常受业，复事同学博士白奇，又从夏侯胜问《论语》《礼服》。京师诸儒称述焉。……地节三年夏，京师雨雹，望之因是上疏，愿赐清闲之宴，口陈灾异之意。宣帝自在民间闻望之名，曰："此东海萧生邪？下少府宋畸问状，无有所讳。"望之对，以为："《春秋》昭公三年大雨雹，是时季氏专权，卒逐昭公。乡使鲁君察于天变，宜亡此害。今陛下以圣德居位，思政求贤，尧、舜之用心也。然而善祥未臻，阴阳不和，是大臣任政，一姓擅势之所致也。附枝大者贼本心，私家盛者公室危。唯明主躬万机，选同姓，举贤材，以为腹心，与参政谋，令公卿大臣朝见奏事，明陈其职，以考功能。如是，则庶事理，公道立，奸邪塞，私权废矣。"对奏，天子拜望之为谒者。①

　　萧望之通晓群经，学《论语》《仪礼·丧服》于夏侯胜，学《齐诗》于后苍，是当世之名儒，官至大行治礼丞。阴阳灾异学说干预政治萌发于汉武帝时期，在昭帝时受到短暂压制，宣、元时期获得发展，成帝时期达到高潮。尤其到了元、成时期，君权弱化，皇权旁落，知识分子借天文、灾异现象，以混入儒学的阴阳学说为武器，对皇帝提意见，与权臣斗争。混入儒学的阴阳灾异学说已成为现实政治斗争的武器。② 作为儒者的萧望之也受到了灾异学说的影响，借京师雨雹，以阴阳之说建议宣帝铲除擅政的霍光家族，被封为谒者。"萧望之儒者也，而天性忮刻害人，故始进则残霍氏，少达则杀韩延寿，再进则逐丙吉。计其平生，宣帝诏所云'傲慢不逊'

---

① 班固：《汉书》卷七十八《萧望之传》，中华书局 1962 年版，第 3271—3273 页。
② 陈丽平：《刘向〈列女传〉研究》，中国社会科学出版社 2010 年版，第 166—167 页。

者足以尽之。其为恭、显所构,有天道焉。"①在唐晏看来,萧望之借大雨冰雹之事残霍氏。当时霍光虽亡,但霍氏家族"党亲连体,根据于朝廷",霍禹为大司马,侄孙霍山为尚书,霍云任中郎将并封冠阳侯,两女婿担任东西宫卫尉,亲属们都身居要职,萧望之此举实为倡《春秋》之大义,确保汉家王朝的长治久安。

---

① 唐晏:《两汉三国学案》,中华书局1986年版,第268页。

褚少孙补《史记》

司马迁著《史记》,自太初以后,阙而不录,后好事者颇或缀集时事,然多鄙俗,不足以踵继其书。(李贤注:好事者谓扬雄、刘歆、阳城衡、褚少孙、史孝山之徒也。)[1]

太史公曰:余述历黄帝以来至太初而讫,百三十篇。(《集解》裴骃:……引张晏曰:"迁没之后,亡《景纪》《武纪》《礼书》《乐书》《律书》《汉兴已来将相年表》《日者列传》《三王世家》《龟策列传》《傅靳蒯列传》。元成之间,褚先生补阙,作《武帝纪》《三王世家》《龟策》《日者列传》,言辞鄙陋,非迁本意也。")[2]

刘汝霖通过考辨后将此事系于元康元年[3],今从之。

吕思勉先生认为:"古书为后人所乱者甚多。而其乱之也,亦各不同。有本书既缺,他有所采以补之,而其所采大致与本书合者。如今《史记》之《景纪》《傅靳列传》《汉兴以来将相年表》是也……有所采虽未必合,而体例与原书相符者,若《律书》,《三王世家》,《日者》《龟策》两传是也……亦有全不相干者,则《武纪》,《礼》《乐》二书是矣。此其意盖本不在补,特取略有关涉之事,钞附以备观览而已。"[4]褚少孙既无意作伪,更无意篡改司马迁创作《史记》之本意。褚少孙在尊重司马迁的基础之上,力求完备《史记》的史料,而非刻意还原《史记》之原貌,既有"补亡",又有"补续",并附列资料,故不能用"言辞鄙陋"非之。

---

① 范晔:《后汉书》卷四十上《班彪列传》,中华书局2005年版,第896页。
② 司马迁:《史记》卷一百三十《太史公自序》,中华书局1959年版,第3321页。
③ 刘汝霖:《汉晋学术编年》卷二,中华书局1987年版,第110—111页。
④ 吕思勉:《蒿庐史札·太史公书亡篇》,《光华大学半月刊》1935年第3卷第6期。

《穀梁春秋》兴

瑕丘江公受《穀梁春秋》及《诗》于鲁申公，传子至孙为博士。武帝时，江公与董仲舒并。仲舒通《五经》，能持论，善属文。江公呐于口，上使与仲舒议，不如仲舒。而丞相公孙弘本为《公羊》学，比辑其议，卒用董生。于是上因尊《公羊》家，诏太子受《公羊春秋》，由是《公羊》大兴。太子既通，复私问《穀梁》而善之。其后浸微，唯鲁荣广王孙、皓星公二人受焉。广尽能传其《诗》《春秋》，高材捷敏，与《公羊》大师眭孟等论，数困之，故好学者颇复受《穀梁》。沛蔡千秋少君、梁周庆幼君、丁姓子孙皆从广受。千秋又事皓星公，为学最笃。宣帝即位，闻卫太子好《穀梁春秋》，以问丞相韦贤、长信少府夏侯胜及侍中乐陵侯史高，皆鲁人也，言穀梁子本鲁学，公羊氏乃齐学也，宜兴《穀梁》。时千秋为郎，召见，与《公羊》家并说，上善《穀梁》说，擢千秋为谏大夫给事中，后有过，左迁平陵令。复求能为《穀梁》者，莫及千秋。上愍其学且绝，乃以千秋为郎中户将，选郎十人从受。汝南尹更始翁君本自事千秋，能说矣，会千秋病死，征江公孙为博士。刘向以故谏大夫通达待诏，受《穀梁》，欲令助之。江博士复死，乃征周庆、丁姓待诏保官，使卒授十人。自元康中始讲，至甘露元年，积十余岁，皆明习。乃召《五经》名儒太子太傅萧望之等大议殿中，平《公羊》《穀梁》同异，各以经处是非。时《公羊》博士严彭祖、侍郎申挽、伊推、宋显，《穀梁》议郎尹更始、待诏刘向、周庆、丁姓并论。《公羊》家多不见从，愿请内侍郎许广，使者亦并内《穀梁》家中郎王亥，各五人，议三十余事。望之等十一人各以经谊对，多从《穀梁》。由是《穀梁》之学大盛。[①]

---

① 班固:《汉书》卷八十八《儒林传》，中华书局1962年版，第3617—3618页。

《穀梁传》属于《十三经》中的小经，影响不及《公羊传》，皮锡瑞在《经学通论》中指出："盖《春秋》有大义，有微言。惟《公羊》兼传大义、微言。《穀梁》不传微言，但传大义。"[1]但钟文烝在《穀梁补注》中言："《穀梁》多特言君臣、父子、兄弟、夫妇，与夫贵礼、贱兵、内夏、外夷之旨，明《春秋》为持世教之书也。《穀梁》又往往以心志为说，以人己为说，桓、文之霸曰信曰仁曰忌，僖、文之于雨曰闵曰喜曰不忧，明《春秋》为正人心之书也。持世教易知也，正人心未易知也，然而人事必本于人心，则谓《春秋》记人事即记人心可也。"[2]可见，《穀梁传》强调礼制、注重宗法、崇尚道义，可以"正人之心""持世之教"。唐晏更是认为，与《公羊传》相比，《穀梁传》更能秉承《春秋》之本义，"《穀梁》出于鲁儒，其说最为有本，惜汉代无大儒为发明之。又其立学官也晚，遂不及《公羊》之盛……今故以《穀梁》居先，而《公羊》次之，《左氏》则附乎二家。此孔子作《春秋》之旨也"[3]。与《公羊传》自武帝朝大兴不同，《穀梁传》一直在民间传授，因卫太子好《穀梁春秋》，宣帝对祖父的缅怀，加之《穀梁春秋》确对治国理政具有积极影响，《穀梁》渐大兴。

---

① 皮锡瑞：《经学通论·春秋》，中华书局1954年版，第1页。
② 钟文烝：《春秋穀梁经传补注》，中华书局2009年版，第29页。
③ 唐晏：《两汉三国学案》，中华书局1986年版，第401页。

王吉上疏言得失

（王吉）起家复为益州刺史，病去官，复征为博士、谏大夫。是时，宣帝颇修武帝故事，宫室车服盛于昭帝。时外戚许、史、王氏贵宠，而上躬亲政事，任用能吏。吉上疏言得失，曰："……《春秋》所以大一统者，六合同风，九州共贯也。今俗吏所以牧民者，非有礼义科指可世世通行者也，独设刑法以守之。其欲治者，不知所繇，以意穿凿，各取一切，权谲自在，故一变之后不可复修也。是以百里不同风，千里不同俗，户异政，人殊服，诈伪萌生，刑罚亡极，质朴日销，恩爱浸薄。孔子曰'安上治民，莫善于礼'，非空言也。王者未制礼之时，引先王礼宜于今者而用之。臣愿陛下承天心，发大业，与公卿大臣延及儒生，述旧礼，明王制，驱一世之民济之仁寿之域，则俗何以不若成、康，寿何以不若高宗？……"吉意以为："夫妇，人伦大纲，夭寿之萌也。世俗嫁娶太早，未知为人父母之道而有子，是以教化不明而民多夭。聘妻送女亡节，则贫人不及，故不举子。又汉家列侯尚公主，诸侯则国人承翁主，使男事女，夫诎于妇，逆阴阳之位，故多女乱……"又言："……宜明选求贤，除任子之令。外家及故人可厚以财，不宜居位。去角抵，减乐府，省尚方，明视天下以俭。"……其指如此，上以其言迂阔，不甚宠异也。吉遂谢病归琅邪。[1]

王吉兼通五经，以《诗》《论语》授学，好梁邱贺说《易》，能为《邹氏春秋》，初为昌邑王中尉，屡谏昌邑王狂妄放纵之行，后昌邑王废，因屡屡诤言直谏，才得以幸免。宣帝时，颇修武帝故事，宫室车服盛于汉昭帝，宣帝虽选贤任能，诸事亲力亲为，但对外戚许、史、王氏日益宠信，王吉遂以"阴

---

① 班固：《汉书》卷七十二《王贡两龚鲍传》，中华书局 1962 年版，第 3062—3065 页。

阳错位"谏之,但宣帝认为其语言迂阔,没有采纳,最终酿成元帝时期宦官弘恭、石显专权,成帝时期外戚王氏擅政的恶果。

丙吉为丞相

　　丙吉字少卿，鲁国人也。治律令，为鲁狱史。积功劳，稍迁至廷尉右监。……吉为人深厚，不伐善。自曾孙遭遇，吉绝口不道前恩，故朝廷莫能明其功也。……然后知吉有旧恩，而终不言。上大贤之，制诏丞相："朕微眇时，御史大夫吉与朕有旧恩，厥德茂焉。《诗》不云乎？'亡德不报。'其封吉为博阳侯，邑千三百户。"临当封，吉疾病，上将使人加绂而封之，及其生存也。上忧吉疾不起，太子太傅夏侯胜曰："此未死也。臣闻有阴德者，必飨其乐以及子孙。今吉未获报而疾甚，非其死疾也。"后病果愈。吉上书固辞，自陈不宜以空名受赏。上报曰："朕之封君，非空名也，而君上书归侯印，是显朕不德也。方今天下少事，君其专精神，省思虑，近医药，以自持。"后五岁，代魏相为丞相。吉本起狱法小吏，后学《诗》《礼》，皆通大义。及居相位，上宽大，好礼让。……吉薨，谥曰定侯。①

　丙吉虽以法吏入仕，但后通《诗》《礼》，为人宽厚，以礼处事，其保护武帝之曾孙刘询是以礼维系汉家王朝的正统，问牛以关心百姓疾苦同样是以礼来履行丞相的职责。盐铁会议后，法家之学虽受到重挫，但丙吉的思想体现出了儒法兼采的特色，这符合汉宣帝一朝"王霸相杂"的时代特色。

---

① 　班固：《汉书》卷七十四《魏相丙吉传》，中华书局 1962 年版，第 3142—3148 页。

征刘向受《穀梁》

> 会初立《穀梁春秋》,征更生受《穀梁》,讲论《五经》于石渠。[1]
> 刘向以故谏大夫通达待诏,受《穀梁》,欲令助之。[2]

宣帝一朝,《穀梁传》的兴起,成为儒学发展史上的重要事件。武帝时期,虽然提倡礼治和礼制的建设,但《公羊春秋》的主要精神是强调大一统和"大义灭亲",贯穿着严法的精神。由于战争等特殊情况,除了封禅之外,实际的礼制建设没有受到重视。宣帝的"稽古礼文"则真正把礼治、礼制的建设提到了首要地位,因而《穀梁春秋》受到了特别重视。[3] 宣帝扶植《穀梁》,目的应在于试图通过张扬《穀梁》学中以礼为治的思想观念,来矫正汉家制度严酷之弊。宣帝即位后,面对复杂的社会矛盾和紧张的宗室关系,崇尚礼制、强化宗法伦理、缓和社会矛盾、巩固中央政权乃是必然的选择,而强调礼治、重视宗法的《穀梁传》,正好满足了宣帝的政治要求。宣帝所采取的不少措施,从政治倾向上说,与《穀梁传》的礼治精神是完全一致的,有的甚至就是《穀梁传》所宣扬和倡导的礼治精神的具体实践。就对儒学的影响而言,宣帝一方面力图消弭公羊学对王权的不利因素,另一方面通过立《穀梁》博士加强宗法礼制建设。凡此,都在客观上促进了汉代经学的发展。[4] 刘向为汉室宗亲,加之通晓儒经,遂被征受《穀梁》。

---

① 班固:《汉书》卷三十六《楚元王传》,中华书局 1962 年版,第 1929 页。
② 班固:《汉书》卷八十八《儒林传》,中华书局 1962 年版,第 3618 页。
③ 金春峰:《汉代思想史》,中国社会科学出版社 2006 年版,第 274 页。
④ 边家珍:《汉宣帝与经学》,《理论学刊》2004 年第 10 期。

宣帝与太子论王霸之道

孝元皇帝,宣帝太子也。母曰共哀许皇后,宣帝微时生民间。年二岁,宣帝即位。八岁,立为太子。壮大,柔仁好儒。见宣帝所用多文法吏,以刑名绳下,大臣杨恽、盖宽饶等坐刺讥辞语为罪而诛,尝侍燕从容言:"陛下持刑太深,宜用儒生。"宣帝作色曰:"汉家自有制度,本以霸王道杂之,奈何纯任德教,用周政乎!且俗儒不达时宜,好是古非今,使人眩于名实,不知所守,何足委任!"乃叹曰:"乱我家者,太子也!"繇是疏太子而爱淮阳王,曰:"淮阳王明察好法,宜为吾子。"而王母张婕伃尤幸。上有意欲用淮阳王代太子,然以少依许氏,俱从微起,故终不背焉。①

宣帝所谓汉家"霸王道杂之"的传统来自汉武帝,武帝把儒家思想与法家思想杂糅、结合起来加以运用,选用"习文法吏事,缘饰以儒术"的士人当官;恩威并举,把严刑与赦免相结合;又以《春秋》决狱,把儒家经典当法典用。这样,就形成了霸道、王道同施,德治与法治兼用的治国思想,也就是以"霸王道杂之"的儒法结合思想为治国指导思想。宣帝即位后坚持了此种政策,其重法治,用刑法治国,彰显了"以名责实,尊君卑臣"的原则,如继承汉初传统徙关东大族与高资富人于关中地区,任用酷吏打击地方豪强,诛杀他认为讥刺朝政的大臣杨恽、盖宽饶等人,对违法的霍光家族、严延年等严厉惩处,进而大大加强了皇权与中央集权。② 虽重刑法,但宣帝并不废儒术,如果说武帝时代的政治是以法治为本质、以儒术贴标签的话,那么宣帝时代的政治则达到了儒法相得益彰的圆融境地。宣帝信任儒生并不是把他们作为摆设,而是充分发挥他们在政治中的才干,丙

---

① 班固:《汉书》卷九《元帝纪》,中华书局 1962 年版,第 277 页。
② 杨生民:《汉宣帝时"霸王道杂之"与"纯任德教"之争考论》,《文史哲》2004 年第 6 期。

吉、韦贤、蔡义、魏相、于定国等人皆得到重用。在宣帝一朝,儒生不但担负着传授知识、解释经典的责任,还担负着从经典中演绎、践行儒术的时代重任,儒学与政治的结合更加紧密。①

---

① 曾祥旭:《论汉宣帝对西汉儒学的影响》,《广西社会科学》2008 年第 4 期。

石渠阁会议召开

三月己丑，丞相霸薨。诏诸儒讲《五经》同异，太子太傅萧望之等平奏其议，上亲称制临决焉。乃立梁丘《易》、大小夏侯《尚书》、穀梁《春秋》博士。①

施雠字长卿，沛人也。……甘露中与《五经》诸儒杂论同异于石渠阁。②

欧阳生字和伯，千乘人也。事伏生，授倪宽。宽又受业孔安国，至御史大夫，自有传。宽有俊材，初见武帝，语经学。上曰："吾始以《尚书》为朴学，弗好，及闻宽说，可观。"乃从宽问一篇。欧阳、大小夏侯氏学皆出于宽。宽授欧阳生子，世世相传，至曾孙高子阳，为博士。高孙地余长宾以太子中庶子授太子，后为博士，论石渠。③

林尊字长宾，济南人也。事欧阳高，为博士，论石渠。后至少府、太子太傅，授平陵平当、梁陈翁生。当至丞相，自有传。翁生信都太傅，家世传业。由是欧阳有平、陈之学。④

周堪字少卿，齐人也。与孔霸俱事大夏侯胜。霸为博士。堪译官令，论于石渠，经为最高，后为太子少傅，而孔霸以太中大夫授太子。⑤

张山拊字长宾，平陵人也。事小夏侯建，为博士，论石渠，至少府。授同县李寻、郑宽中少君、山阳张无故子儒、信都秦恭延君、陈留假仓子骄。无故善修章句，为广陵太傅，守小夏侯说文。恭增师法至

---

① 班固：《汉书》卷八《宣帝纪》，中华书局 1962 年版，第 272 页。
② 班固：《汉书》卷八十八《儒林传》，中华书局 1962 年版，第 3598 页。
③ 班固：《汉书》卷八十八《儒林传》，中华书局 1962 年版，第 3603 页。
④ 班固：《汉书》卷八十八《儒林传》，中华书局 1962 年版，第 3604 页。
⑤ 班固：《汉书》卷八十八《儒林传》，中华书局 1962 年版，第 3604 页。

百万言,为城阳内史。仓以谒者论石渠,至胶东相。寻善说灾异,为骑都尉,自有传。①

(后)仓说《礼》数万言,号曰《后氏曲台记》,授沛闻人通汉子方、梁戴德延君、戴圣次君、沛庆普孝公。孝公为东平太傅。德号大戴,为信都太傅;圣号小戴,以博士论石渠,至九江太守。由是《礼》有大戴、小戴、庆氏之学。通汉以太子舍人论石渠,至中山中尉。②

玄成字少翁,以父任为郎,常侍骑。少好学,修父业,尤谦逊下士。……初,宣帝宠姬张婕妤男淮阳宪王好政事,通法律,上奇其材,有意欲以为嗣,然用太子起于细微,又早失母,故不忍也。久之,上欲感风宪王,辅以礼让之臣,乃召拜玄成为淮阳中尉。是时王未就国,玄成受诏,与太子太傅萧望之及《五经》诸儒杂论同异于石渠阁,条奏其对。③

会初立《穀梁春秋》,征更生受《穀梁》,讲论《五经》于石渠。④

刘汝霖通过考辨后将石渠阁会议召开一事系于甘露三年⑤,今从之。

石渠阁会议由汉宣帝亲自主持,萧望之等五经诸儒二十三人参加,其任务是"杂论五经同异",由"太子太傅萧望之平奏其议",宣帝亲自裁决。会议的结果,增立大小夏侯《尚书》、《穀梁春秋》等博士。留下的会议文件有《五经杂议》十八篇,《书议奏》四十二篇,《礼议奏》三十八篇,《春秋议奏》三十九篇,《论语议奏》十八篇,共计一百五十五篇,包括了五经的全部内容。石渠阁会议将《穀梁春秋》立为官学,宣帝精于政治,看出了一味强调法治的弊端,重礼义教化、重宗法情谊也成为其施政的重点。《穀梁春秋》多特言君臣父子兄弟夫妇,与夫贵礼贱兵、内夏外夷之旨,正好与宣帝的政策相符,而且,《礼》学和礼治得到了长足的发展,大戴和小戴《礼记》正是编成于这一时期。

石渠阁会议使皇帝不仅成为政治的最高权威,也成了最高的经学权威,政教合一。政治的权威变成了经学及思想的权威,经学的学术观点变

① 班固:《汉书》卷八十八《儒林传》,中华书局1962年版,第3605页。
② 班固:《汉书》卷八十八《儒林传》,中华书局1962年版,第3615页。
③ 班固:《汉书》卷七十三《韦贤传》,中华书局1962年版,第3112—3113页。
④ 班固:《汉书》卷三十六《楚元王传》,中华书局1962年版,第1929页。
⑤ 刘汝霖:《汉晋学术编年》卷二,中华书局1987年版,第132—133页。

成了政治的最高法典。其结果不仅极大地提高了经学的地位,也极大地扩大和加强了儒家礼仪制度对社会的控制力量。①

---

① 金春峰:《汉代思想史》,中国社会科学出版社 2006 年版,第 272—276 页。

桓宽撰《盐铁论》

　　所谓盐铁议者,起始元中,征文学贤良问以治乱,皆对愿罢郡国盐铁、酒榷均输,务本抑末,毋与天下争利,然后教化可兴。御史大夫弘羊以为此乃所以安边境,制四夷,国家大业,不可废也。当时相诘难,颇有其议文。至宣帝时,汝南桓宽次公治《公羊春秋》,举为郎,至庐江太守丞,博通善属文,推衍盐铁之议,增广条目,极其论难,著数万言,亦欲以究治乱,成一家之法焉。①

　　《盐铁论》是桓宽根据"盐铁会议"记录整理而成的一部著作,该书共分十卷,六十篇,前四十一篇记载了会议的情况,四十二篇至五十九篇记载了会后的余谈,最后一篇《杂论》是桓宽的后序,其记述了昭帝时贤良文学与桑弘羊之间,对于汉武帝执政期间政治、经济、军事、外交、文化等政策所进行的一场辩论,是我们研究当时儒家经济思想的重要典籍。

　　在会议上贤良文学以正统自居,并把重义轻利作为争论的依据,提出重本抑末、崇俭黜奢、偃武修文和德主刑辅等理论,对桑弘羊推行的官营政策和汉武帝的内外政策进行了全面的否定。桓宽站在了贤良文学这一边,对桑弘羊持否定态度,因而《盐铁论》在编排上往往将桑弘羊置于被告席,一般都把桑弘羊的发言放在前面作为批驳的对象,而把贤良文学的发言放在后面作为批驳的总结。丞相田千秋是朝廷指定的法定主持人,而作为幕后操纵者的大将军霍光并没有出场,但霍光借助贤良文学却赢得了广泛的舆论支持,在经济上也使得官营政策有所收缩,罢除了郡国酒榷和关内铁官。可以说,霍光是盐铁会议的最大赢家,而桑弘羊虽在辩论中占有优势,却是政治上的最大输家。②

---

① 班固:《汉书》卷六十六《公孙刘田王杨蔡陈郑传》,中华书局 1962 年版,第 2903 页。
② 晋文:《桑弘羊评传》,南京大学出版社 2011 年版,第 227—228 页。

翼奉言六情十二律

翼奉字少君，东海下邳人也。治《齐诗》，与萧望之、匡衡同师。三人经术皆明，衡为后进，望之施之政事，而奉惇学不仕，好律历阴阳之占。元帝初即位，诸儒荐之，征待诏宦者署，数言事宴见，天子敬焉。时，平昌侯王临以宣帝外属侍中，称诏欲从奉学其术。奉不肯与言，而上封事曰："臣闻之于师，治道要务，在知下之邪正。人诚乡正，虽愚为用；若乃怀邪，知益为害。知下之术，在于六情十二律而已。北方之情，好也；好行贪狼，申子主之。东方之情，怒也；怒行阴贼，亥卯主之。贪狼必待阴贼而后动，阴贼必待贪狼而后用，二阴并行，是以王者忌子卯也。《礼经》避之，《春秋》讳焉。南方之情，恶也；恶行廉贞，寅午主之。西方之情，喜也；喜行宽大，己酉主之。二阳并行，是以王者吉午酉也。《诗》曰：'吉日庚午。'上方之情，乐也；乐行奸邪，辰未主之。下方之情，哀也；哀行公正，戌丑主之。辰未属阴，戌丑属阳，万物各以其类应。今陛下明圣虚静以待物至，万事虽众，何闻而不谕，岂况乎执十二律而御六情！于以知下参实，亦甚优矣，万不失一，自然之道也。乃正月癸未日加申，有暴风从西南来。未主奸邪，申主贪狼，风以大阴下抵建前，是人主左右邪臣之气也。平昌侯比三来见臣，皆以正辰加邪时。辰为客，时为主人。以律知人情，王者之秘道也，愚臣诚不敢以语邪人。"上以奉为中郎，召问奉："来者以善日邪时，孰与邪日善时？"奉对曰："师法用辰不用日。辰为客，时为主人。见于明主，侍者为主人。辰正时邪，见者正，侍者邪；辰邪时正，见者邪，侍者正。忠正之见，侍者虽邪，辰时俱正；大邪之见，侍者虽正，辰时俱邪。即以自知侍者之邪，而时邪辰正，见者反邪；即以自知侍者之正，而时正辰邪，见者反正。辰为常事，时为一行。辰疏而时精，其效同功，必参五观之，然后可知。故曰：察其所繇，省其进退，参之六合五行，则可以见人性，知人情。难用外察，从中甚明，故诗之为学，情性而已。五性不相害，六情更兴废。观性以历，观情以律，明主所宜独用，难与二人共也。故曰：'显诸仁，臧诸用。'露之则不神，独行则自然矣，唯奉能用之，学者莫能行。"①

翼奉治《齐诗》，与萧望之、匡衡同师，又精通《易》，好律历阴阳之占，是汉代风角占的先驱，开创了《齐诗》的"翼氏学"。其"推阴阳言灾异"，且以"五际""六情十二律""五性"言《诗》论事，是《齐诗》众家学中极具特色的一支。"《诗》有五际"以上古数术学作为知识背景，把天人合一的阴阳五行思想与《诗经》的篇目糅合起来，借以说明社会政治变革的规律或趋势。所谓"际"，是指世运（或社会政治）发生变革的时刻；"五际"顺次轮回，就是社会政治发展变化的规律。亥、卯、午、酉、戌，是革命或变革的时刻；而与之相对应的《大明》《天保》《采芑》《祈父》《十月之交》五篇诗歌，则分别代表着革命或变革的意义。因此，"《诗》有五际"的实质并不是文学（诗学）思想，而是一种经学思想。②

翼奉将五际、六情、十二律与干支、方位及月份等相配，目的是为"明主"提供一种"知下之术"。具体的操作方式是"观性以历，观情以律"，即通过相关的律历来察知人的情性。③《齐诗》"翼氏学"因其失传早，流传下来的资料少，故常被称为"绝学"，但"绝"的只是它的版本，而它"通经致用"，以"五际""六情十二律""五性"言《诗》论事的思想，作为汉代文化以及中国传统儒家思想的一个代表早已作为一种"文化心理结构"的预设，存在于每个在中国传统儒家文化圈成长起来的人的思想中了。④

---

① 班固：《汉书》卷七十五《眭两夏侯京翼李传》，中华书局 1962 年版，第 3167 页。
② 张峰屹：《翼奉〈诗〉学之"五际"说考释》，《郑州大学学报（哲学社会科学版）》2008 年第 1 期。
③ 谭德兴、杨光熙：《〈齐诗〉诗学理论新探》，《兰州大学学报》2001 年第 4 期。
④ 胡建军、焦玉利：《翼奉及〈齐诗〉"翼氏学"述评》，《淄博师专学报》2011 年第 2 期。

儒者与外戚宦官的斗争

四人同心辅政，患苦外戚许、史在位放纵，而中书宦官弘恭、石显弄权。望之、堪、更生议，欲白罢退之。未白而语泄，遂为许、史及恭、显所谮诉，堪、更生下狱，及望之皆免官。[①]

初，宣帝不甚从儒术，任用法律，而中书宦官用事。中书令弘恭、石显久典枢机，明习文法，亦与车骑将军高为表里，论议常独持故事，不从望之等。恭、显又时倾仄见诎。望之以为中书政本，宜以贤明之选，自武帝游宴后庭，故用宦者，非国旧制，又违古不近刑人之义，白欲更置士人，繇是大与高、恭、显忤。上初即位，谦让重改作，议久不定，出刘更生为宗正。望之、堪数荐名儒茂才以备谏官。会稽郑朋阴欲附望之，上疏言车骑将军高遣客为奸利郡国，及言许、史子弟罪过。章视周堪，堪白令朋待诏金马门。朋奏记望之曰……望之见纳朋，接待以意。朋数称述望之，短车骑将军，言许、史过失。后朋行倾邪，望之绝不与通。……朋，楚士，怨恨，更求入许、史，推所言许、史事曰："皆周堪、刘更生教我，我关东人，何以知此？"……显、恭恐望之自讼，下于它吏，即挟朋及待诏华龙。……恭、显令二人告望之等谋欲罢车骑将军疏退许、史状，候望之出休日，令朋、龙上之。事下弘恭问状，望之对曰："外戚在位多奢淫，欲以匡正国家，非为邪也。"恭、显奏："望之、堪、更生朋党相称举，数谮诉大臣，毁离亲戚，欲以专擅权势，为臣不忠，诬上不道，请谒者召致廷尉。"时上初即位，不省"谒者召致廷尉"为下狱也，可其奏。后上召堪、更生，曰系狱。上大惊曰："非但廷尉问邪？"以责恭、显，皆叩头谢。上曰："令出视事。"恭、显因使高言："上新即位，未以德化闻于天下，而先验师傅，既下九卿大夫狱，宜

---

① 班固：《汉书》卷三十六《楚元王传》，中华书局 1962 年版，第 1929—1930 页。

因决免。"于是制诏丞相御史:"前将军望之傅朕八年,亡它罪过,今事久远,识忘难明。其赦望之罪,收前将军光禄勋印绶,及堪、更生皆免为庶人。"而朋为黄门郎。①

郑杰文、李梅所著《中国学术思想编年·秦汉卷》载此事于初元二年,今从之。

吕思勉先生曾言:"汉室盛衰,当以宣、元为界。"汉元帝即位,原本想重用萧望之这样的"托孤老臣",奈何汉元帝认为,只有无亲无故且与自己关系最近的宦官是最无私、一心忠于君王的,故时常倚信宦官。西汉的宦官专权就汉元帝始,亦是西汉王朝由盛而衰的转折点。②汉元帝对于宦官危害国家始终未能悟察,司马光在书写这段历史的时候,禁不住感叹:"甚矣,孝元之为君,易欺而难悟也。"汉元帝偏信宦官,将萧望之、周堪、刘向等名儒重臣下狱,反映了西汉儒学(经学)的独立性被削弱,政治上必须依傍得势的宦官外戚集团才有自己的生存空间。儒学的社会批判功能在此时面临着宦官外戚等实权集团的挑战。

① 班固:《汉书》卷七十八《萧望之传》,中华书局 1962 年版,第 3284—3287 页。
② 陈良:《西汉衰败何以始于汉元帝》,《领导文萃》2015 年第 15 期。

翼奉因地震言事

明年二月戊午，地震。其夏，齐地人相食。七月己酉，地复震。上曰："盖闻贤圣在位，阴阳和，风雨时……今朕共承天地……灾异并臻，连年不息。……治有大亏，咎至于此。……群司其茂思天地之戒，有可蠲除减省以便万姓者，各条奏。悉意陈朕过失，靡有所讳。"因赦天下，举直言极谏之士。奉奏封事曰："臣闻之于师曰，天地设位，悬日月，布星辰，分阴阳，定四时，列五行，以视圣人，名之曰道。圣人见道，然后知王治之象，故画州土，建君臣，立律历，陈成败，以视贤者，名之曰经。贤者见经，然后知人道之务，则《诗》《书》《易》《春秋》《礼》《乐》是也。《易》有阴阳，《诗》有五际，《春秋》有灾异，皆列终始，推得失，考天心，以言王道之安危。至秦乃不说，伤之以法，是以大道不通，至于灭亡。今陛下明圣，深怀要道，烛临万方，布德流惠，靡有阙遗。罢省不急之用，振救困贫，赋医药，赐棺钱，恩泽甚厚。又举直言，求过失，盛德纯备，天下幸甚。臣奉窃学《齐诗》，闻五际之要《十月之交》篇，知日蚀地震之效昭然可明，犹巢居知风，穴处知雨，亦不足多，适所习耳。臣闻人气内逆，则感动天地；天变见于星气日蚀，地变见于奇物震动。所以然者，阳用其精，阴用其形，犹人之有五藏六体，五藏象天，六体象地。故藏病则气色发于面，体病则欠申动于貌。今年太阴建于甲戌，律以庚寅初用事，历以甲午从春。历中甲庚，律得参阳，性中仁义，情得公正贞廉，百年之精岁也。正以精岁，本首王位，日临中时接律而地大震，其后连月久阴，虽有大令，犹不能复，阴气盛矣。古者朝廷必有同姓以明亲亲，必有异姓以明贤贤，此圣王之所以大通天下也。同姓亲而易进，异姓疏而难通，故同姓一，异姓五，乃为平均。今左右亡同姓，独以舅后之家为亲，异姓之臣又疏。二后之党满朝，非特处位，势尤奢僭过度，吕、霍、上官足以卜之，甚非爱人之道,又非后嗣之长策也。阴气之盛,不亦宜乎!臣又闻未央、建章、甘泉宫才人各以百数,皆不得天性。若杜陵园,其已御见者,臣子不敢有言,虽然,太皇太后之事也。及诸侯王园,与其后宫,宜为设员,出其过制者,此损阴气应天救邪之道也。今异至不应,灾将随之。其法大水,极阴生阳,反为大旱,甚则有火灾,春秋宋伯姬是矣。唯陛下财察。"[1]

郑杰文、李梅所著《中国学术思想编年·秦汉卷》载此事于初元二年,今从之。

汉元帝初元二年,地震,汉元帝召直言者上书。翼奉运用天人感应、阴阳五行以及灾异说等附会发生地震、洪水的原因,希望汉元帝吸取教训,轻外戚,重朝臣。翼奉运用自己的学术所长借地震洪水上书言事,一方面再次表现了儒生(经生)与外戚间的政治矛盾,另一方面可知,天人感应等灾异学说依旧是儒生(经生)劝谏皇帝的主要理论武器。

---

[1] 班固:《汉书》卷七十五《眭两夏侯京翼李传》,中华书局 1962 年版,第 3171—3174 页。

儒吏与宦官外戚间的再次斗争

　　冬，诏曰："国之将兴，尊师而重傅。故前将军望之傅朕八年，道以经书，厥功茂焉。其赐爵关内侯，食邑八百户，朝朔、望。"十二月，中书令弘恭、石显等谮望之，令自杀。①

　　其春地震，夏，客星见昴、卷舌间。上感悟，下诏赐望之爵关内侯，奉朝请。秋，征堪、向，欲以为谏大夫，恭、显白皆为中郎。冬，地复震。时恭、显、许、史子弟侍中诸曹，皆侧目于望之等，更生惧焉，乃使其外亲上变事，言："窃闻故前将军萧望之等，皆忠正无私，欲致大治，忏于贵戚尚书。今道路人闻望之等复进，以为且复见毁谗，必曰尝有过之臣不宜复用，是大不然。臣闻春秋地震，为在位执政太盛也，不为三独夫动，亦已明矣。……有过之臣，无负国家，有益天下，此四臣者，足以观矣。前弘恭奏望之等狱决，三月，地大震。恭移病出，后复视事，天阴雨雪。由是言之，地动殆为恭等。臣愚以为宜退恭、显以章蔽善之罚，进望之等以通贤者之路。如此，太平之门开，灾异之原塞矣。"书奏，恭、显疑其更生所为，白请考奸诈。辞果服，遂逮更生系狱，下太傅韦玄成、谏大夫贡禹，与廷尉杂考。劾更生前为九卿，坐与望之、堪谋排车骑将军高、许、史氏侍中者，毁离亲戚，欲退去之，而独专权。为臣不忠，幸不伏诛，复蒙恩征用，不悔前过，而教令人言变事，诬罔不道。更生坐免为庶人。而望之亦坐使子上书自冤前事，恭、显白令诣狱置对。望之自杀。②

　　郑杰文、李梅所著《中国学术思想编年·秦汉卷》载此事于初元二年，今从之。

---

①　班固：《汉书》卷九《元帝纪》，中华书局 1962 年版，第 283 页。
②　班固：《汉书》卷三十六《楚元王传》，中华书局 1962 年版，第 1930－1932 页。

此次儒生与宦官外戚的斗争以周堪、刘向下狱，萧望之自杀而告终。毫无疑问，此次政治斗争以宦官外戚的胜利、儒生的惨败而告终。这一方面体现出儒生被宦官外戚不断地打压排挤，另一方面也体现出汉元帝对宦官外戚的偏信。萧望之饮鸩自杀，元帝非常震惊，为之痛哭流涕，责怪弘恭、石显等人害死自己的贤傅。师父含冤身亡，让元帝终身难以释怀，追念不已。此后每年忌日，他都派使者前往萧望之墓地祭祀。在这个事件上，元帝的性格缺点暴露无遗。如果他坚信萧望之贤良忠诚，完全可以使萧免遭小人陷害。可是他缺乏主见，容易被宦官左右。①

元帝即位后，萧望之、周堪以师父之恩辅政，甚见尊任，与史、许等外戚集团形成对立之势。望之、堪为了增强影响力，数荐名儒茂才以备谏官。史载望之等"多所贡荐。高充位而已，与望之有隙"。刘向就是这时被他们引荐给元帝的。然而经过这次斗争，汉宣帝留给汉元帝的托孤重臣被迫害致死。萧望之的死使得这个本不强大的儒生集团顿时失去灵魂，不断走向瓦解。②

---

① 陈良：《西汉衰败何以始于汉元帝》，《领导文萃》2015 年第 15 期。
② 张立克：《汉元帝时期儒生的政治参与研究》，《兰州学刊》2014 年第 8 期。

周堪为光禄勋

望之自杀。天子甚悼恨之，乃擢周堪为光禄勋，堪弟子张猛光禄大夫、给事中，大见信任。恭、显惮之，数谮毁焉。[1]

在初元二年的两次儒生与宦官的斗争中，帝师、名儒萧望之为保名节而选择了自杀。汉元帝得知后十分悔恨，出于弥补心理，将自己的另外一位老师周堪升为光禄勋，并重用周堪的学生张猛。然而通过此事，可以看出汉元帝的优柔寡断，以及他内心深处依旧偏信宦官的事实。萧望之死后，汉元帝想重用周堪，但遭到石显等人的反对，连原来同周堪关系非常不错的城门校尉诸葛丰也上书控告周堪。汉元帝又不问是非，各打五十大板，将诸葛丰免为庶人、周堪贬为河东太守。司马光行文至此感叹："人君者，察美恶、辨是非，赏以劝善，罚以惩奸，所以为治也。使（诸葛）丰言得实，则丰不当黜；若其诬罔，则（周）堪、（张）猛何辜！今两责而俱弃之，则美恶、是非果安在哉！"后人评价汉元帝时都认为他优柔寡断、空谈儒学、信任宦官、扰乱朝政，开启了大汉走向衰落的序幕。这应该是比较公允的评价。[2]

---

① 班固：《汉书》卷三十六《楚元王传》，中华书局 1962 年版，第 1932 页。
② 殷啸虎：《汉元帝为何做事优柔寡断》，《解放日报》2018 年 2 月 6 日。

匡衡上疏言改革

是时,有日蚀地震之变,上问以政治得失,衡上疏曰:"臣闻五帝不同礼,三王各异教,民俗殊务,所遇之时异也。……臣愚以为宜一旷然大变其俗。……今俗吏之治,皆不本礼让,而上克暴,或伎害好陷人于罪,贪财而慕势,故犯法者众,奸邪不止,虽严刑峻法,犹不为变。此非其天性,有由然也。臣窃考《国风》之诗,《周南》《召南》被贤圣之化深,故笃于行而廉于色。……今长安天子之都,亲承圣化,然其习俗无以异于远方,郡国来者无所法则,或见侈靡而放效之。此教化之原本,风俗之枢机,宜先正者也。臣闻天人之际,精祲有以相荡,善恶有以相推,事作乎下者象动乎上,阴阳之理各应其感,阴变则静者动,阳蔽则明者暗,水旱之灾随类而至。今关东连年饥馑,百姓乏困,或至相食,此皆生于赋敛多,民所共者大,而吏安集之不称之效也。陛下祗畏天戒,哀闵元元,大自减损,省甘泉、建章宫卫,罢珠崖,偃武行文,将欲度唐虞之隆,绝殷周之衰也。诸见罢珠崖诏书者,莫不欣欣,人自以将见太平也。宜遂减宫室之度,省靡丽之饰,考制度,修外内,近忠正,远巧佞,放郑卫,进《雅》《颂》,举异材,开直言,任温良之人,退刻薄之吏,显洁白之士,昭无欲之路,览六艺之意,察上世之务,明自然之道,博和睦之化,以崇至仁,匡失俗,易民视,令海内昭然咸见本朝之所贵,道德弘于京师,淑问扬乎疆外,然后大化可成,礼让可兴也。"上说其言,迁衡为光禄大夫、太子少傅。时,上好儒术文辞,颇改宣帝之政,言事者多进见,人人自以为得上意。[1]

郑杰文、李梅所著《中国学术思想编年·秦汉卷》载此事于初元三年,今从之。

---

[1] 班固:《汉书》卷八十一《匡张孔马传》,中华书局1962年版,第3333—3338页。

汉元帝因为地震诏问政治得失，匡衡上疏说明改革之必要，应革除奢靡之风，行礼乐教化，被封为太子少傅。同为儒生，匡衡的仕途与萧望之、刘向等人形成了鲜明的对比。政治境遇的不同起源于儒生参与政治的方式不同。匡衡是因为史高与萧望之等人争取儒生才得以出仕，他是在萧、刘儒生集团与当权派斗争过程中，搭了宦官与外戚集团的顺风车才得以进入政治权力中心的，这是匡衡等儒生政治参与的局限性所在；然而，这些人并非全部尸位素餐，他们都在不同程度上以自己的方式实践着儒生的理想。事实上，类似贡禹、匡衡、韦玄成等这样的儒生在元帝朝以后越来越多，他们政治参与的方式才代表了儒生的主流，是他们构筑了一个新兴的影响中国历史发展进程的阶层——士大夫官僚阶层，从而改变了过去只懂律令、文法的"官人百吏"政治。①

---

① 张立克：《汉元帝时期儒生的政治参与研究》，《兰州学刊》2014 年第 8 期。

焦延寿与焦氏《易》

延寿字赣。赣贫贱，以好学得幸梁王，王共其资用，令极意学。既成，为郡史，察举补小黄令。以候司先知奸邪，盗贼不得发。爱养吏民，化行县中。举最当迁，三老官属上书愿留赣，有诏许增秩留，卒于小黄。赣常曰："得我道以亡身者，必京生也。"其说长于灾变，分六十四卦，更直日用事，以风雨寒温为候：各有占验。[1]

郑杰文、李梅所著《中国学术思想编年·秦汉卷》载此事于初元三年，今从之。

西汉梁人焦延寿治《易》师从孟喜，别为占候一派，长于阴阳灾变之术。焦氏《易林》创"分卦直日"法，形成了 4096 种变卦，每种变卦编造一首卦辞（林辞）。《易林》林辞仿诗而作，多为四言韵语，善用多种修辞手法，富有文学性。林辞内涵丰富，包含了从上古至汉代的神话传说、历史评判、社会现实、生命意识、人生哲理、男女爱情等，具有较高的学术价值。[2] 其中，西汉易学最为著名的一派为"孟京易学"，即孟喜和京房的易学。但是在其二人之间还有个纽带人物焦延寿。焦氏易学与孟喜易学乃一脉相传，并传授与京房且由后者发扬光大。焦氏易学中的重要思想"焦林值日法"和"阴阳灾异说"便是明证。焦延寿易学及其著作《易林》有一重要特点，"其说长于灾变"，即讲灾异，且"房用之尤精"，"房以明灾异得幸"，从《汉书》的这些记载中可以看出焦、京的易学渊源。而要溯其源头，还要归功于焦氏之师孟喜，因为"孟喜得易家候阴阳灾变书，一改师法将易学与自然科学相结合，首倡卦气，主阴阳灾异"。[3]

---

① 班固：《汉书》卷七十五《眭两夏侯京翼李传》，中华书局 1962 年版，第 3160 页。
② 陈功文：《焦延寿及其〈易林〉刍议》，《商丘职业技术学院学报》2014 年第 6 期。
③ 汤太祥：《焦延寿易学源流考论——兼论〈周易〉在汉前的传承》，《井冈山大学学报（社会科学版）》2018 年第 5 期。

严彭祖精《公羊春秋》

　　严彭祖字公子,东海下邳人也。与颜安乐俱事眭孟。孟弟子百余人,唯彭祖、安乐为明,质问疑谊,各持所见。孟曰:"《春秋》之意,在二子矣!"孟死,彭祖、安乐各颛门教授。由是《公羊春秋》有颜、严之学。彭祖为宣帝博士,至河南、东郡太守。以高第入为左冯翊,迁太子太傅,廉直不事权贵。或说曰:"天时不胜人事,君以不修小礼曲意,亡贵人左右之助,经谊虽高,不至宰相。愿少自勉强!"彭祖曰:"凡通经术,固当修行先王之道,何可委曲从俗,苟求富贵乎!"彭祖竟以太傅官终。①

　　郑杰文、李梅所著《中国学术思想编年·秦汉卷》载此事于初元五年,今从之。

　　学界对严彭祖的研究多在地方儒学研究以及汉代经学的师承关系方面。有学者从严彭祖的籍贯出发,对汉代徐州的儒学做整体研究。徐籍儒者在创立经学学派过程中有卓越建树。从汉廷专设博士的五经十六家今文经学派来看,徐籍学者占有三家,即沛人施雠、庆普,下邳人严彭祖,再加上长期仕宦执教于楚国的申公,占了五经十六家的四分之一,他们各自开创了影响深远的独立学派。② 又有学者研究严彭祖《公羊春秋》的师承关系。在《汉书·儒林传》中,严氏学传王中,再传东门云与公孙文。东门云下狱诛,公孙文任东平太傅,"徒众尤盛"。即严彭祖之师应为眭孟,其弟子应为王中,王中之弟子为东门云与公孙文。③

---

① 班固:《汉书》卷八十八《儒林传》,中华书局 1962 年版,第 3616 页。
② 王健:《儒道传播与文化地缘——以古代徐州区域为中心》,《中国历史地理论丛》2002 年第 1 期。
③ 周桂钿:《汉代公羊学传授考》,《史学史研究》1996 年第 2 期。

京房言五声六律

汉兴,北平侯张苍首治律历。孝武正乐,置协律之官。至元始中,博征通知钟律者,考其意义。羲和刘歆,典领条奏;前史班固,取以为志。而元帝时,郎中京房(房字君明)知五声之音,六律之数。上使太子太傅(韦)玄成(字少翁)、谏议大夫章,杂试问房于乐府。房对:"受学故小黄令焦延寿。六十律相生之法:以上生下,皆三生二;以下生上,皆三生四。阳下生阴,阴上生阳,终于中吕,而十二律毕矣。中吕上生执始,执始下生去灭,上下相生,终于南事,六十律毕矣。夫十二律之变至于六十,犹八卦之变至于六十四也。宓羲作《易》,纪阳气之初,以为律法。建日冬至之声,以黄钟为宫,太蔟为商,姑洗为角,林钟为徵,南吕为羽,应钟为变宫,蕤宾为变徵。此声气之元,五音之正也。故各统一日。其余以次运行,当日者各自为宫,而商、徵以类从焉。《礼运篇》曰'五声、六律、十二管还相为宫',此之谓也。以六十律分期之日,黄钟自冬至始,及冬至而复,阴阳寒燠风雨之占生焉。于以检摄群音,考其高下,苟非草木之声,则无不有所合。《虞书》曰'律和声',此之谓也。"房又曰:"竹声不可以度调,故作准以定数。准之状如瑟,长丈而十三弦,隐间九尺,以应黄钟之律九寸;中央一弦,下有画分寸,以为六十律清浊之节。"房言律详于歆所奏,其术施行于史官,候部用之。文多不悉载。[1]

郑杰文、李梅所著《中国学术思想编年·秦汉卷》载此事于是年,今从之。

京房师从焦延寿,学习声律。元帝诏韦玄成等问其学说,京房言五声六律。京房集"八宫卦序、卦气、纳甲、灾异"等为一体,构建了一个庞大的

---

[1] 范晔:《后汉书》志第一《律历上》,中华书局 2005 年版,第 806 页。

象数体系。这套体系用独特的象数语言阐明了当时易学家对天人关系的理解。这种关于天人关系的阐发,正是对董仲舒公羊学重构天人关系的回应与开新。在从天道观及王道思想回应、开新董仲舒公羊大义的同时,基于《周易》经传,京房构建了具有易学特色的学术体系。京房易学一经产生,即令汉代经学在整体上成为具有高度哲学性的天人之学,易学也逐渐凌驾于其他经学之上,成为群经之首、大道之源。①

---

① 卜章敏:《京房易学对董仲舒公羊学的回应与开新》,《孔子研究》2018 年第 4 期。

刘向上封事

更生见堪、猛在位,几已得复进,惧其倾危,乃上封事谏曰:"……和气致祥,乖气致异;祥多者其国安,异众者其国危,天地之常经,古今之通义也。今陛下开三代之业,招文学之士,优游宽容,使得并进。今贤不肖浑淆,白黑不分,邪正杂糅,忠谗并进。章交公车,人满北军。朝臣舛午,胶戾乖剌,更相谗诉,转相是非。傅授增加,文书纷纠,前后错缪,毁誉浑乱。所以营或耳目,感移心意,不可胜载。分曹为党,往往群朋,将同心以陷正臣。正臣进者,治之表也;正臣陷者,乱之机也。乘治乱之机,未知孰任,而灾异数见,此臣所以寒心者也。……今以陛下明知,诚深思天地之心,迹察两观之诛,览'否''泰'之卦,观雨雪之诗,历周、唐之所进以为法,原秦、鲁之所消以为戒,考祥应之福,省灾异之祸,以揆当世之变,放远佞邪之党,坏散险诐之聚,杜闭群枉之门,广开众正之路,决断狐疑,分别犹豫,使是非炳然可知,则百异消灭,而众祥并至,太平之基,万世之利也。……"恭、显见其书,愈与许、史比而怨更生等。[1]

郑杰文、李梅所著《中国学术思想编年·秦汉卷》载此事于永光元年,今从之。

刘向上封事,旨在告诫汉元帝,远离宦官外戚集团,多任用儒生贤臣。刘向在上疏中运用了大量阴阳灾异元素。这是儒学发展到西汉元帝时期力图保持其社会(政治)批判功能的必要手段,即尽可能地利用今文经学(董子公羊学)中的"天人感应"思想和谶纬灾异思想,达到对统治者的引导、规劝的目的。

---

[1]　班固:《汉书》卷三十六《楚元王传》,中华书局1962年版,第1932、1941、1946、1947页。

周堪、张猛被贬

是岁夏寒，日青无光，恭、显及许、史皆言堪、猛用事之咎。上内重堪，又患众口之浸润，无所取信。时长安令杨兴以材能幸，常称誉堪。上欲以为助，乃见问兴："朝臣龂龂不可光禄勋，何邪？"兴者倾巧士，谓上疑堪，因顺指曰："堪非独不可于朝廷，自州里亦不可也。臣见众人闻堪前与刘更生等谋毁骨肉，以为当诛，故臣前言堪不可诛伤，为国养恩也。"上曰："然此何罪而诛？今宜奈何？"兴曰："臣愚以为可赐爵关内侯，食邑三百户，勿令典事。明主不失师傅之恩，此最策之得者也。"上于是疑。会城门校尉诸葛丰亦言堪、猛短，上因发怒免丰。语在其传。又曰："丰言堪、猛贞信不立，朕闵而不治，又惜其材能未有所效，其右迁堪为河东太守，猛槐里令。"①

此年夏天阴冷，难见阳光，石显、弘恭之流怪罪于周堪等人，认为这都是其处理朝政不当而引起的。在询问了其他两位官员的意见之后，元帝左迁周堪为河东太守，张猛为槐里令。三年后，宣帝庙门遭火灾，后又有日食。元帝认为这些灾异意味着先前错怪了周堪等人，又召回周堪。②

外戚宦官集团假借灾异现象抨击周堪、张猛等儒臣，汉元帝信从了外戚宦官集团的攻讦，将周堪贬为河东太守，将张猛贬为槐里令。萧望之死后，汉元帝又想重用周堪，但同样遭到石显等人的反对，并借故使周堪遭到贬斥。灾异学说不仅被儒臣看中，引阴阳灾异于儒学，使得儒学在西汉后期能够继续发挥社会批判作用。但灾异学说同样也被外戚宦官集团加以利用，作为排除异己、稳定自身政治利益的不二法宝。西汉后期的灾异学说，在政治运用方面，的确值得深入研究。

---

① 班固：《汉书》卷三十六《楚元王传》，中华书局 1962 年版，第 1947－1948 页。
② 蔡亮：《政治权力绑架下的西汉天人感应灾异说》，《社会科学文摘》2017 年第 11 期。

京房奏考功课吏法

永光、建昭间，西羌反，日蚀，又久青亡光，阴雾不精。房数上疏，先言其将然，近数月，远一岁，所言屡中，天子说之。数召见问，房对曰："古帝王以功举贤，则万化成，瑞应著，末世以毁誉取人，故功业废而致灾异。宜令百官各试其功，灾异可息。"诏使房作其事，房奏考功课吏法。上令公卿朝臣与房会议温室，皆以房言烦碎，令上下相司，不可许。上意乡之。时部刺史奏事京师，上召见诸刺史，令房晓以课事，刺史复以为不可行。唯御史大夫郑弘、光禄大夫周堪初言不可，后善之。①

郑杰文、李梅所著《中国学术思想编年·秦汉卷》载此事于永光二年，今从之。

当时灾异现象频繁出现，京房因奏考功课吏法，向元帝说明天降祥瑞或灾异与帝王选才息息相关，这将阴阳灾异学说与官吏选拔制度进一步结合起来。在建立一个系统的灾异解说的同时，一些汉儒也努力为灾异说建立一个更加复杂精致的理论基础。京房将《易经》融入灾异解说中；翼奉则提出了"六情占"，将六种情绪与日期相联系。虽然京房和翼奉引起了元帝的关注，但是他们关于灾异的理论在当时未得到广泛的承认，影响力非常有限。②

---

① 班固：《汉书》卷七十五《眭两夏侯京翼李传》，中华书局 1962 年版，第 3160—3161 页。
② 蔡亮：《政治权力绑架下的西汉天人感应灾异说》，《社会科学文摘》2017 年第 11 期。

刘向著《疾谗》、《摘要》、《救危》及《世颂》

　　后三岁余,孝宣庙阙灾,其晦,日有蚀之。于是上召诸前言日变在堪、猛者责问,皆稽首谢。乃因下诏曰:"河东太守堪,先帝贤之,命而傅朕。资质淑茂,道术通明,论议正直,秉心有常,发愤悃愊,信有忧国之心。以不能阿尊事贵,孤特寡助,抑厌遂退,卒不克明。往者众臣见异,不务自修,深惟其故,而反暗昧说天,托咎此人。朕不得已,出而试之,以彰其材。堪出之后,大变仍臻,众亦嘿然。堪治未期年,而三老官属有识之士咏颂其美,使者过郡,靡人不称。此固足以彰先帝之知人,而朕有以自明也。俗人乃造端作基,非议诋欺,或引幽隐,非所宜明,意疑以类,欲以陷之,朕亦不取也。朕迫于俗,不得专心,乃者天著大异,朕甚惧焉。今堪年衰岁暮,恐不得自信,排于异人,将安究之哉? 其征堪诣行在所。"拜为光禄大夫,秩中二千石,领尚书事。猛复为太中大夫给事中。显干尚书事,尚书五人,皆其党也。堪希得见,常因显白事,事决显口。会堪疾瘖,不能言而卒。显诬谮猛,令自杀于公车。更生伤之,乃著《疾谗》、《摘要》、《救危》及《世颂》,凡八篇,依兴古事,悼己及同类也。遂废十余年。[①]

　　郑杰文、李梅所著《中国学术思想编年·秦汉卷》载此事于永光四年,今从之。

　　元帝借灾异复现,重新提用周堪为光禄大夫、张猛为太中大夫给事中。宦官石显等人从中作梗,周堪死,又逼迫张猛自杀。刘向作《疾谗》《摘要》《救危》《世颂》以悼念二位重臣,并自伤其境。

　　石显还与中书仆射牢梁、名儒少府五鹿充宗结为党羽,逆之者非死即废,依附者皆得宠位,故"民歌之曰:牢邪石邪,五鹿客邪,印何累累,绶若

① 班固:《汉书》卷三十六《楚元王传》,中华书局 1962 年版,第 1948 页。

若邪",说明石显集团兼官据势,显赫一时。总之,在元帝在位的十几年中,政权完全操纵在石显集团手中,政治黑暗,国势衰微,元帝不能辞其咎。[1]

---

[1] 朱绍侯:《汉元成二帝论(上)》,《洛阳大学学报》2001年第1期。

议罢郡国庙

　　至元帝时,贡禹奏言:"古者天子七庙,今孝惠、孝景庙皆亲尽,宜
毁。及郡国庙不应古礼,宜正定。"天子是其议,未及施行而禹卒。永
光四年,乃下诏先议罢郡国庙……丞相玄成、御史大夫郑弘、太子太
傅严彭祖、少府欧阳地余、谏大夫尹更始等七十人皆曰:"臣闻祭,非
自外至者也,繇中出,生于心也。故唯圣人为能飨帝,孝子为能飨亲。
立庙京师之居,躬亲承事,四海之内各以其职来助祭,尊亲之大义,五
帝三王所共,不易之道也。……臣等愚以为宗庙在郡国,宜无修,臣
请勿复修。"奏可。因罢昭灵后、武哀王、昭哀后、卫思后、戾太子、戾
后园,皆不奉祠,裁置吏卒守焉。①

　　九月戊子,罢卫思后园及戾园。冬十月乙丑,罢祖宗庙在郡
国者。②

依照周礼,嫡支主祭。春秋战国礼崩乐坏,僭越之举公行,庶支亦立
宗庙以祭,汉初以来承之。元帝复兴儒学,故儒臣有罢郡国先帝庙之议。
元帝的诏书以及韦玄成等人的奏疏都是从祭祀的角度论证郡国庙已无存
在的必要。然而,历史往往是由合力所推动的,单一的原因很难使人信
服。王威在阐析了雷海宗、林聪舜、郭伟川等人的观点后认为,汉初在郡
国立庙是出于加强刘氏政权统治的需要。元帝和韦玄成等人议论的背
后,是尊卑有序、皇权至高无上不容分享的理念。当中央和地方的权力关
系不断变化的时候,与之紧密相连的郡国庙也理所当然地发生了变化。
郡国庙随着现实政治的需要而生,随着现实政治的需要而毁。③

---

① 班固:《汉书》卷七十三《韦贤传》,中华书局 1962 年版,第 3116—3117 页。
② 班固:《汉书》卷九《元帝纪》,中华书局 1962 年版,第 292 页。
③ 王威:《浅论西汉郡国庙的兴废:以现实政治为中心的考察》,《邵阳学院学报(社会科学版)》
2019 年第 1 期。

　　强调元帝作为帝王的政治意图,是有意义的,但将儒者们描绘成皇权的御用奴仆,礼学也完全成为政治的粉饰工具,值得商榷。元帝在诏书中明确表示不希望"疏远卑贱共承尊祀",并引《论语》"吾不与祭,如不祭",确实道出皇权独尊的政治目的。儒者们虽积极响应,却并非为了附和元帝,而是别有用心。参与庙议的人多为硕学大儒,他们开宗明义道:"祭,非自外至者也,繇中出,生于心也。"此语出自《礼记·祭统》,韦玄成等所引少一"物"字,当无意义差别,欲阐明祭祀乃出自内心对于祖宗的亲亲之情,自然而然要去祭祀祖宗,而非外在的祭品仪式而已。①

---

①　张立克、卢玉:《西汉郡国庙兴废政治思想史的考察》,《湖北社会科学》2014年第9期。

议毁庙

罢郡国庙后月余，复下诏曰："盖闻明王制礼，立亲庙四，祖宗之庙，万世不毁，所以明尊祖敬宗，著亲亲也。朕获承祖宗之重，惟大礼未备，战栗恐惧，不敢自颛，其与将军、列侯、中二千石、二千石、诸大夫、博士议。"玄成等四十四人奏议曰："《礼》，王者始受命，诸侯始封之君，皆为太祖。以下，五庙而迭毁，毁庙之主臧乎太祖，五年而再殷祭，言一禘一祫也。祫祭者，毁庙与未毁庙之主皆合食于太祖，父为昭，子为穆，孙复为昭，古之正礼也。《祭义》曰：'王者禘其祖自出，以其祖配之，而立四庙。'言始受命而王，祭天以其祖配，而不为立庙，亲尽也。立亲庙四，亲亲也。亲尽而迭毁，亲疏之杀，示有终也。周之所以七庙者，以后稷始封，文王、武王受命而王，是以三庙不毁，与亲庙四而七。非有后稷始封，文、武受命之功者，皆当亲尽而毁。成王成二圣之业，制礼作乐，功德茂盛，庙犹不世，以行为谥而已。《礼》，庙在大门之内，不敢远亲也。臣愚以为高帝受命定天下，宜为帝者太祖之庙，世世不毁，承后属尽者宜毁。今宗庙异处，昭穆不序，宜入就太祖庙而序昭穆如礼。太上皇、孝惠、孝文、孝景庙皆亲尽宜毁，皇考庙亲未尽，如故。"大司马车骑将军许嘉等二十九人以为，孝文皇帝除诽谤，去肉刑，躬节俭，不受献，罪人不帑，不私其利，出美人，重绝人类，宾赐长老，收恤孤独，德厚侔天地，利泽施四海，宜为帝者太宗之庙。廷尉忠以为，孝武皇帝改正朔，易服色，攘四夷，宜为世宗之庙。谏大夫尹更始等十八人以为，皇考庙上序于昭穆，非正礼，宜毁。[①]

在反对郡国庙问题上，儒家是有其教化的立场跟诉求的，教化最终的目的是泽及四海万邦，但首先强调的是帝王本身的道德自律。汉儒的宗

---

① 班固：《汉书》卷七十三《韦贤传》，中华书局 1962 年版，第 3118—3119 页。

庙祭祀观念中首先对帝王提出了一个很高的道德标杆,他们认为只有圣人才能飨帝,只有孝子才能飨亲,祭祀者必须发自内心,以孝以诚,这是儒家式的"内圣外王"教化之道。继而儒者所说的"《春秋》之义,父不祭于支庶之宅,君不祭于臣仆之家,王不祭于下土诸侯"也自然不是出于强干弱枝的尊王考量,而只是强调只有合适的人才能行适当的祭祀而已。儒生们的主张与汉元帝借宗庙改革欲伸张皇权的初衷大相径庭。汉初郡国立庙除了慎终追远的亲情因素外,更多是出于加强刘氏政权统治的政治目的,元帝主张废除郡国庙亦沿袭皇权独尊的政治意图;而儒生阶层借废除郡国庙表达的则是对于主祭者(皇帝)道德高标的期许与要求,并不断赋予皇权乃公权而非私器的政治理想,在此理念主导下,儒生们相信国家祭祀是为了天下子民的福祉,而非一姓、一家,更不是某一人。因皇帝本人身体状况恶化而改变以民为本的国家祭祀制度,这正是儒家学者所反对的秦代、汉初施行的祈求一己之福的国家祭祀信仰。①

---

① 张立克、卢玉:《西汉郡国庙兴废政治思想史的考察》,《湖北社会科学》2014 年第 9 期。

毁太上皇、孝惠皇帝寝庙园

　　于是上重其事，依违者一年，乃下诏曰："盖闻王者祖有功而宗有德，尊尊之大义也；存亲庙四，亲亲之至恩也。高皇帝为天下诛暴除乱，受命而帝，功莫大焉。孝文皇帝国为代王，诸吕作乱，海内摇动，然群臣黎庶靡不一意，北面而归心，犹谦辞固让而后即位，削乱秦之迹，兴三代之风，是以百姓晏然，咸获嘉福，德莫盛焉。高皇帝为汉太祖，孝文皇帝为太宗，世世承祀，传之无穷，朕甚乐之。孝宣皇帝为孝昭皇帝后，于义一体。孝景皇帝庙及皇考庙皆亲尽，其正礼仪。"玄成等奏曰："祖宗之庙世世不毁，继祖以下，五庙而迭毁。今高皇帝为太祖，孝文皇帝为太宗，孝景皇帝为昭，孝武皇帝为穆，孝昭皇帝与孝宣皇帝俱为昭。皇考庙亲未尽。太上、孝惠庙皆亲尽，宜毁。太上庙主宜瘗园，孝惠皇帝为穆，主迁于太祖庙，寝园皆无复修。"奏可。[1]

　　（永光五年）十二月乙酉，毁太上皇、孝惠皇帝寝庙园。[2]

此从周时五世亲尽毁庙之制。此事乃上文诸儒议毁庙之续。

---

①　班固：《汉书》卷七十三《韦贤传》，中华书局 1962 年版，第 3120 页。
②　班固：《汉书》卷九《元帝纪》，中华书局 1962 年版，第 293 页。

诸儒议定祭时

　　议者又以为《清庙》之诗言交神之礼无不清静，今衣冠出游，有车骑之众，风雨之气，非所谓清静也。"祭不欲数，数则渎，渎则不敬。"宜复古礼，四时祭于庙，诸寝园日月间祀皆可勿复修。上亦不改也。①

　　郑杰文、李梅所著《中国学术思想编年·秦汉卷》载此事于永光五年，今从之。

　　诸儒议定时祭，以改频频无度之祭。西汉元帝时期灾害频发、灾异思想盛行，诸儒商讨议定时祭，元帝希望通过祭祀以减少灾异现象的发生，从而维护汉帝国的政权之稳定。然而，他却忽视了民生，亲信宦官、外戚的元帝并没有找到治国之正道。受阴阳灾异思想的影响，频频无度的祭祀由此弄得国家苦不堪言。众儒臣无法通过直谏使汉元帝正视现状，只得通过祖宗之法固定祭祀频率与时段，从而达到减轻国家财政负担的目的，实为"曲线救国"的无奈之举。

---

① 班固：《汉书》卷七十三《韦贤传》，中华书局 1962 年版，第 3120 页。

朱云与五鹿充宗辩《易》

　　是时，少府五鹿充宗贵幸，为《梁丘易》。自宣帝时善梁丘氏说，元帝好之，欲考其异同，令充宗与诸《易》家论。充宗乘贵辩口，诸儒莫能与抗，皆称疾不敢会。有荐云者，召入，摄斋登堂，抗首而请，音动左右。既论难，连拄五鹿君，故诸儒为之语曰："五鹿岳岳，朱云折其角。"繇是为博士。①

五鹿充宗善梁氏《易》，朱云曾从白子友受《易》，元帝令诸儒考诸家《易》之异同，朱云辩倒了五鹿充宗，并留下了"五鹿岳岳，朱云折其角"的典故。该典故后多用于形容善于辩论的人。清王涛《赠唐魏公》诗赞曰："雄辩惊四筵，高谈折五鹿。"在汉代，"能论难"是经生们取得地位的重要条件。由《汉书·朱云传》可见，朱云在与五鹿充宗的论难中获胜，因为善于论难而得皇帝赏识，马上就可以成为博士。两汉的皇帝大多崇儒重道，尤其是东汉前期的几位皇帝对经学更是十分重视，参与经学论难，赏赐提拔善于论难者，当然也是他们重视经学的表现之一。既然统治者如此重视，那么经学论难的盛行也就不难理解了。经学论难的目的其实还是要"辩明经义"，相信经师们这种围绕着经义而进行的辩论、质难确实能够起到辨析疑义、疏通经文的作用。但是，不能否认的是，这种论难一旦走到极端，就会沦为纯粹以禄利为目的的意气之争、门户之争，那么经学论难之于经学就完全是消极的作用了。《潜夫论·叙录》所说"论难横发，令道不通，后进疑惑，不知所从"，指的就是这种情况。②

---

① 班固：《汉书》卷六十七《杨胡朱梅云传》，中华书局 1962 年版，第 2913—2914 页。
② 刘德州：《汉代经学论难考述》，《沧桑》2010 年第 10 期。

京房借奏灾异弹劾宦官

是时中书令石显颛权，显友人五鹿充宗为尚书令，与房同经，论议相非。二人用事，房尝宴见……房因免冠顿首，曰："《春秋》纪二百四十二年灾异，以视万世之君。今陛下即位已来，日月失明，星辰逆行，山崩泉涌，地震石陨，夏霜冬雷，春凋秋荣，陨霜不杀，水旱蟓虫，民人饥疫，盗贼不禁，刑人满市，《春秋》所记灾异尽备。陛下视今为治邪，乱邪？"上曰："亦极乱耳。尚何道！"房曰："今所任用者谁与？"上曰："然幸其愈于彼，又以为不在此人也。"房曰："夫前世之君亦皆然矣。臣恐后之视今，犹今之视前也。"上良久乃曰："今为乱者谁哉？"房曰："明主宜自知之。"上曰："不知也；如知，何故用之？"房曰："上最所信任，与图事帷幄之中进退天下之士者是矣。"房指谓石显，上亦知之，谓房曰："已谕。"[1]

京房借宴见机会，以《春秋》灾异附会当时的灾异现象，进而弹劾宦官石显及其党羽五鹿充宗等人。京房师从焦延寿，是孟氏易学、梁氏易学的传人。亦是元帝时期敢于运用阴阳灾异学说向皇帝直谏并弹劾宦官的忠臣之一。

---

① 班固：《汉书》卷七十五《眭两夏侯京翼李传》，中华书局1962年版，第3161—3162页。

京房被杀

　　房自知数以论议为大臣所非，内与石显、五鹿充宗有隙，不欲远离左右，及为太守，忧惧。房以建昭二年二月朔拜，上封事曰："辛酉以来，蒙气衰去，太阳精明，臣独欣然，以为陛下有所定也。然少阴倍力而乘消息。臣疑陛下虽行此道，犹不得如意，臣窃悼惧。守阳平侯凤欲见未得，至己卯，臣拜为太守，此言上虽明下犹胜之效也。臣出之后，恐必为用事所蔽，身死而功不成，故愿岁尽乘传奏事，蒙哀见许。乃辛巳，蒙气复乘卦，太阳侵色，此上大夫覆阳而上意疑也。己卯、庚辰之间，必有欲隔绝臣令不得乘传奏事者。"房未发，上令阳平侯凤承制诏房，止无乘传奏事。房意愈恐，去至新丰，因邮上封事曰："臣前以六月中言《遁卦》不效，法曰：'道人始去，寒，涌水为灾。'至其七月，涌水出。臣弟子姚平谓臣曰：'房可谓知道，未可谓信道也。房言灾异，未尝不中，今涌水已出，道人当逐死，尚复何言？'臣曰：'陛下至仁，于臣尤厚，虽言而死，臣犹言也。'平又曰：'房可谓小忠，未可谓大忠也。昔秦时赵高用事，有正先者，非刺高而死，高威自此成，故秦之乱，正先趣之。'今臣得出守郡，自诡效功，恐未效而死。惟陛下毋使臣塞涌水之异，当正先之死，为姚平所笑。"房至陕，复上封事曰："乃丙戌小雨，丁亥蒙气去，然少阴并力而乘消息，戊子益甚，到五十分，蒙气复起。此陛下欲正消息，杂卦之党并力而争，消息之气不胜。强弱安危之机不可不察。己丑夜，有还风，尽辛卯，太阳复侵色，至癸巳，日月相薄，此邪阴同力而太阳为之疑也。臣前白九年不改，必有星亡之异。臣愿出任良试考功，臣得居内，星亡之异可去。议者知如此于身不利，臣不可蔽，故云使弟子不若试师。臣为刺史又当奏事，故复云为刺史恐太守不与同心，不若以为太守，此其所以隔绝臣也。陛下不违其言而遂听之，此乃蒙气所以不解，太阳亡色者也。臣去朝稍远,太阳侵色益甚,唯陛下毋难还臣而易逆天意。邪说虽安于人,天气必变,故人可欺,天不可欺也,愿陛下察焉。"房去月余,竟征下狱。初,淮阳宪王舅张博从房受学,以女妻房。……初,房见道幽厉事,出为御史大夫郑弘言之。房、博皆弃市,弘坐免为庶人。房本姓李,推律自定为京氏,死时年四十一。①

　　淮阳王舅张博、魏郡太守京房坐窥道诸侯王以邪意,漏泄省中语,博要斩,房弃市。②

京房屡次以灾异上书言事,并直言石显为朝中大患,斥责小人佞臣蒙蔽君王,为石显、五鹿充宗等人所忌,排挤出京城为魏郡太守。京房再次上书言事,继续怒斥奸臣,最终被杀。

京房,本姓李。汉元帝时为郎、魏郡太守。治易学,师从梁人焦延寿,详于灾异,开创了京氏易学,有京氏易传存世,且通晓音律,有改良乐器、创六十律等杰出贡献。他是元帝时期为数不多的敢于直谏忠言的儒臣。《汉书·艺文志·六艺略·易》载其学派著述有《孟氏京房》十一篇、《灾异孟氏京房》六十六篇、《京氏段嘉》十二篇。严可均《铁桥漫稿》云:"孟喜受《易》家阴阳,授之焦赣,焦赣授之京房,孝文立博士,迄东汉末,费直行,京氏衰,晋代犹有传习者。至《隋志》亡《段嘉》十二篇,《唐志》又亡《灾异》六十六篇中四十三篇。历宋入明,而《汉志》之八十九篇,仅存三卷。"今有孙堂辑《京房周易章句》一卷、张惠言辑《周易京氏》、马国翰辑《周易京氏章句》一卷、王仁俊辑《周易京氏章句》一卷、王保训辑《周易章句》。

①　班固:《汉书》卷七十五《眭两夏侯京翼李传》,中华书局 1962 年版,第 3164－3167 页。
②　班固:《汉书》卷九《元帝纪》,中华书局 1962 年版,第 294 页。

朱云下狱

　　(朱云)迁杜陵令,坐故纵亡命,会赦,举方正,为槐里令。时中书令石显用事,与充宗为党,百僚畏之。唯御史中丞陈咸年少抗节,不附显等,而与云相结。云数上疏,言丞相韦玄成容身保位,亡能往来,而咸数毁石显。久之,有司考云,疑风吏杀人。群臣朝见,上问丞相以云治行。丞相玄成言云暴虐亡状。时,陈咸在前,闻之,以语云。云上书自讼,咸为定奏草,求下御史中丞。事下丞相,丞相部吏考立其杀人罪。云亡入长安,复与咸计议。丞相具发其事,奏:"咸宿卫执法之臣,幸得进见,漏泄所闻,以私语云,为定奏草,欲令自下治,后知云亡命罪人,而与交通,云以故不得。"上于是下咸、云狱,减死为城旦。咸、云遂废锢,终元帝世。[1]

　　朱云为槐里令,与陈咸数言权臣之短,终被下狱。朝中儒臣若想活命,不是明哲保身,就是依附以石显为首之宦官外戚集团,仗义执言、直谏朝中问题者少之又少,前有京房被杀,后有朱云、陈咸下狱,此时的石显、五鹿充宗朝中结党,百官皆畏惧,权力大到极点。

---

① 　班固:《汉书》卷六十七《杨胡朱梅云传》,中华书局 1962 年版,第 2914 页。

议复诸毁庙

后岁余，玄成薨，匡衡为丞相。上寝疾，梦祖宗谴罢郡国庙，上少弟楚孝王亦梦焉。上诏问衡，议欲复之，衡深言不可。上疾久不平，衡惶恐，祷高祖、孝文、孝武庙曰："嗣曾孙皇帝恭承洪业，夙夜不敢康宁，思育休烈，以章祖宗之盛功。故动作接神，必因古圣之经。往者有司以为前因所幸而立庙，将以系海内之心，非为尊祖严亲也。今赖宗庙之灵，六合之内莫不附亲，庙宜一居京师，天子亲奉，郡国庙可止毋修。皇帝祇肃旧礼，尊重神明，即告于祖宗而不敢失。今皇帝有疾不豫，乃梦祖宗见戒以庙，楚王梦亦有其序。皇帝悼惧，即诏臣衡复修立。谨案上世帝王承祖祢之大礼，皆不敢不自亲。郡国吏卑贱，不可使独承。又祭祀之义以民为本，间者岁数不登，百姓困乏，郡国庙无以修立。《礼》，凶年则岁事不举，以祖祢之意为不乐，是以不敢复。如诚非礼义之中，违祖宗之心，咎尽在臣衡，当受其殃，大被其疾，队在沟渎之中。皇帝至孝肃慎，宜蒙祐福。唯高皇帝、孝文皇帝、孝武皇帝省察，右飨皇帝之孝，开赐皇帝眉寿亡疆，令所疾日瘳，平复反常，永保宗庙，天下幸甚！"[1]

汉元帝得病，梦见祖宗谴责他毁庙，于是找到丞相匡衡商讨复庙，匡衡强调此事不可行。可见，汉元帝对自己原先赞成的礼制又有所动摇，是一位优柔寡断的君主。

---

[1] 班固：《汉书》卷七十三《韦贤传》，中华书局 1962 年版，第 3121—3122 页。

尽复诸所罢寝庙园

　　夏六月庚申,复戾园。……秋七月庚子,复太上皇寝庙园、原庙,昭灵后、武哀王、昭哀后、卫思后园。[1]

　　久之,上疾连年,遂尽复诸所罢寝庙园,皆修祀如故。初,上定迭毁礼,独尊孝文庙为太宗,而孝武庙亲未尽,故未毁。上于是乃复申明之,曰:"孝宣皇帝尊孝武庙曰世宗,损益之礼,不敢有与焉。他皆如旧制。"唯郡国庙遂废云。[2]

　　至此,原先诸儒讨论并落实的毁庙被推翻,所毁之庙又悉数复建,祭祀如旧,儒臣当时的努力付诸东流。

---

① 班固:《汉书》卷九《元帝纪》,中华书局 1962 年版,第 297 页。
② 班固:《汉书》卷七十三《韦贤传》,中华书局 1962 年版,第 3124 页。

毁太上皇诸庙

五月壬辰,帝崩于未央宫。毁太上皇、孝惠、孝景皇帝庙。罢孝文、孝昭太后、昭灵后、武哀王、昭哀后寝园。[1]

元帝崩,衡奏言:"前以上体不平,故复诸所罢祠,卒不蒙福。案卫思后、戾太子、戾后园,亲未尽。孝惠、孝景庙亲尽,宜毁。及太上皇、孝文、孝昭太后、昭灵后、昭哀后、武哀王祠,请悉罢,勿奉。"奏可。初,高后时患臣下妄非议先帝宗庙寝园官,故定著令,敢有擅议者弃市。至元帝改制,蠲除此令。成帝时以无继嗣,河平元年复复太上皇寝庙园,世世奉祠。昭灵后、武哀王、昭哀后并食于太上寝庙如故,又复擅议宗庙之命。[2]

汉元帝驾崩,丞相匡衡立刻召集众儒,再次议毁太上皇、孝惠帝、孝景帝庙,并且罢孝文、孝昭太后、昭灵后、武哀王、昭哀后寝园。这一次又一次的毁庙与复建,表面看是皇帝的优柔寡断与儒臣坚持儒家立场的斗争,实质上是一次次劳民伤财的工程。在灾害频发、国库空虚、户口大减的元帝时期,这样毁庙重建,不知对国家会造成多么大的财政负担与经济负担。

---

① 班固:《汉书》卷九《元帝纪》,中华书局 1962 年版,第 298 页。
② 班固:《汉书》卷七十三《韦贤传》,中华书局 1962 年版,第 3124—3125 页。

五鹿充宗被贬

  元帝崩,成帝初即位,迁显为长信中太仆,秩中二千石。显失倚,离权数月,丞相御史条奏显旧恶,及其党牢梁、陈顺皆免官。显与妻子徒归故郡,忧满不食,道病死。诸所交结,以显为官,皆废罢。少府五鹿充宗左迁玄菟太守,御史中丞伊嘉为雁门都尉。长安谣曰:"伊徒雁,鹿徒菟,去牢与陈实无贾。"①

  建昭元年,尚书令五鹿充宗为少府,五年贬为玄菟太守。②

《资治通鉴》卷三十载此事于建始元年,今从之。

元帝崩后,成帝即位,宦官石显集团失势,石显党羽皆被贬斥,石显也在归乡路上忧郁病死。元帝时与石显结党的五鹿充宗亦不例外,被贬为幺菟太守。

---

① 班固:《汉书》卷九十三《佞幸传》,中华书局 1962 年版,第 3729—3730 页。
② 班固:《汉书》卷十九下《百官公卿表》,中华书局 1962 年版,第 820 页。

梁丘临善京房《易》,为少府

　　临学精孰,专行京房法。琅邪王吉通《五经》,闻临说,善之。时宣帝选高材郎十人从临讲,吉乃使其子郎中骏上疏从临受《易》。临代五鹿充宗君孟为少府,骏御史大夫,自有传。充宗授平陵士孙张仲方、沛邓彭祖子夏、齐衡咸长宾。张为博士,至扬州牧,光禄大夫给事中,家世传业;彭祖,真定太傅;咸,王莽讲学大夫。繇是梁丘有士孙、邓、衡之学。[①]

梁丘临善京房易学,名气斐然,被宣帝赏识。少府五鹿充宗因石显失势被贬,梁丘临代为少府。

---

① 　班固:《汉书》卷八十八《儒林传》,中华书局 1962 年版,第 3600－3601 页。

成帝尊师

　　元帝崩,成帝即位,征禹、宽中,皆以师赐爵关内侯,宽中食邑八百户,禹六百户。拜为诸吏光禄大夫,秩中二千石,给事中,领尚书事。是时,帝舅阳平侯王凤为大将军辅政专权,而上富于春秋,谦让,方乡经学,敬重师傅。而禹与凤并领尚书,内不自安,数病,上书乞骸骨,欲退避凤。上报曰:"朕以幼年执政,万机惧失其中,君以道德为师,故委国政。君何疑而数乞骸骨,忽忘雅素,欲避流言?朕无闻焉。君其固心致思,总秉诸事,推以孳孳,无违朕意。"加赐黄金百斤、养牛、上尊酒,太官致餐,侍医视疾,使者临问。禹惶恐,复起视事,河平四年代王商为丞相,封安昌侯。①

汉成帝即位时虽已十九岁,但即位后的朝政大事他并不能独立处理,而是全依赖国舅王凤。成帝"以凤为大司马大将军领尚书事,益封五千户",取代了元帝时期的辅政大臣许嘉,"又封太后同母弟崇为安成侯,食邑万户。凤庶弟谭等皆赐爵关内侯,食邑"。当时有朝臣以"黄雾四塞终日""阴盛侵阳"为借口对此质疑,指出"高祖之约也,非功臣不侯,今太后诸弟皆以无功为侯,非高祖之约,外戚未曾有也,故天为见异",汉成帝并不为所动,而是出面安慰王凤"毋有所疑"。成帝本来就是把王氏外家势力看作自己的执政基础的。这种对外家势力的倚重,在西汉帝王中也是少有的。② 张禹以《论语》教成帝,成帝即位之后,张禹与王凤并领尚书事。张禹为了避其锋芒,几次上书恳求离职,成帝不肯。这反映出儒士官吏与外戚的矛盾。

---

① 班固:《汉书》卷八十一《匡张孔马传》,中华书局 1962 年版,第 3348 页。
② 李世忠:《略论汉成帝时期外戚擅政之因》,《史志学刊》2018 年第 6 期。

张禹荐彭宣

　　彭宣字子佩，淮阳阳夏人也。治《易》，事张禹，举为博士，迁东平太傅。禹以帝师见尊信，荐宣经明有威重，可任政事，繇是入为右扶风，迁廷尉，以王国人出为太原太守。数年，复入为大司农、光禄勋、右将军。哀帝即位，徙为左将军。岁余，上欲令丁、傅处爪牙官，乃策宣曰："有司数奏言诸侯国人不得宿卫，将军不宜典兵马，处大位。朕唯将军任汉将之重，而子又前取淮阳王女，婚姻不绝，非国之制。使光禄大夫曼赐将军黄金五十斤、安车驷马，其上左将军印绶，以关内侯归家。"①

　　施雠……与孟喜、梁丘贺并为门人。谦让，常称学废，不教授。及梁丘贺为少府，事多，乃遣子临分将门人张禹等从雠问。雠自匿不肯见，贺固请，不得已乃授临等。……雠授张禹、琅邪鲁伯。伯为会稽太守，禹至丞相。禹授淮阳彭宣、沛戴崇子平。崇为九卿，宣大司空。禹、宣皆有传。②

　　郑杰文、李梅所著《中国学术思想编年·秦汉卷》载此事于建始元年，今从之。

　　彭宣是成帝、哀帝时期的名臣之一，曾运用阴阳灾异思想劝谏哀帝不要重用外戚，因鲍宣举荐，任光禄大夫，后封长平侯。

---

① 班固：《汉书》卷七十一《隽疏于薛平彭传》，中华书局1962年版，第3051—3052页。
② 班固：《汉书》卷八十八《儒林传》，中华书局1962年版，第3598页。

匡衡论婚制

元帝崩，成帝即位，衡上疏戒妃匹，劝经学威仪之则，曰："陛下秉至考，哀伤思慕不绝于心，未有游虞弋射之宴，诚隆于慎终追远，无穷已也。窃愿陛下虽圣性得之，犹复加圣心焉。《诗》云'茕茕在疚'，言成王丧毕思慕，意气未能平也，盖所以就文武之业，崇大化之本也。臣又闻之师曰：'妃匹之际，生民之始，万福之原。'婚姻之礼正，然后品物遂而天命全。孔子论《诗》以《关雎》为始，言太上者民之父母，后夫人之行不侔乎天地，则无以奉神灵之统而理万物之宜。故《诗》曰：'窈窕淑女，君子好仇。'言能致其贞淑，不贰其操，情欲之感无介乎容仪，宴私之意不形乎动静，夫然后可以配至尊而为宗庙主。此纲纪之首，王教之端也。自上世已来，三代兴废，未有不由此者也。愿陛下详览得失盛衰之效以定大基，采有德，戒声色，近严敬，远技能。窃见圣德纯茂，专精《诗》《书》，好乐无厌。臣衡材驽，无以辅相善义，宣扬德音。臣闻《六经》者，圣人所以统天地之心，著善恶之归，明吉凶之分，通人道之正，使不悖于其本性者也。故审《六艺》之指，则人天之理可得而和，草木昆虫可得而育，此永永不易之道也。及《论语》《孝经》，圣人言行之要，宜究其意。臣又闻圣王之自为动静周旋，奉天承亲，临朝享臣，物有节文，以章人伦。盖钦翼祇栗，事天之容也；温恭敬逊，承亲之礼也；正躬严恪，临众之仪也；嘉惠和说，飨下之颜也。举错动作，物遵其仪，故形为仁义，动为法则。孔子曰：'德义可尊，容止可观，进退可度，以临其民，是以其民畏而爱之，则而象之。'《大雅》云：'敬慎威仪，惟民之则。'诸侯正月朝觐天子，天子惟道德，昭穆穆以视之，又观以礼乐，飨醴乃归。故万国莫不获赐祉福，蒙化而成俗。今正月初幸路寝，临朝贺，置酒以飨万方，传曰'君子慎始'，愿陛下留神动静之节,使群下得望盛德休光,以立基桢,天下幸甚!"上敬纳其言。①

郑杰文、李梅所著《中国学术思想编年·秦汉卷》载此事于建始元年,今从之。

汉成帝即位起就已显荒淫好色之象,匡衡以《诗》论后妃之德,以劝诫成帝行教化,正道德,以为民则。西汉末年的外戚专权,最为强大的傅、丁、王三家的兴起,都与元帝直接相关。元帝对外戚的纵容,成为西汉政权走向灭亡的一个导火索。在这一点上,匡衡借用经典对元帝以及后来对成帝的劝诫,是切中了皇权统治的潜在危机的,但没有起到实际的扭转作用。②

---

① 班固:《汉书》卷八十一《匡张孔马传》,中华书局1962年版,第3341—3344页。
② 唐元、张静:《儒相匡衡与西汉宣元之际的儒法转捩》,《河北旅游职业学院学报》2010年第2期。

匡衡等议郊祀之制

顷之,衡复奏正南北郊,罢诸淫祀,语在《郊祀志》。[①]

成帝初即位,丞相衡、御史大夫谭奏言:"帝王之事莫大乎承天之序,承天之序莫重于郊祀,故圣王尽心极虑以建其制。祭天于南郊,就阳之义也;瘗地于北郊,即阴之象也。天之于天子也,因其所都而各飨焉。……甘泉泰畤、河东后土之祠宜可徙置长安,合于古帝王。愿与群臣议定。"奏可。大司马车骑将军许嘉等八人以为所从来久远,宜如故。右将军王商、博士师丹、议郎翟方进等五十人以为……天地以王者为主,故圣王制祭天地之礼必于国郊。长安,圣主之居,皇天所观视也。甘泉、河东之祠非神灵所飨,宜徙就正阳大阴之处。违俗复古,循圣制,定天位,如礼便。于是衡、谭奏议曰:"……今议者五十八人,其五十人言当徙之义,皆著于经传,同于上世,便于吏民;八人不案经艺,考古制,而以为不宜,无法之议,难以定吉凶。《太誓》曰:'正稽古立功立事,可以永年,丕天之大律。'《诗》曰'毋曰高高在上,陟降厥士,日监在兹',言天之日监王者之处也。又曰'乃眷西顾,此维予宅',言天以文王之都为居也。宜于长安定南北郊,为万世基。"天子从之。既定,衡言:"甘泉泰畤紫坛,八觚宣通象八方。五帝坛周环其下,又有群神之坛。以《尚书》禋六宗、望山川、遍群神之义,紫坛有文章、采镂、黼黻之饰及玉、女乐,石坛、仙人祠,瘗鸾路、骍驹、寓龙马,不能得其象于古。臣闻郊柴飨帝之义,埽地而祭,上质也。歌大吕舞《云门》以俟天神,歌太蔟舞《咸池》以俟地祇,其牲用犊,其席槁秸,其器陶匏,皆因天地之性,贵诚上质,不敢修其文也。以为神祇功德至大,虽修精微而备庶物,犹不足以报功,唯至诚为可,故上质

---

① 班固:《汉书》卷八十一《匡张孔马传》,中华书局1962年版,第3344页。

不饰,以章天德。紫坛伪饰、女乐、鸾路、骍驹、龙马、石坛之属,宜皆勿修。"衡又言:"王者各以其礼制事天地,非因异世所立而继之。今雍鄜、密、上、下畤,本秦侯各以其意所立,非礼之所载术也。汉兴之初,仪制未及定,即且因秦故祠,复立北畤。今既稽古,建定天地之大礼,郊见上帝,青赤白黄黑五方之帝皆毕陈,各有位馔,祭祀备具。诸侯所妄造,王者不当长遵。及北畤,未定时所立,不宜复修。"天子皆从焉。及陈宝祠,由是皆罢。①

汉武帝好神仙,行淫祀,靡费良多,匡衡等五十人以古礼之制建议正南北郊,罢诸淫祀,而许嘉等八人认为应该承前朝旧制以反对,成帝从匡衡等议。郊祀之礼涉及祭祀天地,"帝王之事莫大乎承天之序,承天之序莫重于郊祀,故圣王尽心极虑以建其制",所以更是被儒生看重。成帝初即位,匡衡、张谭就提议"宜于长安定南北郊",以改变此前郊祀地点分散、路途遥远、花费巨大的情况。但是后来匡衡因事免官,儒臣中也有如刘向等认为不应毁庙,于是成帝大恨之,遂恢复郊礼如前,"又复长安、雍及郡国祀著明者且半"。此后争议不断,"三十余年间,天地之祀五徙焉"。②从《礼》学角度看待此事,可以得知,匡衡、张谭在主张郊祀改革的奏疏中言"今议者五十八人,其五十人言当徙之义,皆著于经传,同于上世",而武帝时倪宽回答武帝问封禅之礼时却说"享荐之义,不著于经"。从武帝时期的"不著于经"到成帝时期的"著于经传",就是后仓学派针对礼学不涉及天子礼的缺陷,融齐鲁之学,应时势要求而发展儒教的天子祭祀礼的结果。③

---

① 班固:《汉书》卷二十五《郊祀志》,中华书局 1962 年版,第 1253—1257 页。
② 曲利丽、李山:《论西汉元成之际儒生的政治作为》,《徐州师范大学学报(哲学社会科学版)》2010 年第 1 期。
③ 薛小林:《西汉后期郊祀礼的儒学化转向》,《兰州学刊》2011 年第 11 期。

匡衡奏罢诸淫祀

明年,上始祀南郊,赦奉郊之县及中都官耐罪囚徒。是岁衡、谭复条奏:"长安厨官县官给祠郡国候神方士使者所祠,凡六百八十三所,其二百八所应礼,及疑无明文,可奉祠如故。其余四百七十五所不应礼,或复重,请皆罢。"奏可。本雍旧祠二百三所,唯山川诸星十五所为应礼云。若诸布、诸严、诸逐,皆罢。杜主有五祠,置其一。又罢高祖所立梁、晋、秦、荆巫、九天、南山、莱中之属,及孝文渭阳、孝武薄忌泰一、三一、黄帝、冥羊、马行、泰一、皋山山君、武夷、夏后启母石、万里沙、八神、延年之属,及孝宣参山、蓬山、之罘、成山、莱山、四时、蚩尤、劳谷、五床、仙人、玉女、径路、黄帝、天神、原水之属,皆罢。候神方士使者副佐、本草待诏七十余人皆归家。[1]

石渠阁经学会议之后,儒家经典取得国家意识形态的地位,宣帝以帝王身份作为学术争议的裁判人,成为政治与学术两个领域的领袖,此时经学便具有了不言而喻的合法性、正当性与权威性。成帝时,匡衡、张谭以儒家的祭祀原理批评汉家的郊祀不合礼,对郊祀发动了一场改革运动。儒家讲的是天子父天母地,帝王要郊祀天地,但根据方士们的建议而建造的泰畤所祭之神却是太一,太一与楚地思想、道教信仰有关,与儒家的"天"并不相同。道家太一先天地生,为天地母,是天地之所自出。武帝时期郊祀之事由方士们主持,官方认可的祭祀的对象是"太一",虽然儒士们当时努力恢复"天"的最高权威地位,但这种努力仍停留在理论著述中,尚未有实际的政治影响。当儒家势力兴盛后,儒士们对于这种祭祀对象是方士和道家主张的"太一"而不是自己信仰的"天"很不满意,匡衡、张谭表面要求把甘泉泰畤迁移到长安南郊,可奏折说的是帝王要"承天之序",

---

[1]　班固:《汉书》卷二十五《郊祀志》,中华书局 1962 年版,第 1257—1258 页。

"祭天于南郊",于是一个迁徙完成了把祭祀的主神从"太一"转成"天"的暗度陈仓了。①

---

① 薛小林:《西汉后期郊祀礼的儒学化转向》,《兰州学刊》2011 年第 11 期。

杜钦谏成帝戒色

钦字子夏,少好经书,家富而目偏盲,故不好为吏。茂陵杜邺与钦同姓字,俱以材能称京师,故衣冠谓钦为"盲杜子夏"以相别。钦恶以疾见诋,乃为小冠,高广财二寸,由是京师更谓钦为"小冠杜子夏",而邺为"大冠杜子夏"云。……钦为人深博有谋。自上为太子时,以好色闻,及即位,皇太后诏采良家女。钦因是说大将军凤曰:"……今圣主富于春秋,未有适嗣,方乡术入学,未亲后妃之议。将军辅政,宜因始初之隆,建九女之制,详择有行义之家,求淑女之质,毋必有色声音技能,为万世大法。夫少,戒之在色,《小卞》之作,可为寒心。唯将军常以为忧。"凤白之太后,太后以为故事无有。钦复重言:"《诗》云'殷监不远,在夏后氏之世'。刺戒者至迫近,而省听者常怠忽,可不慎哉! 前言九女,略陈其祸福,甚可悼惧,窃恐将军不深留意。后妃之制,夭寿治乱存亡之端也。迹三代之季世,览宗、宣之飨国,察近属之符验,祸败曷常不由女德? 是以佩玉晏鸣,《关雎》叹之,知好色之伐性短年,离制度之生无厌,天下将蒙化,陵夷而成俗也。故咏淑女,几以配上,忠孝之笃,仁厚之作也。夫君亲寿尊,国家治安,诚臣子之至愿,所当勉之也。《易》曰:'正其本,万物理。'凡事论有疑未可立行者,求之往古则典刑无,考之来今则吉凶同,卒摇易之则民心惑,若是者诚难施也。今九女之制,合于往古,无害于今,不逆于民心,至易行也,行之至有福也,将军辅政而不蚤定,非天下之所望也。唯将军信臣子之愿,念《关雎》之思,逮委政之隆,及始初清明,为汉家建无穷之基,诚难以忽,不可以遴。"凤不能自立法度,循故事而已。会皇太后女弟司马君力与钦兄子私通,事上闻,钦惭惧,乞骸骨去。[1]

---

① 班固:《汉书》卷六十《杜周传》,中华书局1962年版,第2667—2670页。

汉成帝在即位前即有荒淫之行，即位后变本加厉，杜钦以礼法与养生之道劝谏之。他建议王凤"建九女之制，详择有行义之家，求淑女之质，毋必有色声音技能，为万世大法"。将孔子"夫少，戒之在色"的思想贯穿其中，这原本应是对汉成帝最大弱点的批评与指正，结果因为皇太后王政君和王凤觉得无"故事"可循而未果。

杜钦以灾异谏成帝慎后宫

后有日蚀、地震之变，诏举贤良方正能直言士，合阳侯梁放举钦。钦上对曰："陛下畏天命，悼变异，延见公卿，举直言之士，将以求天心，迹得失也。臣钦愚戆，经术浅薄，不足以奉大对。臣闻日蚀、地震，阳微阴盛也。臣者，君之阴也；子者，父之阴也；妻者，夫之阴也；夷狄者，中国之阴也。《春秋》日蚀三十六，地震五，或夷狄侵中国，或政权在臣下，或妇乘夫，或臣子背君父，事虽不同，其类一也。臣窃观人事以考变异，则本朝大臣无不自安之人，外戚亲属无乖剌之心，关东诸侯无强大之国，三垂蛮夷无逆理之节；殆为后宫。何以言之？日以戊申蚀，时加未。戊未，土也。土者，中官之部也。其夜地震未央宫殿中，此必适妾将有争宠相害而为患者，唯陛下深戒之。变感以类相应，人事失于下，变象见于上。能应之以德，则异咎消亡；不能应之以善，则祸败至。高宗遭雊雉之戒，饬己正事，享百年之寿，殷道复兴，要在所以应之。应之非诚不立，非信不行。宋景公，小国之诸侯耳，有不忍移祸之诚，出人君之言三，荧惑为之退舍。以陛下圣明，内推至诚，深思天变，何应而不感？何摇而不动？孔子曰：'仁远乎哉！'唯陛下正后妾，抑女宠，防奢泰，去佚游，躬节俭，亲万事，数御安车，由辇道，亲二宫之饔膳，致晨昏之定省。如此，即尧、舜不足与比隆，咎异何足消灭！……"[1]

建始三年，发生了日食的天象，又有地震发生，杜钦趁机借灾异劝谏汉成帝谨慎对待后宫之事，不可纵欲荒淫。关于汉成帝的纵情酒色，有论者认为"可能部分地是出于历史学家的偏见，因为《汉书》的作者是班家的成员"。意思是汉成帝之妃班婕妤与《汉书》作者有亲戚关系，而班氏恰好

---

[1] 班固：《汉书》卷六十《杜周传》，中华书局1962年版，第2671—2672页。

又因失宠结局不佳,故《汉书》记载成帝贪于淫乐之事略带偏颇。事实上,成帝即位后确实不仅因贪于玩乐常微服出行,且因沉湎女色而不能自拔。如为了得到赵氏姐妹欢心,他甚至不惜将其他宫妃所生孩子处死,致其身后无子可嗣,最终自己也一夜暴亡。这些事情都不应是《汉书》作者的随意添加或夸大记述。正因成帝贪于玩乐而无暇过问朝政,导致王凤等人大权独揽。①

---

① 李世忠:《略论汉成帝时期外戚擅政之因》,《史志学刊》2018 年第 6 期。

谷永对策

建始三年冬，日食、地震同日俱发，诏举方正直言极谏之士，太常阳城侯刘庆忌举永待诏公车。对曰："……窃闻明王即位，正五事，建大中，以承天心，则庶征序于下，日月理于上；如人君淫溺后宫，般乐游田，五事失于躬，大中之道不立，则咎征降而六极至。凡灾异之发，各象过失，以类告人。乃十二月朔戊申，日食婺女之分，地震萧墙之内，二者同日俱发，以丁宁陛下，厥咎不远，宜厚求诸身。意岂陛下志在闺门，未恤政事，不慎举错，娄失中与？内宠大盛，女不遵道，嫉妒专上，妨继嗣与？古之王者废五事之中，失夫妇之纪，妻妾得意，谒行于内，势行于外，至覆倾国家，或乱阴阳。昔褒姒用国，宗周以丧；阎妻骄扇，日以不臧。此其效也。经曰：'皇极，皇建其有极。'传曰：'皇之不极，是谓不建，时则有日月乱行。'……夫妻之际，王事纲纪，安危之机，圣王所致慎也。……未有闺门治而天下乱者也。治远自近始，习善在左右。……未有左右正而百官枉者也。治天下者尊贤考功则治，简贤违功则乱。诚审思治人之术，欢乐得贤之福，论材选士，必试于职，明度量以程能，考功实以定德，无用比周之虚誉，毋听浸润之谮诉，则抱功修职之吏无蔽伤之忧，比周邪伪之徒不得即工，小人日销，俊艾日隆。经曰：'三载考绩，三考黜陟幽明。'又曰：'九德咸事，俊艾在官。'未有功赏得于前众贤布于官而不治者也。尧遭洪水之灾，天下分绝为十二州，制远之道微而无乖畔之难者，德厚恩深，无怨于下也。秦居平土，一夫大呼而海内崩析者，刑罚深酷，吏行残贼也。夫违天害德，为上取怨于下，莫甚乎残贼之吏。诚放退残贼酷暴之吏锢废勿用，益选温良上德之士以亲万姓，平刑释冤以理民命，务省繇役，毋夺民时，薄收赋税，毋殚民财，使天下黎元咸安家乐业，不苦逾时之役，不患苛暴之政，不疾酷烈之吏，虽有唐尧之大灾，民无离上之心。

经曰:'怀保小人,惠于鳏寡。'未有德厚吏良而民畔者也。臣闻灾异,皇天所以谴告人君过失,犹严父之明诫。畏惧敬改,则祸销福降;忽然简易,则咎罚不除。经曰:'飨用五福,畏用六极。'传曰:'六沴作见,若不共御,六罚既侵,六极其下。'今三年之间,灾异锋起,小大毕具,所行不享上帝,上帝不豫,炳然甚著。不求之身,无所改正,疏举广谋,又不用其言,是循不享之迹,无谢过之实也,天责愈深。此五者,王事之纲纪。南面之急务,唯陛下留神。"对奏,天子异焉,特召见永。①

谷永以《尚书》说日食、地震之灾异,以王事纲纪五事,即正自身、治闺门、正左右、尊贤考功、以温良尚德之士为吏,劝谏成帝。

---

① 班固:《汉书》卷八十五《谷永杜邺传》,中华书局 1962 年版,第 3443—3444、3446—3450 页。

刘向言不当罢甘泉泰畤

明年，匡衡坐事免官爵。众庶多言不当变动祭祀者。又初罢甘泉泰畤作南郊日，大风坏甘泉竹宫，折拔畤中树木十围以上百余。天子异之，以问刘向。对曰："家人尚不欲绝种祠，况于国之神宝旧畤！且甘泉、汾阴及雍五畤始立，皆有神祇感应，然后营之，非苟而已也。武、宣之世，奉此三神，礼敬敕备，神光尤著。祖宗所立神祇旧位，诚未易动。及陈宝祠，自秦文公至今七百余岁矣，汉兴世世常来，光色赤黄，长四五丈，直祠而息，音声砰隐，野鸡皆雊。每见雍太祝祠以太牢，遣候者乘一乘传驰诣行在所，以为福祥。高祖时五来，文帝二十六来，武帝七十五来，宣帝二十五来，初元元年以来亦二十来，此阳气旧祠也。及汉宗庙之礼，不得擅议，皆祖宗之君与贤臣所共定。古今异制，经无明文，至尊至重，难以疑说正也。前始纳贡禹之议，后人相因，多所动摇。《易大传》曰：'诬神者殃及三世。'恐其咎不独止禹等。"上意恨之。[①]

丞相匡衡被罢免，其所奏罢诸淫祀亦遭非议，刘向上书言应恢复原有祭祀之礼制，以规避灾祸。成帝即位的第三年，匡衡坐事免官爵，本来反对改革的势力很大，此时更是沸腾，当初罢泰畤、甘泉的一场风灾被刘向等反对者拿来作为神灵愤怒的证据攻击新的变革，还用《易大传》中"诬神者殃及三世"的话来劝说成帝恢复旧制，此时成帝的无嗣最终瓦解了他的改革决心，于是汉家以皇太后诏令的形式恢复了甘泉泰畤、汾阴后土祠、雍五畤、陈宝祠及大部分被罢的旧祠。这说明，皇帝一方面作为天下的领袖、亿万百姓的父母，具有一种"公"的身份，其祭祀是为国家谋求福祉，儒生们改革了国家的郊祀制度，创造了新的天子观，就是这种"公"的性质的

---

① 班固：《汉书》卷二十五《郊祀志》，中华书局 1962 年版，第 1258—1259 页。

反映。但同时,皇帝亦是一个以天下自奉的专制者,是皇室的大宗,其"私"的方面亦在各种祭祀中明显表现出来。皇帝受各方势力的影响,经常摇摆在"公"与"私"之间,郊祀的改革多有曲折反复就是典型的表现。①

---

① 薛小林:《西汉后期郊祀礼的儒学化转向》,《兰州学刊》2011 年第 11 期。

平当上书言宜复太上皇寝庙园

　　平当字子思，祖父以訾百万，自下邑徙平陵。当少为大行治礼丞，功次补大鸿胪文学，察廉为顺阳长、栒邑令，以明经为博士，公卿荐当论议通明，给事中。每有灾异，当辄傅经术，言得失。文雅虽不能及萧望之、匡衡，然指意略同。自元帝时，韦玄成为丞相，奏罢太上皇寝庙园，当上书言："臣闻孔子曰：'如有王者，必世而后仁。'三十年之间，道德和洽，制礼兴乐，灾害不生，祸乱不作。今圣汉受命而王，继体承业二百余年，孜孜不息，政令清矣。然风俗未和，阴阳未调，灾害数见，意者大本有不立与？何德化休征不应之久也！祸福不虚，必有因而至者焉。宜深迹其道而务修其本。昔者帝尧南面而治，先'克明俊德，以亲九族'，而化及万国。《孝经》曰：'天地之性人为贵，人之行莫大于孝，孝莫大于严父，严父莫大于配天，则周公其人也。'夫孝子善述人之志，周公既成文、武之业而制作礼乐，修严父配天之事，知文王不欲以子临父，故推而序之，上极于后稷而以配天。此圣人之德，亡以加于孝也。高皇帝圣德受命，有天下，尊太上皇，犹周文、武之追王太王、王季也。此汉之始祖，后嗣所宜尊奉以广盛德，孝之至也。《书》云：'正稽古建功立事，可以永年，传于亡穷。'"上纳其言，下诏复太上皇寝庙园。[1]

　　秋九月，复太上皇寝庙园。[2]

平当上书汉成帝，以孝道论应复太上皇寝庙园。平当运用了《论语》和《孝经》对汉成帝讲述恢复太上皇寝庙园对稳固政权的"必要性"。平当是西汉后期的丞相之一，这里微妙之处在于"圣人之德，亡以加于孝也"，

①　班固：《汉书》卷七十一《隽疏于薛平彭传》，中华书局 1962 年版，第 3048－3049 页。
②　班固：《汉书》卷九《元帝纪》，中华书局 1962 年版，第 309 页。

原本是体现周公以"孝"构建国家秩序的总结与凝练,却被平当用来当作恢复庙园的"合法性外衣"。《孝经》中注重社稷与宗庙祭祀,但"天子章""圣治章"等许多章节中体现的民本思想在平当这里没有丝毫体现。西汉延续至成帝河平元年,已是灾异现象频发、百姓生活困难、朝中外戚专权、皇帝骄奢淫逸的时代,而朝中的"平当"们却以"孝道"上书成帝修庙园,此等舍本逐末,也是西汉晚期儒学的最大弊端。

平当等论河间献王之《乐记》

　　至成帝时，谒者常山王禹世受河间乐，能说其义，其弟子宋晔等上书言之，下大夫博士平当等考试。当以为："汉承秦灭道之后，赖先帝圣德，博受兼听，修废官，立大学，河间献王聘求幽隐，修兴雅乐以助化。时大儒公孙弘、董仲舒等皆以为音中正雅，立之大乐。春秋乡射，作于学官，希阔不讲。故自公卿大夫观听者，但闻铿鎗，不晓其意，而欲以风谕众庶，其道无由。是以行之百有余年，德化至今未成。今晔等守习孤学，大指归于兴助教化。衰微之学，兴废在人。宜领属雅乐，以继绝表微。孔子曰：'人能弘道，非道弘人。'河间区区，小国藩臣，以好学修古，能有所存，民到于今称之，况于圣主广被之资，修起旧文，放郑近雅，述而不作，信而好古，于以风示海内，扬名后世，诚非小功小美也。"事下公卿，以为久远难分明，当议复寝。①

　　武帝时，河间献王好儒，与毛生等共采《周官》及诸子言乐事者，以作《乐记》，献八佾之舞，与制氏不相远。其内史丞王定传之，以授常山王禹。禹，成帝时为谒者，数言其义，献二十四卷记。刘向校书，得《乐记》二十三篇。与禹不同，其道浸以益微。②

　　郑杰文、李梅所著《中国学术思想编年·秦汉卷》载此事于河平二年，今从之。

　　河间献王刘德召儒者作成《乐记》，成帝就《乐记》的政治作用使博士议，平当认为《乐记》可以兴雅乐，助教化。而众公卿认为《乐记》中的内容久远难明，其事于是作罢。由此反映出古今文经学的斗争。但张小苹认为，平当对河间献王献雅乐，公孙弘、董仲舒"立之大乐"之事描述颇为详

---

①　班固：《汉书》卷二十二《礼乐志》，中华书局1962年版，第1071－1072页。
②　班固：《汉书》卷三十《艺文志》，中华书局1962年版，第1712页。

细,但也没有说献王曾有献《乐记》事。从《汉书》的多次记载不难推知,河间献王只献过雅乐,而没有献过《乐记》。河间献王《乐记》乃汉人《乐记》,刘向校书所得《乐记》则为古文《乐记》,献王《乐记》与刘向所得《乐记》不同。王昭禹所谓"《记》有《乐记》,乐之传也,非经也。《乐记》作于汉武帝时,河间献王与诸儒共采《周官》及诸子言乐事者是也"及其他《礼记·乐记》乃河间献王所作说均不能成立。①

---

① 张小苹:《〈礼记·乐记〉非作于西汉考》,《四川师范大学学报(社会科学版)》2010 年第 4 期。

成帝诏求遗书于天下

  谒者陈农使，使求遗书于天下。［师古曰："言令陈农为使，而（吏反下使）使之求遗书也。"］①

  昔仲尼没而微言绝，七十子丧而大义乖。故《春秋》分为五，《诗》分为四，《易》有数家之传。战国从衡，真伪分争，诸子之言纷然淆乱。至秦患之，乃燔灭文章，以愚黔首。汉兴，改秦之败，大收篇籍，广开献书之路。迄孝武世，书缺简脱，礼坏乐崩，圣上喟然而称曰："朕甚闵焉！"于是建藏书之策，置写书之官，下及诸子传说，皆充秘府。至成帝时，以书颇散亡，使谒者陈农求遗书于天下。②

汉成帝喜好经学，收藏图书，故诏陈农等巡行天下，搜求遗书，由此开始了中国历史上第一次大规模的古籍整理。

---

① 班固:《汉书》卷十《成帝纪》，中华书局 1962 年版，第 310 页。
② 班固:《汉书》卷三十《艺文志》，中华书局 1962 年版，第 1701 页。

刘向等校中秘书

光禄大夫刘向校中秘书。①

（成帝）诏光禄大夫刘向校经传诸子诗赋，步兵校尉任宏校兵书，太史令尹咸校数术，侍医李柱国校方技。每一书已，向辄条其篇目，撮其指意，录而奏之。会向卒，哀帝复使向子侍中奉车都尉歆卒父业。歆于是总群书而奏其《七略》，故有《辑略》，有《六艺略》，有《诸子略》，有《诗赋略》，有《兵书略》，有《术数略》，有《方技略》。今删其要，以备篇籍。②

河平中，受诏与父向领校秘书，讲六艺传记，诸子、诗赋、数术、方技，无所不究。……孝成皇帝闵学残文缺，稍离其真，乃陈发秘藏，校理旧文，得此三事，以考学官所传，经或脱简，传或间编。传问民间，则有鲁国〔桓〕公、赵国贯公、胶东庸生之遗学与此同，抑而未施。此乃有识者之所惜闵，士君子之所嗟痛也。③

成帝河平三年八月至哀帝建平元年（公元前 6 年）开展的由刘向、刘歆父子领衔的文献整理活动，因涉及中国早期文本的定型问题，成为学界的讨论话题之一。刘向等汉代人通过校书对先秦典籍作了全面改造，但其改造没有脱离先秦典籍的基础。出土文献与传世文本存在差异，原因在于传世的早期文献都经过了刘向等学者的评估、整理与改写。而经过刘向校书，那些原本开放性的文本被校雠写定为闭合性文本，那些以"类"

---

① 班固：《汉书》卷十《成帝纪》，中华书局 1962 年版，第 310 页。
② 班固：《汉书》卷三十《艺文志》，中华书局 1962 年版，第 1701 页。
③ 班固：《汉书》卷三十六《楚元王传》，中华书局 1962 年版，第 1967、1969－1970 页。

的形式存在的流动的篇章变成了一部部固定形态的古书。以刘向父子为代表的汉代人的文献整理活动确保了文化古籍的代代相传。①

---

① 龙文玲：《刘向刘歆文献整理意义的争论与反思》，《首都师范大学学报（社会科学版）》2019年第 1 期。

刘向《别录》

　　昔刘向校书,辄为一录,论其指归,辨其论谬,随竟奏上,皆载在本书。时又别集众录,谓之《别录》;即今之《别录》是也。①

　　刘向是我国目录学鼻祖,所写序录价值很高。《别录》一书已佚,今有洪颐煊辑《刘向别录》一卷,顾观光辑《刘向别录》一卷,马国翰辑《七略别录》一卷,严可均辑、陶濬宣补辑《刘向别录》一卷,王仁俊辑《七略别录》一卷、《别录补遗》一卷,姚振宗辑《七略别录》佚文一卷。

　　有学者认为,《隋书·音乐志》引沈约"向《别录》……《龙氏雅琴》百六篇"云云,其中的"向《别录》"可以理解为沈约据刘向《别录》引文。然"向《别录》"实为沈约以《汉志》而代《别录》,也就是在引用《别录》时以《汉志》而代替。古人引《别录》而以《汉志》代替并非孤立的个案,弄清这点对理解古人对于《别录》、《七略》及《汉志》三者之间的关系的看法,《别录》与《七略》的亡佚情况及其原因等均具有重要的意义。②

　　刘向、刘歆的古籍整理不论在内容上还是在数量上,几乎囊括了当时传世的文献,在校勘上达到了前所未有的水平。每书校勘完毕,都要"辨章学术,考镜源流",撰写提要,这些提要不仅同缮写后的定本一并呈送皇帝御览,还汇编成册,这就是最早的图书提要目录《别录》。清代卓有成就的目录学家姚振宗认为,《别录》亡于唐末五代之乱。《别录》提要内容主要有:定本篇目,校订编次情况,作者生平,著述主要内容,学术思想渊源及评价等。几百字不等,提要对书名、篇名、作者、目次等作了记录,创制了简策制度时期符合基本属性的书籍。刘歆修订《别录》,创造性地完成

---

①　阮孝绪:《七录·序》,释道宣:《广弘明集·卷三》,四部丛刊本。
②　孙振田:《〈隋书·音乐志〉引沈约"向〈别录〉"考辨——兼论引〈别录〉而以〈汉志〉代〉,《图书馆杂志》2017 年第 2 期。

了历史上第一部有科学分类体系的图书分类目录《七略》,它既是一部西汉时期的政府藏书总目,也是西汉之前有文献或文献线索为依据的学术史。《七略》打破《诗》《书》《礼》《乐》《易》《春秋》的传统排序,在《六艺略》中根据内容的时代先后确定《易》《书》《诗》《礼》《乐》《春秋》的排序,《七略》对六经的排序被沿用至今,足见对后世影响之深远。[①] 刘向的《别录》和刘歆的《七略》共同建立了一套全书有"总序"、大类有"大序"、小类有"小序"、每书有"提要"的叙列天下百家之学、剖析学术源流的庞大系统,从而确立了一套以儒家经典文本和文本阐释的经学为中心包罗百家的学术体系,成为中国古代目录学著作的典范。[②]

---

① 梁振祥:《刘向、刘歆的古籍整理和〈别录〉、〈七略〉》,《语文学刊》2014 年第 7 期。
② 刘向、刘歆撰,姚振宗辑录,邓骏捷校补:《七略别录佚文·七略佚文》,上海古籍出版社 2008 年,前言第 3 页。

刘向著《洪范五行传论》

是时帝元舅阳平侯王凤为大将军秉政,倚太后,专国权,兄弟七人皆封为列侯。时数有大异,向以为外戚贵盛,凤兄弟用事之咎。而上方精于《诗》《书》,观古文,诏向领校中《五经》秘书。向见《尚书·洪范》,箕子为武王陈五行阴阳休咎之应。向乃集合上古以来历春秋、六国至秦、汉符瑞灾异之记,推迹行事,连传祸福,著其占验,比类相从,各有条目,凡十一篇,号曰《洪范五行传论》,奏之。天子心知向忠精,故为凤兄弟起此论也,然终不能夺王氏权。①

汉兴,承秦灭学之后,景、武之世,董仲舒治《公羊春秋》,始推阴阳,为儒者宗。宣、元之后,刘向治《穀梁春秋》,数其祸福,传以《洪范》,与仲舒错。至向子歆治《左氏传》,其《春秋》意亦已乖矣;言《五行传》,又颇不同。②

《汉书·艺文志·六艺略·书》著录刘向《五行传记》十一卷,王应麟《汉艺文志考证》:"本传云:《洪范五行传论》。"《隋书·经籍志一》载《尚书洪范五行传论》十一卷。今有王谟辑《洪范五行传》一卷(见《汉魏遗书钞·经翼》第一册)、黄奭辑《刘向洪范五行传》一卷(见《黄氏逸书考·子史钩沉》)、陈寿祺辑《洪范五行传》三卷(见《左海全集》)。

春秋末期以来,五行与阴阳理论逐渐出现了兼容汇通的趋势,这一点在阴阳、五行、时月令、星占、日书等文献中都有所体现,最终呈现为《吕氏春秋·十二纪》《礼记·月令》等文献中所见的以阴阳为内核,以五行为框架的经典叙述模式。而将《洪范五行传》置于战国秦汉以来五行、时月令文献背景中进行考察,可以看出其在大量利用时月令文献所见戒忌、灾应

---

① 班固:《汉书》卷三十六《楚元王传》,中华书局 1962 年版,第 1949—1950 页。
② 班固:《汉书》卷二十七上《五行志》,中华书局 1962 年版,第 1317 页。

的基础上,在五行宜忌的具体设定与叙述方式上均有自己的特点,究其根本则在于力求避免时月令文献归本阴阳、依时刑德的传统观念,建立起以儒家政教观念为基础,且适应汉帝国政治结构的新型灾应体系。①

---

① 程苏东:《〈洪范五行传〉灾异思想析论——以战国秦汉五行及时月令文献为背景》,《苏州大学学报(哲学社会科学版)》2018 年第 6 期。

张霸上百两篇《尚书》

世所传《百两篇》者，出东莱张霸，分析合二十九篇以为数十，又采《左氏传》《书叙》为作首尾，凡百二篇。篇或数简，文意浅陋。成帝时求其古文者，霸以能为《百两》征，以中书校之，非是。霸辞受父，父有弟子尉氏、樊并。时太中大夫平当、侍御史周敞劝上存之。[①]

孝武皇帝封弟为鲁恭王。恭王坏孔子宅以为官，得佚《尚书》百篇……孝成皇帝读百篇《尚书》，博士郎吏莫能晓知，征天下能为《尚书》者。东海张霸通《左氏春秋》，案百篇序，以《左氏》训诂，造作百二篇，具成奏上。成帝出秘《尚书》以考校之，无一字相应者。成帝下霸于吏，吏当器辜大不谨敬。成帝奇霸之才，赦其辜，亦不灭其经，故百二《尚书》传在民间。[②]

郑杰文、李梅所著《中国学术思想编年·秦汉卷》载此事于河平四年，今从之。

汉代伪书产生于当时特定的历史社会背景：见证前朝兴亡的汉人，以史为鉴，毅然选择了有利于经济、文化发展的政策和制度；官方和民间多次大规模地搜访征集天下古书；古代经籍开始明显地呈现出较强的商品性；儒家经学处于一尊的地位；先后新发现一批古文经书，由此引发了一场颇为激烈的今、古文经学之争。西汉末期以后，谶纬之学泛滥成灾，汉代文人作伪动机各不相同。有些人是为了得到皇帝的宠用。两汉历代皇帝都十分重视图书的征集，有的皇帝为了从古代文献里找到治国的灵丹妙药，费尽心思研读经书。在此过程中，总有不时之需。一些人为了投皇帝之所好，争取宠幸和器重，不择手段，该造假时就造假，最为典型的一次

---

① 班固：《汉书》卷八十八《儒林传》，中华书局 1962 年版，第 3607 页。
② 黄晖：《论衡校释》（第三册），中华书局 1990 年版，第 860－862 页。

要算张霸伪造一百零二篇《尚书》献给汉成帝了。汉成帝河平三年,刘向奉诏校中秘书,张霸献百两篇古文《尚书》正当其时,"以中书校之"当刘向所为,"非是"即刘向的结论。刘向采用的辨伪方法就是真伪本的文字互校,这种方法最为简洁、最为有效,也最有说服力。[①]

---

① 孙新梅:《汉代辨伪史略》,《兰台世界》2016 年第 13 期。

翟方进为京兆尹

　　是时起昌陵，营作陵邑，贵戚近臣子弟宾客多辜榷为奸利者，方进部掾史覆案，发大奸赃数千万。上以为任公卿，欲试以治民，徙方进为京兆尹，搏击豪强，京师畏之。时，胡常为青州刺史，闻之，与方进书曰："窃闻政令甚明，为京兆能，则恐有所不宜。"方进心知所谓，其后少弛威严。①

翟方进为京兆尹，严厉整治借修寝陵而从中舞弊敛财的权贵们。②

---

①　班固：《汉书》卷八十四《翟方进传》，中华书局 1962 年版，第 3416 页。
②　崔建华：《命丧天变的大汉丞相翟方进》，《文史天地》2012 年第 1 期。

胡常与翟方进同讲经

　　是时，宿儒有清河胡常，与方进同经。常为先进，名誉出方进下，心害其能，论议不右方进。方进知之，候伺常大都授时，遣门下诸生至常所问大义疑难，因记其说。如是者久之，常知方进之宗让己，内不自得，其后居士大夫之间未尝不称述方进，遂相亲友。①

　　孔氏有古文《尚书》，孔安国以今文字读之，因以起其家逸《书》，得十余篇，盖《尚书》兹多于是矣。遭巫蛊，未立于学官。安国为谏大夫，授都尉朝，而司马迁亦从安国问故。迁书载《尧典》《禹贡》《洪范》《微子》《金縢》诸篇，多古文说。都尉朝授胶东庸生。庸生授清河胡常少子，以明《穀梁春秋》为博士、部刺史，又传《左氏》。常授虢徐敖。敖为右扶风掾，又传《毛诗》……②

　　始，江博士授胡常，常授梁萧秉君房，王莽时为讲学大夫。由是《穀梁春秋》有尹、胡、申章、房氏之学。汉兴，北平侯张苍及梁太傅贾谊、京兆尹张敞、太中大夫刘公子皆修《春秋左氏传》。谊为《左氏传》训故，授赵人贯公，为河间献王博士，子长卿为荡阴令，授清河张禹长子。禹与萧望之同时为御史，数为望之言《左氏》，望之善之，上书数以称说。后望之为太子太傅，荐禹于宣帝，征禹待诏，未及问，会疾死。授尹更始，更始传子咸及翟方进、胡常。常授黎阳贾护季君，哀帝时待诏为郎，授苍梧陈钦子佚，以《左氏》授王莽，至将军。而刘歆从尹咸及翟方进受。由是言《左氏》者本之贾护、刘歆。③

　　郑杰文、李梅所著《中国学术思想编年·秦汉卷》载此事于鸿嘉三年，

①　班固：《汉书》卷八十四《翟方进传》，中华书局1962年版，第3411—3412页。
②　班固：《汉书》卷八十八《儒林传》，中华书局1962年版，第3607页。
③　班固：《汉书》卷八十八《儒林传》，中华书局1962年版，第3619—3620页。

今从之。

　　胡常与翟方进同讲《春秋》，而胡常的声誉比不过翟方进，故胡常因嫉妒而诋毁翟方进。翟方进以德报怨，遣弟子问学于胡常，于是前嫌尽释。

刘向上疏谏起延陵

　　久之，营起昌陵，数年不成，复还归延陵，制度泰奢。向上疏谏曰："臣闻《易》曰：'安不忘危，存不忘亡，是以身安而国家可保也。'故贤圣之君，博观终始，穷极事情，而是非分明。王者必通三统，明天命所授者博，非独一姓也。……昔高皇帝既灭秦，将都雒阳，感寤刘敬之言，自以德不及周，而贤于秦，遂徙都关中，依周之德，因秦之阻。世之长短，以德为效，故常战栗，不敢讳亡。孔子所谓'富贵无常'，盖谓此也。孝文皇帝居霸陵……张释之进曰：'使其中有可欲，虽锢南山犹有隙；使其中无可欲，虽无石椁，又何戚焉？'夫死者无终极，而国家有废兴，故释之之言，为无穷计也。孝文寤焉，遂薄葬，不起山坟。《易》曰：'古之葬者，厚衣之以薪，臧之中野，不封不树。后世圣人易之以棺椁。'……是故德弥厚者葬弥薄，知愈深者葬愈微。无德寡知，其葬愈厚，丘陇弥高，宫庙甚丽，发掘必速。由是观之，明暗之效，葬之吉凶，昭然可见矣。周德既衰而奢侈，宣王贤而中兴，更为俭宫室，小寝庙。诗人美之，《斯干》之诗是也，上章道宫室之如制，下章言子孙之众多也。及鲁严公刻饰宗庙，多筑台囿，后嗣再绝，《春秋》刺焉。周宣如彼而昌，鲁、秦如此而绝，是则奢俭之得失也。陛下即位，躬亲节俭，始营初陵，其制约小，天下莫不称贤明。及徙昌陵，增埤为高，积土为山，发民坟墓，积以万数，营起邑居，期日迫卒，功费大万百余。死者恨于下，生者愁于上，怨气感动阴阳，因之以饥馑，物故流离以十万数，臣甚愍焉。以死者为有知，发人之墓，其害多矣；若其无知，又安用大？谋之贤知则不说，以示众庶则苦之；若苟以说愚夫淫侈之人，又何为哉！陛下慈仁笃美甚厚，聪明疏达盖世，宜弘汉家之德，崇刘氏之美，光昭五帝、三王，而顾与暴秦乱君竞为奢侈，比方丘陇，说愚夫之目，隆一时之观，违贤知之心，亡万世之安，臣窃为陛下羞之。

唯陛下上览明圣黄帝、尧、舜、禹、汤、文、武、周公、仲尼之制,下观贤知穆公、延陵、樗里、张释之之意。孝文皇帝去坟薄葬,以俭安神,可以为则;秦昭、始皇增山厚臧,以侈生害,足以为戒。初陵之橅,宜从公卿大臣之议,以息众庶。"书奏,上甚感向言,而不能从其计。①

汉成帝修建陵墓,消耗了大量钱财。刘向旁征博引,据经以谏,但是汉成帝并未采纳刘向的进言。

---

① 班固:《汉书》卷三十六《楚元王传》,中华书局 1962 年版,第 1950—1952、1955—1957 页。

刘向上《列女传》《新序》《说苑》

> 向睹俗弥奢淫，而赵、卫之属起微贱，逾礼制。向以为王教由内及外，自近者始。故采取《诗》《书》所载贤妃贞妇，兴国显家可法则，及孽嬖乱亡者，序次为《列女传》，凡八篇，以戒天子。及采传记行事，著《新序》《说苑》凡五十篇奏之。数上疏言得失，陈法戒。书数十上，以助观览，补遗阙。上虽不能尽用，然内嘉其言，常嗟叹之。[①]

《列女传》《新序》《说苑》都是刘向为训诫成帝正后宫、兴教化而杂采前代典籍故事而辑成的。《列女传》今存七卷，是我国最早的一部传记体女子专史，收西汉前知名女子故事百余篇，具有较高的史料价值和文学价值。

学术界对《列女传》的研究特点体现在范围广泛。从思想史角度，刘洁认为，西汉刘向所辑《列女传》中记录的齐国女性共有二十七位，占全书的四分之一。她们的言行事迹和精神风貌充分反映了齐文化的特点，是我们研究齐文化不可多得的史料，同时也可以作为认识先秦社会的一个切入点。当时人们的贞节观念还比较淡薄，但同时妇女的"德行"被放到很重要的位置，自商周时代就有的"女祸论"思想呈愈演愈烈之势，逐渐形成一种论述完备的"美女误国与丑女兴邦"的二重理论。[②] 从目录学角度，袁启桢认为，传文的体式有了新的创造，创造了按不同的主题分类记述故事的整体叙事结构，具有重要的目录学意义。同时独立单行的纪传体例不仅将列传从人物传记类文体中区分开来，对杂传文体体式的固定

---

① 班固：《汉书》卷三十六《楚元王传》，中华书局 1962 年版，第 1957—1958 页。
② 刘洁：《〈列女传〉中的齐国女性》，《管子学刊》2019 年第 1 期。

也有开创之功。除此之外,《列女传》这种"列传"体例也蕴含了内在的目录学精神和意识。①

————————

① 袁启桢:《论〈列女传〉对传文体式(例)的新创造及目录学意义》,《唐山师范学院学报》2019年第 1 期。

谷永说成帝禁祭祀方术事

　　成帝末年颇好鬼神，亦以无继嗣故，多上书言祭祀方术者，皆得待诏，祠祭上林苑中长安城旁，费用甚多，然无大贵盛者。谷永说上曰："臣闻明于天地之性，不可或以神怪；知万物之情，不可罔以非类。诸背仁义之正道，不遵《五经》之法言，而盛称奇怪鬼神，广崇祭祀之方，求报无福之祠，及言世有仙人，服食不终之药，遥兴轻举，登遐倒景，览观县圃，浮游蓬莱，耕耘五德，朝种暮获，与山石无极，黄冶变化，坚冰淖溺，化色五仓之术者，皆奸人惑众，挟左道，怀诈伪，以欺罔世主。听其言，洋洋满耳，若将可遇；求之，荡荡如系风捕景，终不可得。是以明王距而不听，圣人绝而不语。昔周史苌弘欲以鬼神之术辅尊灵王会朝诸侯，而周室愈微，诸侯愈叛。楚怀王隆祭祀，事鬼神，欲以获福助，却秦师，而兵挫地削，身辱国危。秦始皇初并天下，甘心于神仙之道，遣徐福、韩终之属多赍童男童女入海求神、采药，因逃不还，天下怨恨。汉兴，新垣平、齐人少翁、公孙卿、栾大等，皆以仙人黄冶祭祠事鬼使物入海求神采药贵幸，赏赐累千金。大尤尊盛，至妻公主，爵位重累，震动海内。元鼎、元封之际，燕、齐之间方士瞋目扼掔，言有神仙祭祀致福之术者以万数。其后，平等皆以术穷诈得，诛夷伏辜。至初元中，有天渊玉女、巨鹿神人、轑阳侯师张宗之奸，纷纷复起。夫周、秦之末，三五之隆，已尝专意散财，厚爵禄，竦精神，举天下以求之矣。旷日经年，靡有毫厘之验，足以揆今。经曰：'享多仪，仪不及物，惟曰不享。'《论语》说曰：'子不语怪神。'唯陛下距绝此类，毋令奸人有以窥朝者。"上善其言。[1]

汉成帝没有继嗣，想借助方术而得子，方士因此使用多种方术，靡费

---

① 班固：《汉书》卷二十五《郊祀志》，中华书局 1962 年版，第 1260—1261 页。

钱财,谷永因而上书劝谏。从中可以看出西汉末年方士之方术的繁杂,它们逐渐演变为之后道教的道术。

星孛东井，谷永言灾异

秋七月，有星孛于东井。诏曰："乃者，日蚀星陨，谪见于天，大异重仍。在位默然，罕有忠言。今孛星见于东井，朕甚惧焉。公卿大夫、博士、议郎其各悉心，惟思变意，明以经术，无有所讳。与内郡国举方正能直言极谏者各一人，北边二十二郡举勇猛知兵法者各一人。"①

元延元年，为北地太守。时灾异尤数，永当之官，上使卫尉淳于长受永所欲言。永对曰："……臣闻天生蒸民，不能相治，为立王者以统理之，方制海内非为天子，列土封疆非为诸侯，皆以为民也。垂三统，列三正，去无道，开有德，不私一姓，明天下乃天下之天下，非一人之天下也。王者躬行道德，承顺天地，博爱仁恕，恩及行苇，籍税取民不过常法，宫室车服不逾制度，事节财足，黎庶和睦，则卦气理效，五征时序，百姓寿考，庶草蕃滋，符瑞并降，以昭保右。失道妄行，逆天暴物，穷奢极欲，湛湎荒淫，妇言是从，诛逐仁贤，离逖骨肉，群小用事，峻刑重赋，百姓愁怨，则卦气悖乱，咎征著邮，上天震怒，灾异娄降，日月薄食，五星失行，山崩川溃，水泉踊出，妖孽并见，茀星耀光，饥馑荐臻，百姓短折，万物夭伤。终不改寤，恶洽变备，不复谴告，更命有德。……陛下承八世之功业，当阳数之标季，涉三七之节纪，遭《无妄》之卦运，直百六之灾厄。三难异科，杂焉同会。建始元年以来二十载间，群灾大异，交错锋起，多于《春秋》所书。八世著记，久不塞除，重以今年正月己亥朔日有食之，三朝之会，四月丁酉四方众星白昼流陨，七月辛未彗星横天。乘三难之际会，畜众多之灾异，因之以饥馑，接之以不赡。彗星，极异也，土精所生，流陨之应出于饥变之

---

① 班固：《汉书》卷十《成帝纪》，中华书局 1962 年版，第 326 页。

后,兵乱作矣,厥期不久,隆德积善,惧不克济。内则为深宫后庭将有骄臣悍妾醉酒狂悖卒起之败,北宫苑囿街巷之中臣妾之家幽闲之处征舒、崔杼之乱;外则为诸夏下土将有樊并、苏令、陈胜、项梁奋臂之祸。内乱朝暮,日戒诸夏,举兵以火角为期。安危之分界,宗庙之至忧,臣永所以破胆寒心,豫言之累年。下有其萌,然后变见于上,可不致慎!……诸夏举兵,萌在民饥馑而吏不恤,兴于百姓困而赋敛重,发于下怨离而上不知。……王者遭衰难之世,有饥馑之灾,不损用而大自润,故凶;百姓困贫无以共求,愁悲怨恨,故水;城关守国之固,固将去焉,故牡飞。往年郡国二十一伤于水灾,禾黍不入。今年蚕麦咸恶。百川沸腾,江河溢决,大水泛滥郡国十五有余。比年丧稼,时过无宿麦。百姓失业流散,群辈守关。大异较炳如彼,水灾浩浩,黎庶穷困如此,宜损常税小自润之时,而有司奏请加赋,甚缪经义,逆于民心,布怨趋祸之道也。……臣愿陛下勿许加赋之奏,益减大官、导官、中御府、均官、掌畜、廪牺用度,止尚方、织室、京师郡国工服官发输造作,以助大司农。……"对奏,天子甚感其言。[1]

谷永多次以灾异向汉成帝进言劝谏,此次借星孛东井,再次上书劝谏成帝要博爱民众,广施恩泽,节俭去奢,任用忠臣贤臣,远离小人佞臣。

西汉晚期出现了很严重的天灾人祸、统治危机和末世观念,仅仅靠阴阳家、方士所鼓吹的再受命闹剧和眭弘、路温舒、谷永、鲍宣等韩赵儒生的救世主张根本不能挽救风雨飘摇的王朝,朝内有外戚、佞臣把持朝政,朝外农民暴动此起彼伏,加之人民的信仰危机不断加深,这些都加速了西汉王朝的灭亡。[2]

---

[1] 班固:《汉书》卷八十五《谷永杜邺传》,中华书局 1962 年版,第 3465—3472 页。

[2] 王奕鹏:《天命与正统:两汉之际的谶纬与再受命研究》,硕士学位论文,华中师范大学,2017年,第 43 页。

刘向以山崩说灾异

　　元延三年正月丙寅,蜀郡岷山崩,雍江,江水逆流,三日乃通。刘向以为周时岐山崩,三川竭,而幽王亡。岐山者,周所兴也。汉家本起于蜀汉,今所起之地山崩川竭,星孛又及摄提、大角,从参至辰,殆必亡矣。[①]

　　向为人简易无威仪,廉靖乐道,不交接世俗,专积思于经术,昼诵书传,夜观星宿,或不寐达旦。元延中,星孛东井,蜀郡岷山崩雍江。向恶此异,语在《五行志》。怀不能已,复上奏,其辞曰:"……谨案春秋二百四十二年,日蚀三十六,襄公尤数,率三岁五月有奇而一食。汉兴讫竟宁,孝景帝尤数,率三岁一月而一食。臣向前数言日当食,今连三年比食。自建始以来,二十岁间而八食,率二岁六月而一发,古今罕有。异有小大希稠,占有舒疾缓急,而圣人所以断疑也。《易》曰:'观乎天文,以察时变。'昔孔子对鲁哀公,并言夏桀、殷纣暴虐天下,故历失则摄提失方,孟陬无纪,此皆易姓之变也。秦始皇之末至二世时,日月薄食,山陵沦亡,辰星出于四孟,太白经天而行,无云而雷,枉矢夜光,荧惑袭月,孽火烧宫,野禽戏廷,都门内崩,长人见临洮,石陨于东郡,星孛大角,大角以亡。观孔子之言,考暴秦之异,天命信可畏也。及项籍之败,亦孛大角。汉之入秦,五星聚于东井,得天下之象也。孝惠时,有雨血,日食于冲,灭光星见之异。孝昭时,有泰山卧石自立,上林僵柳复起,大星如月西行,众星随之,此为特异。孝宣兴起之表,天狗夹汉而西,久阴不雨者二十余日,昌邑不终之异也。皆著于《汉纪》。观秦、汉之易世,览惠、昭之无后,察昌邑之不终,视孝宣之绍起,天之去就,岂不昭昭然哉!高宗、成王亦有雉雊拔

---

① 班固:《汉书》卷二十七下之上《五行志》,中华书局 1962 年版,第 1457 页。

木之变,能思其故,故高宗有百年之福,成王有复风之报。神明之应,应若景响,世所同闻也。……今日食尤屡,星孛东井,摄提炎及紫宫,有识长老莫不震动,此变之大者也。其事难一二记,故《易》曰'书不尽言,言不尽意',是以设卦指爻,而复说义。《书》曰'俾来以图',天文难以相晓,臣虽图上,犹须口说,然后可知,愿赐清燕之闲,指图陈状。"上辄入之,然终不能用也。①

刘向数次以灾异劝谏成帝远离外戚,今又借岷山山崩劝谏汉成帝除外戚,用同姓,以免被外氏篡权,但最后并未得到汉成帝的重视。汉末儒臣在将"天"道德化而解说灾异的同时,也用阴阳说来论述灾异。其论述遵循相同的逻辑:人世间的活动影响到宇宙中阴阳力量的协调,因而引起灾害或者怪异现象的出现。应对灾异在于找出导致阴阳失调的人或事并对其进行纠正。在这种灾异理论指导下,对灾异的探究也完全着眼于对世俗政治的检讨。这些简单的灾异理论让官员在解说灾异时,拥有很大的自由发挥的空间,几乎可以随意地将各种灾异联系于其敌对的团体以及不赞成的政策。这直接引发了对同一灾异的不同甚至相反的解释。由于灾异说仅仅要求一个简单的应对关系,敌对的利益集团互相指责对方引起灾异时,并不用考虑如何提供严格的理论论述。灾异说的这种灵活性在让官员可以自由批评其对手的同时,也让他们丧失了对灾异解释的权威,从而引起对灾异解说无休止的论争。②

---

① 班固:《汉书》卷三十六《楚元王传》,中华书局 1962 年版,第 1963—1966 页。
② 蔡亮:《政治权力绑架下的天人感应灾异说(公元前 206 年至公元 8 年)》,《中国史研究》2017 年第 2 期。

李寻说王根

　　李寻字子长，平陵人也。治《尚书》，与张孺、郑宽中同师。宽中等守师法教授，寻独好《洪范》灾异，又学天文月令阴阳。事丞相翟方进，方进亦善为星历，除寻为吏，数为翟侯言事。帝舅曲阳侯王根为大司马票骑将军，厚遇寻。是时多灾异，根辅政，数虚己问寻。寻见汉家有中衰厄会之象，其意以为且有洪水为灾，乃说根曰："《书》云'天聪明'，盖言紫宫极枢，通位帝纪，太微四门，广开大道，五经六纬，尊术显士，翼张舒布，烛临四海，少微处士，为比为辅，故次帝廷，女官在后。圣人承天，贤贤易色，取法于此。天官上相上将，皆颛面正朝，忧责甚重，要在得人。得人之效，成败之机，不可不勉也。……夫士者，国家之大宝，功名之本也。将军一门九侯，二十朱轮，汉兴以来，臣子贵盛，未尝及此。夫物盛必衰，自然之理，唯有贤友强辅，庶几可以保身命，全子孙，安国家。……窃见往者赤黄四塞，地气大发，动土竭民，天下扰乱之征也。彗星争明，庶雄为桀，大寇之引也。此二者已颇效矣。城中讹言大水，奔走上城，朝廷惊骇，女孽入宫，此独未效。间者重以水泉涌溢，旁宫阙仍出。月、太白入东井，犯积水，缺天渊。日数湛于极阳之色。羽气乘宫，起风积云。又错以山崩地动，河不用其道。盛冬雷电，潜龙为孽。继以陨星流彗，维、填上见，日蚀有背乡。此亦高下易居，洪水之征也。不忧不改，洪水乃欲荡涤，流彗乃欲扫除；改之，则有年亡期。故属者颇有变改，小贬邪猾，日月光精，时雨气应，此皇天右汉亡已也，何况致大改之！宜急博求幽隐，拔擢天士，任以大职。……诚必行之，凶灾销灭，子孙之福不旋日而至。政治感阴阳，犹铁炭之低卬，见效可信者也。及诸蓄水连泉，务通利之。修旧堤防，省池泽税，以助损邪阴之盛。案行事，考变易，讹言之效,未尝不至。请征韩放,掾周敞、王望可与图之。"①

郑杰文、李梅所著《中国学术思想编年·秦汉卷》载此事于元延三年,今从之。

李寻向大司马王根献策,言应广开言路,招纳人才,以保全自身。李寻是擅长解《洪范》灾异学说的儒臣,他向王根献策表明了两点:一方面,国家当时的灾异乱象频发,以至于汉朝将倾的终末论调四起,上至皇帝下至百姓皆心怀不安。另一方面,可以体现出外戚王氏集团在朝中的权力之大,儒臣若想贯彻自己的思想主张,必须依附权势才能做到,可见成帝元延三年之时,外戚干权事态之严重。

---

① 班固:《汉书》卷七十五《眭两夏侯京翼李传》,中华书局 1962 年版,第 3179—3183 页。

封孔吉为殷绍嘉侯

　　二月癸丑,诏曰……又曰:"盖闻王者必存二王之后,所以通三统也。昔成汤受命,列为三代,而祭祀废绝。考求其后,莫正孔吉。其封吉为殷绍嘉侯。"三月,进爵为公,及周承休侯皆为公,地各百里。[①]

　　成帝久亡继嗣,福以为宜建三统,封孔子之世以为殷后,复上书曰:"……臣闻存人所以自立也,壅人所以自塞也。善恶之报,各如其事。昔者秦灭二周,夷六国,隐士不显,佚民不举,绝三统,灭天道,是以身危子杀,厥孙不嗣,所谓壅人以自塞者也。故武王克殷,未下车,存五帝之后,封殷于宋,绍夏于杞,明著三统,示不独有也。是以姬姓半天下,迁庙之主,流出于户,所谓存人以自立者也。今成汤不祀,殷人亡后,陛下继嗣久微,殆为此也。《春秋经》曰:'宋杀其大夫。'《穀梁传》曰:'其不称名姓,以其在祖位,尊之也。'此言孔子故殷后也,虽不正统,封其子孙以为殷后,礼亦宜之。何者? 诸侯夺宗,圣庶夺适。传曰'贤者子孙宜有土',而况圣人,又殷之后哉! 昔成王以诸侯礼葬周公,而皇天动威,雷风著灾。今仲尼之庙不出阙里,孔氏子孙不免编户,以圣人而歆匹夫之祀,非皇天之意也。今陛下诚能据仲尼之素功,以封其子孙,则国家必获其福,又陛下之名与天亡极。何者? 追圣人素功,封其子孙,未有法也,后圣必以为则。不灭之名,可不勉哉!"福孤远,又讥切王氏,故终不见纳。……绥和元年,立二王后,推迹古文,以《左氏》《穀梁》《世本》《礼记》相明,遂下诏封孔子世为殷绍嘉公。语在《成纪》。是时,福居家,常以读书养性为事。至元始中,王莽颛政,福一朝弃妻子,去九江,至今传以为仙。其后,人有见福于

①　班固:《汉书》卷十《成帝纪》,中华书局 1962 年版,第 328 页。

会稽者,变名姓,为吴市门卒云。[1]

成帝久无继嗣,故儒者以三统说劝成帝封孔子之后以承汤嗣,而使得三代皆有继嗣,用以祈福,得继嗣。

---

[1]　班固:《汉书》卷六十七《杨胡朱梅云传》,中华书局 1962 年版,第 2924—2927 页。

刘向说成帝兴辟雍

至成帝时,犍为郡于水滨得古磬十六枚,议者以为善祥。刘向因是说上:"宜兴辟雍,设庠序,陈礼乐,隆雅颂之声,盛揖攘之容,以风化天下。如此而不治者,未之有也。或曰,不能具礼。礼以养人为本,如有过差,是过而养人也。刑罚之过,或至死伤。今之刑,非皋陶之法也,而有司请定法,削则削,笔则笔,救时务也。至于礼乐,则曰不敢,是敢于杀人不敢于养人也。为其俎豆管弦之间小不备,因是绝而不为,是去小不备而就大不备,或莫甚焉。夫教化之比于刑法,刑法轻,是舍所重而急所轻也。且教化,所恃以为治也,刑法所以助治也。今废所恃而独立其所助,非所以致太平也。自京师有悖逆不顺之子孙,至于陷大辟受刑戮者不绝,繇不习五常之道也。夫承千岁之衰周,继暴秦之余敝,民渐渍恶俗,贪饕险诐,不闲义理,不示以大化,而独驱以刑罚,终已不改。故曰:'导之以礼乐,而民和睦。'初,叔孙通将制定礼仪,见非于齐鲁之士,然卒为汉儒宗,业垂后嗣,斯成法也。"成帝以向言下公卿议,会向病卒,丞相大司空奏请立辟雍。案行长安城南,营表未作,遭成帝崩,群臣引以定谥。[1]

刘向借犍为郡得古磬,说成帝兴辟雍,建学校,兴礼乐,倡教化,以致太平。

从刘向说成帝的诸多文本中可以看到,其中有大量儒家经典的原文。西汉中后期,随着儒家独尊地位的形成,儒家经典更为学者所谙熟,引文风气也越发盛炽,具体表现在:一是引文现象更为多见,如据昭帝始元六年(前81年)召开的盐铁会议整理而成的《盐铁论》一书,引文更达130余条,刘向《说苑》《新序》中的引文同样数量众多。二是引文的范围更向儒

---

① 班固:《汉书》卷二十二《礼乐志》,中华书局1962年版,第1033—1034页。

家经典集中,正如《文心雕龙·征圣》所言:"子政论文,必征于圣;稚圭劝学,必宗于经。"又如《盐铁论》中的引文基本都出自《诗》《易》《春秋》或孔子、曾子、孟子等言语。①

刘向卒

　　向自见得信于上，故常显讼宗室，讥刺王氏及在位大臣，其言多痛切，发于至诚。上数欲用向为九卿，辄不为王氏居位者及丞相御史所持，故终不迁。居列大夫官前后三十余年，年七十二卒。卒后十三岁而王氏代汉。向三子皆好学：长子伋，以《易》教授，官至郡守；中子赐，九卿丞，蚤卒；少子歆，最知名。①

　　刘向（公元前79—公元前8年），字子政，原名更生，沛（今江苏沛县）人，汉楚元王刘交四世孙，刘歆之父，西汉经学家、目录学家。汉宣帝时由于进献神仙方术之书下狱，得免死，研习《榖梁春秋》，任散骑谏大夫给侍中。元帝时因用阴阳灾异思想推论政治得失，弹劾宦官专权误国，被免官多年。成帝时升迁至光禄大夫，又任中垒校尉，领校中秘书，撰《别录》，为我国目录学之祖，所写序录，多有文采。又撰有《说苑》《新序》《列女传》，今存；又有《五经通义》《洪范五行传论》，已佚。今有朱彝尊辑《刘氏五经通义》，王谟辑《五经通义》一卷，洪颐煊辑《刘向五经通义》一卷，宋翔凤辑《五经通义》一卷，黄奭辑《刘向五经通义》一卷，马国翰辑《五经通义》一卷，王仁俊辑《五经通义》一卷。今又有黄奭辑《刘向刘歆易注附汉书本传引易、五行志易义》，王仁俊辑《周易刘氏义》一卷、《孟子刘向注》一卷。《列仙传》旧题刘向撰，系后人伪托。《汉书·艺文志》著录其赋33篇，今存《九叹》《请雨华山赋》等。其行年事迹见梅毓《刘更生年表》一卷②、钱穆《刘向歆父子年谱》③。

---

① 班固：《汉书》卷三十六《楚元王传》，中华书局1962年版，第1966页。
② 见《积学斋丛书》第十六册，光绪十七年南陵徐氏校刊本。
③ 原名《刘向刘歆王莽年谱》，题目为顾颉刚先生所改，见《燕京学报》1930年6月第7期。

刘歆为中垒校尉

（刘）向死后，歆复为中垒校尉。①

刘向死后，其子刘歆复为中垒校尉，领校中书。

---

① 班固：《汉书》卷三十六《楚元王传》，中华书局 1962 年版，第 1967 页。

翟方进因灾异被责而自杀

（绥和）二年……二月壬子，丞相翟方进薨。[1]

方进虽受《穀梁》，然好《左氏传》、天文星历，其《左氏》则国师刘歆，星历则长安令田终术师也。厚李寻，以为议曹。为相九岁，绥和二年春荧惑守心，寻奏记言："应变之权，君侯所自明。往者数白，三光垂象，变动见端，山川水泉，反理视患，民人讹谣，斥事感名。三者既效，可为寒心。今提扬眉，矢贯中，狼奋角，弓且张，金历库，土逆度，辅湛没，火守舍，万岁之期，近慎朝暮。上无恻怛济世之功，下无推让避贤之效，欲当大位，为具臣以全身，难矣！大责日加，安得但保斥逐之戮？阃府三百余人，唯君侯择其中，与尽节转凶。"方进忧之，不知所出。会郎贲丽善为星，言大臣宜当之。上乃召见方进。还归，未及引决，上遂赐册曰："皇帝问丞相：……惟君登位，于今十年，灾害并臻，民被饥饿，加以疾疫溺死，关门牡开，失国守备，盗贼党辈。……其咎安在？观君之治，无欲辅朕富民便安元元之念。……君其自思，强食慎职。使尚书令赐君上尊酒十石，养牛一，君审处焉。"方进即日自杀。上秘之，遣九卿册赠以丞相高陵侯印绶，赐乘舆秘器，少府供张，柱槛皆衣素。天子亲临吊者数至，礼赐异于它相故事。谥曰恭侯。[2]

汉成帝为掩盖逼死丞相的事实，也为了表示对翟方进的感谢，赏赐了很多殡葬器物，还数次亲临吊唁，丧事规格比之前那些正常死亡的丞相要高得多。翟方进死后，发生了一些颇耐寻味的事情，如翟方进之死并没有

---

① 班固：《汉书》卷十《成帝纪》，中华书局1962年版，第329页。
② 班固：《汉书》卷八十四《翟方进传》，中华书局1962年版，第3421—3424页。

使汉成帝延年益寿。方进二月自杀,次月,成帝就一命呜呼了。这个结局仿佛告诉后世,各人的罪过各人担,他人是无法代替的。[1]

---

① 崔建华:《命丧天变的大汉丞相翟进》,《文史天地》2012 年第 1 期。

下诏罢乐府淫乐

绥和二年三月，成帝崩。四月丙午，太子即皇帝位……六月，诏曰："郑声淫而乱乐，圣王所放，其罢乐府。"①

是时，郑声尤甚。黄门名倡丙强、景武之属富显于世，贵戚五侯定陵、富平外戚之家淫侈过度，至与人主争女乐。哀帝自为定陶王时疾之，又性不好音，及即位，下诏曰："惟世俗奢泰文巧，而郑卫之声兴。夫奢泰则下不孙而国贫，文巧则趋末背本者众，郑卫之声兴则淫辟之化流，而欲黎庶敦朴家给，犹浊其源而求其清流，岂不难哉！孔子不云乎？'放郑声，郑声淫。'其罢乐府官。郊祭乐及古兵法武乐，在经非郑卫之乐者，条奏，别属他官。"……然百姓渐渍日久，又不制雅乐有以相变，豪富吏民湛沔自若，陵夷坏于王莽。②

汉成帝暴死于赵合德怀中，汉哀帝即位。此时，乐府中"郑卫之声"泛滥，公侯声色犬马，无视其教化作用，因此哀帝下诏罢乐府之淫乐，而保留乐府之雅乐，对乐府进行了整顿。

---

① 班固：《汉书》卷十一《哀帝纪》，中华书局 1962 年版，第 334—335 页。
② 班固：《汉书》卷二十二《礼乐志》，中华书局 1962 年版，第 1072—1074 页。

议毁武帝庙

　　成帝崩，哀帝即位。丞相孔光、大司空何武奏言："永光五年制书，高皇帝为汉太祖，孝文皇帝为太宗。建昭五年制书，孝武皇帝为世宗。损益之礼，不敢有与。臣愚以为迭毁之次，当以时定，非令所为擅议宗庙之意也。臣请与群臣杂议。"奏可。于是，光禄勋彭宣、詹事满昌、博士左咸等五十三人皆以为继祖宗以下，五庙而迭毁，后虽有贤君，犹不得与祖宗并列。子孙虽欲襃大显扬而立之，鬼神不飨也。孝武皇帝虽有功烈，亲尽宜毁。太仆王舜、中垒校尉刘歆议曰："臣闻周室既衰，四夷并侵，猃狁最强，于今匈奴是也。至宣王而伐之……故称中兴。及至幽王，犬戎来伐，杀幽王，取宗器。自是之后，南夷与北夷交侵，中国不绝如线。……及汉兴，冒顿始强……为中国害。南越尉佗总百粤，自称帝。故中国虽平，犹有四夷之患，且无宁岁。……孝文皇帝厚以货赂，与结和亲，犹侵暴无已。……孝武皇帝愍中国罢劳无安宁之时，乃遣大将军、骠骑、伏波、楼船之属，南灭百粤，起七郡；北攘匈奴……西伐大宛……又招集天下贤俊，与协心同谋，兴制度，改正朔，易服色，立天下之祠，建封禅，殊官号，存周后，定诸侯之制，永无逆争之心，至今累世赖之。单于守藩，百蛮服从，万世之基也，中兴之功未有高焉者也。高帝建大业，为太祖；孝文皇帝德至厚也，为文太宗；孝武皇帝功至著也，为武世宗；此孝宣帝所以发德音也。《礼记·王制》及《春秋穀梁传》，天子七庙，诸侯五，大夫三，士二。……自上以下，降杀以两，礼也。七者，其正法数，可常数者也。宗不在此数中。宗，变也，苟有功德则宗之，不可预为设数。……以七庙言之，孝武皇帝未宜毁；以所宗言之，则不可谓无功德。《礼记》祀典曰：'夫圣王之制祀也，功施于民则祀之，以劳定国则祀之，能救大灾则祀之。'窃观孝武皇帝，功德皆兼而有焉。凡在于异姓，犹将特祀之,况于先祖?……迭毁之礼自有常法,无殊功异德,固以亲疏相推及。至祖宗之序,多少之数,经传无明文,至尊至重,难以疑文虚说定也。孝宣皇帝举公卿之议,用众儒之谋,既以为世宗之庙,建之万世,宣布天下。臣愚以为孝武皇帝功烈如彼,孝宣皇帝崇立之如此,不宜毁。"上览其议而从之。制曰:"太仆舜、中垒校尉歆议可。"①

汉哀帝即位,丞相孔光、大司空何武奏言应遵循古礼毁武帝庙,刘歆等认为武帝功勋卓著,造福中原,其庙不宜毁,哀帝采纳了刘歆等人的意见。这次争论,表现了尊古礼与据实变通损益这两种社会政治学术思想的矛盾,属于一场古、今文经学论争。

两汉社会中比较注意的"常(经)"与"变(权)"的问题也成为影响宗庙改制的一个重要因素。"常(经)"就是做事的原则,而"变(权)"则主要指具体的灵活性,传统社会中"祖宗成制"和"经书义例"是必须要遵循的,否则就可能被攻击为非圣无法、惑乱百姓,但是,如果一味墨守前人的制度,在现实生活中的行动又必将左右受制,因此,如何妥善处理二者的关系也是十分重要的。例如,西汉末年宗庙改制的起因就是现实庙制的不合理,"不应古礼,宜正定",元帝对此也十分赞同,认为应该"遭时为法,因事制宜",而在具体的改制原则上则要根据儒家经典来进行,所谓"宜据经典,详为其制"是也。但是,面对经典记载的不完善和不一致同样需要"遭时为法,因事制宜",因为"至祖宗之序,多少之数,经传无明文,至尊至重,难以疑文虚说定也"。在遵循祖宗成制和经书义例的问题上,在当时都遇到了无法满足现实需要的难题,而要跨越这一难题就需要当事者采取权变的措施,摆脱墨守成规的思想。②

①　班固:《汉书》卷七十三《韦贤传》,中华书局 1962 年版,第 3125—3127 页。
②　向晋卫:《宗庙礼制与汉代政治》,《广西社会科学》2005 年第 1 期。

刘歆继父业校书，作《七略》

　　哀帝初即位，大司马王莽举歆宗室有材行，为侍中太中大夫，迁骑都尉、奉车光禄大夫，贵幸。复领《五经》，卒父前业。歆乃集六艺群书，种别为《七略》。语在《艺文志》。①

　　会向卒，哀帝复使向子侍中奉车都尉歆卒父业。歆于是总群书而奏其《七略》，故有《辑略》，有《六艺略》，有《诸子略》，有《诗赋略》，有《兵书略》，有《术数略》，有《方技略》。②

《七略》久佚，郑杰文、李梅所著《中国学术思想编年·秦汉卷》载此事于建平元年，今从之。

刘歆继承父业继续校理群书，在其父刘向《七录》的基础上删减而成《七略》，成为班固作《汉书·艺文志》的基础。

作为中国古代目录学之滥觞，刘向、刘歆父子的《别录》《七略》以辨章学术、考镜源流之功，在学术史上占有重要的地位。遗憾的是，二书于唐后流传无绪，先后亡佚，终致湮没无闻。至有清一代，辑佚兴盛，渐成专门之业，《别录》《七略》亦为辑佚家所重。胡宗华认为，今有洪颐煊《经典集林》本、严可均《全汉文》本、顾观光《武陵山人遗稿》本、马国翰《玉函山房辑佚书》本、陶浚宣《稷山馆辑补书》本、王仁俊《玉函山房辑佚书续编》本、张选青《受经堂丛书》本、章宗源辑本、姚振宗《师石山房丛书》本、章太炎《章太炎全集》本、邓骏捷《七略别录佚文校补》本等诸家辑本流行于世。基于清人辑佚之功，学术界对《别录》《七略》诸家辑本也多有整理与研究，

---

① 班固：《汉书》卷三十六《楚元王传》，中华书局 1962 年版，第 1967 页。
② 班固：《汉书》卷三十《艺文志》，中华书局 1962 年版，第 1701 页。

成果较为丰富。略显薄弱是,诸家辑本流传系统、体例沿革、弊端优长等方面尚需进一步探讨。①

① 　胡宗华:《〈别录〉〈七略〉辑本考论》,《古籍整理研究学刊》2019 年第 1 期。

刘歆改名秀

初,歆以建平元年改名秀,字颖叔云。①

颜师古注引应劭曰:"《河图赤伏符》云'刘秀发兵捕不道,四夷云集龙斗野,四七之际火为主',故改名,几以趣也。"

实际上,颜师古的论断是存在争议的。后世学者认为,刘歆因谶纬而改名,并且有反对王莽的一次未遂政变可以印证,其实不然。刘秀在汉哀帝即位之年(建平元年,公元前6年)改名,是为了避讳汉哀帝刘欣的名讳,"歆"与"欣"音同,改名是忠于汉室的表现,并非谋反。而谶言"刘秀发兵捕不道"明确记载于《后汉书·光武帝纪》,汉光武帝刘秀生于哀帝建平二年(公元前5年),而史书明确记载"刘秀将为天子"的谶言,是新莽地皇三年(公元22年)(见《资治通鉴·汉纪三十》),这与刘歆改名相差将近三十年,而此期间并没有史书明确记载相似谶言的出现。故直接说刘歆改名刘秀目的在于夺位是武断的。②

---

① 班固:《汉书》卷三十六《楚元王传》,中华书局1962年版,第1972页。
② 顿一鸣:《对刘歆改名"秀"的再思考》,《华夏文化》2019年第3期。

刘歆请立《左氏春秋》《毛诗》
《逸礼》《古文尚书》于学官

　　歆白《左氏春秋》可立，哀帝纳之，以问诸儒，皆不对。歆于是数见丞相孔光，为言《左氏》以求助，光卒不肯。唯凤、龚许歆，遂共移书责让太常博士，语在《歆传》。大司空师丹奏歆非毁先帝所立，上于是出龚等补吏，龚为弘农，歆河内，凤九江太守，至青州牧。①

　　歆及向始皆治《易》，宣帝时，诏向受《穀梁春秋》，十余年，大明习。及歆校秘书，见古文《春秋左氏传》，歆大好之。时丞相史尹咸以能治《左氏》，与歆共校经传。歆略从咸及丞相翟方进受，质问大义。初《左氏传》多古字古言，学者传训故而已，及歆治《左氏》，引传文以解经，转相发明，由是章句义理备焉。歆亦湛靖有谋，父子俱好古，博见强志，过绝于人。歆以为左丘明好恶与圣人同，亲见夫子，而公羊、穀梁在七十子后，传闻之与亲见之，其详略不同。歆数以难向，向不能非间也，然犹自持其《穀梁》义。及歆亲近，欲建立《左氏春秋》及《毛诗》《逸礼》《古文尚书》皆列于学官。②

　　郑杰文、李梅所著《中国学术思想编年·秦汉卷》载此事于建平元年，今从之。

　　刘歆明习古文经，欲立《左氏春秋》《毛诗》《逸礼》《古文尚书》于学官，哀帝令刘歆与众博士议，众博士皆不从。

　　哀帝令刘歆与五经博士讨论其事，但属于今文经学系统的五经博士们毫不热心。五经博士们自然不愿意立几个新博士与他们争夺学术和政治地位。所谓学官，乃是学术地位与政治地位的双重承认。何况所议立

---

① 班固：《汉书》卷八十八《儒林传》，中华书局1962年版，第3619页。
② 班固：《汉书》卷三十六《楚元王传》，中华书局1962年版，第1967页。

的还全是与今文经学根本不属于同一系统,亦不为时人所重的古文经传。刘歆不仅得不到五经博士们的支持,反而受到特意冷淡,"或不肯置对"。①

_____

① 黄觉弘:《刘歆争立〈左传〉始末略论》,《湖北社会科学》2005 年第 5 期。

刘歆作《移让太常博士书》

哀帝令歆与《五经》博士讲论其义，诸博士或不肯置对，歆因移书太常博士，责让之曰："昔唐、虞既衰，而三代迭兴，圣帝明王，累起相袭，其道甚著。周室既微而礼乐不正，道之难全也如此。是故孔子忧道之不行，历国应聘。自卫反鲁，然后乐正，《雅》《颂》乃得其所；修《易》，序《书》，制作《春秋》，以纪帝王之道。及夫子没而微言绝，七十子终而大义乖。重遭战国，弃笾豆之礼，理军旅之陈，孔氏之道抑，而孙、吴之术兴。陵夷至于暴秦，燔经书，杀儒士，设挟书之法，行是古之罪，道术由是遂灭。汉兴，去圣帝明王遐远，仲尼之道又绝，法度无所因袭。时独有一叔孙通略定礼仪，天下唯有《易》卜，未有它书。至孝惠之世，乃除挟书之律，然公卿大臣绛、灌之属咸介胄武夫，莫以为意。至孝文皇帝，始使掌故朝错从伏生受《尚书》。《尚书》初出于屋壁，朽折散绝，今其书见在，时师传读而已。《诗》始萌牙。天下众书往往颇出，皆诸子传说，犹广立于学官，为置博士。在汉朝之儒，唯贾生而已。至孝武皇帝，然后邹、鲁、梁、赵颇有《诗》《礼》《春秋》先师，皆起于建元之间。当此之时，一人不能独尽其经，或为《雅》，或为《颂》，相合而成。《泰誓》后得，博士集而读之。故诏书称曰：'礼坏乐崩，书缺简脱，朕甚闵焉。'时汉兴已七八十年，离于全经，固已远矣。及鲁恭王坏孔子宅，欲以为宫，而得古文于坏壁之中，《逸礼》有三十九，《书》十六篇。天汉之后，孔安国献之，遭巫蛊仓卒之难，未及施行。及《春秋》左氏丘明所修，皆古文旧书，多者二十余通，藏于秘府，伏而未发。孝成皇帝闵学残文缺，稍离其真，乃陈发秘臧，校理旧文，得此三事，以考学官所传，经或脱简，传或间编。传问民间，则有鲁国桓公、赵国贯公、胶东庸生之遗学与此同，抑而未施。此乃有识者之所惜闵，士君子之所嗟痛也。往者缀学之士不思废绝之阙，苟因陋就寡，分文析字，烦言碎辞，学者罢老且不能究其一艺。信口说而背传记，是末师而非往古，至于国家将有大事，若立辟雍、封禅、巡狩之仪则幽冥而莫知其原。犹欲保残守缺，挟恐见破之私意，而无从善服义之公心，或怀妒嫉，不考情实，雷同相从，随声是非，抑此三学，以《尚书》为备，谓左氏为不传《春秋》，岂不哀哉！今圣上德通神明，继统扬业，亦闵文学错乱，学士若兹，虽昭其情，犹依违谦让，乐与士君子同之。故下明诏，试《左氏》可立不，遣近臣奉指衔命，将以辅弱扶微，与二三君子比意同力，冀得废遗。今则不然，深闭固距，而不肯试，猥以不诵绝之，欲以杜塞余道，绝灭微学。夫可与乐成，难与虑始，此乃众庶之所为耳，非所望士君子也。且此数家之事，皆先帝所亲论，今上所考视，其古文旧书，皆有征验，外内相应，岂苟而已哉！夫礼失求之于野，古文不犹愈于野乎？往者博士《书》有欧阳，《春秋》公羊，《易》则施、孟，然孝宣皇帝犹复广立《穀梁春秋》《梁丘易》《大小夏侯尚书》，义虽相反，犹并置之。何则？与其过而废之也，宁过而立之。传曰：'文武之道未坠于地，在人；贤者志其大者，不贤者志其小者。'今此数家之言所以兼包大小之义，岂可偏绝哉！若必专己守残，党同门，妒道真，违明诏，失圣意，以陷于文吏之议，甚为二三君子不取也。"其言甚切，诸儒皆怨恨。是时名儒光禄大夫龚胜以歆移书上疏深自罪责，愿乞骸骨罢。及儒者师丹为大司空，亦大怒，奏歆改乱旧章，非毁先帝所立。上曰："歆欲广道术，亦何以为非毁哉？"歆由是忤执政大臣，为众儒所讪，惧诛，求出补吏，为河内太守。以宗室不宜典三河，徙守五原，后复转在涿郡，历三郡守。[1]

郑杰文、李梅所著《中国学术思想编年·秦汉卷》载此事于建平元年，今从之。

《移让太常博士书》标志着第一次今、古文经学之争的正式开始和整个经学发展演变的重大转捩。刘歆的公开痛诋，引起了今文经学家们的强烈不满。[2] 从执政大臣大司空儒者师丹最激烈的反应"奏歆改乱旧章，非毁先帝所立"来看，对方的攻击焦点完全回避了《移让太常博士书》关于

---

① 班固：《汉书》卷三十六《楚元王传》，中华书局 1962 年版，第 1967—1972 页。
② 黄觉弘：《刘歆争立〈左传〉始末略论》，《湖北社会科学》2005 年第 5 期。

"古文"的说辞,可以说,有关的论述的确是有力的,故足以杜反对者之口。但是理胜拗不过势强,刘歆等争立《左氏》等诸学的努力,终于还是失败了。①

哀帝之时,"及歆亲近,欲建立《左氏春秋》及《毛诗》《逸礼》《古文尚书》皆列于学官。哀帝令歆与《五经》博士讲论其义,诸博士或不肯置对,歆因移书太常博士书"。《汉书》本传写明了刘歆写《移让太常博士书》的直接原因是"诸博士或不肯置对",即当时的今文经博士不同意刘歆将古文经立于学官的诉求。因此,刘歆用一种类似檄文的文体,上书责让今文经博士们对古文经的轻视。这篇文章更是刘歆反驳今文经博士对古文经的指责,揭露今文经学派因陋就寡、自私腐朽,为古文经争取正常地位的战斗檄文!② 刘歆的这封信,大长古文经学派的志气,受到古文经学家的拥护。至此,古文经与今文经的分歧和斗争公开化,刘歆自然成了古文经学的始创者。③

---

① 刘巍:《读刘歆〈移书让太常博士〉——汉代经学"古文"争议缘起及相关经学史论题探》,《社会科学研究》2012 年第 4 期。
② 张建会:《从〈移让太常博士书〉看汉代今古文经学的斗争——兼论刘歆的"孔子观"》,《昭通学院学报》2017 年第 1 期。
③ 杨树增:《汉代文化特色及形成》,人民出版社 2008 年版,第 447 页。

扬雄作《太玄》

扬雄所序三十八篇。(《太玄》十九,《法言》十三,《乐》四,《箴》二。)①

吾观《太玄》,方知子云妙极道数,乃与《五经》相拟,非徒传记之属,使人难论阴阳之事,汉家得天下二百岁之书也。复二百岁,殆将终乎? 所以作者之数,必显一世,常然之符也。汉四百岁,《玄》其兴矣。②

《太玄》的体例是仿《周易》的形式写成的。《太玄》的玄象为一、二、三画,相当于《周易》卦象二画的阴阳;《太玄》的方、州、部、家四重玄位,相当于《周易》的六个爻位;《太玄》的一、二、三画相交错于方、州、部、家四重,为八十一首,相当于《周易》的六十四卦;每首都有九赞,共为七百二十九赞,相当于《周易》的三百八十四爻;首相当于《周易》的《彖》,测相当于《周易》的《象辞》;《太玄》的《摛》《莹》《掜》《图》《告》相当于《周易》的《系辞》;《太玄》的《数》相当于《周易》的《说卦》;《太玄》的《冲》相当于《周易》的《序卦》;《太玄》的《错》相当于《周易》的《杂卦》。《太玄》有着丰富的哲学思想,对后世产生了一定的影响。③

扬雄的《太玄》为后期的魏晋玄学、道家道教思想、宋明理学本体论的架构都提供了理论基础。在天文历法方面,扬雄运用"浑天说"原理撰写了《太玄》,创造了一种新的模拟天道及人事运动变化规律的学说。《太玄》以"玄"为最高哲学范畴,以"首""赞"为经,以十一篇玄文为传,以逢三进一的"圜元模式"为数理逻辑。这种结构模式,为后世易学开辟了一条

① 班固:《汉书》卷三十《艺文志》,中华书局 1962 年版,第 1727 页。
② 范晔:《后汉书》卷五十九《张衡列传》,中华书局 2005 年版,第 1897 页。
③ 刘建国:《中国哲学史史料学概要》(上),吉林人民出版社 1983 年版,第 273 页。

新的研究道路。彭晓的《明镜图》、陈抟的《无极图》、邵雍的《方圆图》的卦爻排列理论,都是在这个基础上展开的。如果说《易经》是一部展示"天道"的著作,那么《太玄》则在此基础上进一步解释了什么是天道,以及如何进入"天道"。在《太玄》的宇宙观中,将天、地、人并列,尤其将人的性命放置在问题中心,表明了作者的人本主义立场。扬雄可称得上是中国最早的人本主义论者。可以说,《太玄》是对西汉以来流行的"天人合一"的哲学命题的一次创造性的发展,并且将这一哲学命题推导成了一种具体可操作和可实践的理论。① 还有学者认为,扬雄的"太玄"既是其天道论本体,也是其道德形上本体。太玄沉潜邃密,深层运动不息,其体微妙,如源头活水。太玄是万物生生的动力因、目的因,是"所以然"的第一因。玄即是默,呈现为"四然":卓然、旷然、渊然、渺然。冬至近玄,具有"灵根"的物象特征。太玄不断吸积、本能实现充塞,以"罔直蒙酋冥"的序列螺旋运动,呈现"环四中五"的特征,并贯通于道德修养工夫;"藏心于渊,美厥灵根。"扬雄构建出文王、孔子、颜回的道统谱系,以默识道德形上本体为道德修养工夫论旨趣,对于宋明理学有启沃之功。②

---

① 舒大刚、王贞贞:《千秋止有一扬雄——扬雄生平及学术思想评议》,《文史杂志》2019 年第 2 期。
② 张昭炜:《扬雄"太玄"释义》,《哲学研究》2018 年第 10 期。

扬雄作《法言》

　　雄见诸子各以其知舛驰，大氐诋訾圣人，即为怪迂。析辩诡辞，以挠世事，虽小辩，终破大道而或众，使溺于所闻而不自知其非也。及太史公记六国，历楚、汉，讫麟止，不与圣人同，是非颇谬于经。故人时有问雄者，常用法应之，撰以为十三卷，象《论语》，号曰《法言》。①

　　扬雄作《法言》没有明确的时间记载，郑杰文、李梅所著《中国学术思想编年·秦汉卷》载此事于元寿元年，今从之。

　　西汉末年，谶纬兴起，扬雄因谶纬曲解圣人之言，故作《法言》。扬雄在《法言》中批判了谶纬神学，宣扬理性精神，探索宇宙真理，强调仁义道德教化，对古文经学的兴起有促进作用。

　　《法言》是扬雄晚年的著述。徐复观先生认为，从《太玄》到《法言》，是其思想的大反省。全书内容丰富，除了系统阐述扬雄的儒家思想及对儒家思想的坚守外，还涉及政治、经济、自然科学、文学艺术、军事、古今人物和历史事件、诸子百家、古典文献等各个方面。"其中多篇文章都有与学习有关的内容或主张，尤其是学行、修身等篇目，就是主要谈学习问题的。"扬雄治学思想的核心，是"学者，所以修性也"，最终目标就是"求为君子"。②《法言》跟《论语》一样，是语录体著作，我们可以通过细读其中章句体会扬雄关于天命、人性、修身和社会政治等方面的思想。《法言》对后人产生过重大影响，桓谭认为扬雄超过了周秦诸子，东汉哲学家王充也受其影响较大。司马光对其更加推崇，认为"《孟子》之文直而显，《荀子》之文富而丽，扬子之文简而奥。唯其简而奥也，故难知"。因其难知，汪荣宝

---

① 班固：《汉书》卷八十七下《扬雄传》，中华书局1962年版，第3580页。
② 徐复观：《两汉思想史（第二卷）》，上海：华东师范大学出版社2004年版，第309页。

花三十年时间集注《法言》，称赞扬雄为大儒。《法言》一书尊圣崇经，推崇孔孟，并在对先秦儒家思想自觉接续继承的过程中，提升了孔孟之道的地位和影响力，为儒家思想本身的继承和发展做出了杰出贡献；《法言》将人从谶纬神学中解脱出来，转向重视人自身的价值，并且鼓励人们积极实现自我价值，对后世产生深远影响。①

① 吴川雪：《简论扬雄〈法言〉思想及其影响》，《人文天下》2017 年第 5 期。

王莽杀王宇、吴章

安汉公世子宇与帝外家卫氏有谋。宇下狱死,诛卫氏。[①]

云敞字幼孺,平陵人也。师事同县吴章,章治《尚书经》为博士。平帝以中山王即帝位,年幼,莽秉政,自号安汉公。以平帝为成帝后,不得顾私亲,帝母及外家卫氏皆留中山,不得至京师。莽长子宇,非莽隔绝卫氏,恐帝长大后见怨。宇与吴章谋,夜以血涂莽门,若鬼神之戒,冀以惧莽。章欲因对其咎。事发觉,莽杀宇,诛灭卫氏,谋所联及,死者百余人。章坐要斩,磔尸东市门。初,章为当世名儒,教授尤盛,弟子千余人,莽以为恶人党,皆当禁锢,不得仕宦。门人尽更名他师。敞时为大司徒掾,自劾吴章弟子,收抱章尸归,棺敛葬之,京师称焉。车骑将军王舜高其志节,比之栾布,表奏以为掾,荐为中郎谏大夫。莽篡位,王舜为太师,复荐敞可辅职。以病免。唐林言敞可典郡,擢为鲁郡大尹。更始时,安车征敞为御史大夫,复病免去,卒于家。[②]

章以为莽不可谏,而好鬼神,可为变怪以惊惧之,章因推类说令归政于卫氏。宇即使宽夜持血洒莽第,门吏发觉之,莽执宇送狱,饮药死。……莽因是诛灭卫氏,穷治吕宽之狱,连引郡国豪桀素非议己者,内及敬武公主、梁王立、红阳侯立、平阿侯仁,使者迫守,皆自杀。死者以百数,海内震焉。大司马护军褱奏言:"安汉公遭子宇陷于管、蔡之辜,子爱至深,为帝室故不敢顾私。惟宇遭罪,喟然愤发作书八篇,以戒子孙。宜班郡国,令学官以教授。"事下群公,请令天下吏能诵公戒者,以著官簿,比《孝经》。[③]

---

① 班固:《汉书》卷十二《平帝纪》,中华书局 1962 年版,第 356 页。
② 班固:《汉书》卷六十七《杨胡朱梅云传》,中华书局 1962 年版,第 2927—2928 页。
③ 班固:《汉书》卷九十九上《王莽传》,中华书局 1962 年版,第 4065—4066 页。

　　王莽杀名儒吴章,并将其弟子皆视为"恶人党",成为党锢之祸的
先声。

王莽奏立明堂、辟雍

安汉公奏立明堂、辟雍。[1]

是岁，莽奏起明堂、辟雍、灵台，为学者筑舍万区，作市、常满仓，制度甚盛。立《乐经》，益博士员，经各五人。征天下通一艺教授十一人以上，及有逸《礼》、古《书》《毛诗》《周官》《尔雅》、天文、图谶、钟律、月令、兵法、《史篇》文字，通知其意者，皆诣公车。网罗天下异能之士，至者前后千数，皆令记说廷中，将令正乖缪，一异说云。群臣奏言："昔周公奉继体之嗣，据上公之尊，然犹七年制度乃定。夫明堂、辟雍，堕废千载莫能兴，今安汉公起于第家，辅翼陛下，四年于兹，功德烂然。公以八月载生魄庚子奉使，朝用书临赋营筑，越若翊辛丑，诸生、庶民大和会，十万众并集，平作二旬，大功毕成。唐、虞发举，成周造业，诚亡以加。宰衡位宜在诸侯王上，赐以束帛加璧，大国乘车、安车各一，骊马二驷。"诏曰："可。其议九锡之法。"[2]

王莽于京师立明堂、辟雍，网罗天下能经能文之士千余人，使其教授弟子，整理遗说，光大学术。

除了宣明文教，王莽筑建明堂，还有更深层的政治考虑。汉哀帝元寿二年(公元前1年)，平帝九岁即帝位，当时王莽位极人臣，他和平帝的关系极类似于周公与幼帝周成王的关系。王莽正是因为有这种历史的映照，才能为他权力的无限膨胀确立合法性，同时也为他致力于儒家的政治实践铺平道路。也就是说，明堂庆典不但不是他行将功成身退的信号，反而是他以儒家理想全方位介入社会改造的起点。但是，王莽至此也站在了一个历史毁誉的交叉点上：一方面，他要全面推行新政，就必须获得汉

---

① 班固：《汉书》卷十二《平帝纪》，中华书局1962年版，第357页。
② 班固：《汉书》卷九十九上《王莽传》，中华书局1962年版，第4069—4070页。

家皇帝的更大授权;另一方面,礼乐政治的成功实行,汉朝皇帝则应该给他更高的赏封。这就出现了一个问题,即在帝王授权和王莽继续得到封赏的极限处,必然会使他与帝王之间原本尚存的君臣分际日益模糊,并最终使两者重叠,直至将汉家皇帝取而代之。①

---

① 刘成纪:《王莽时代的礼仪建筑与国家重造》,《杭州师范大学学报(社会科学版)》2016 年第 6 期。

《左氏春秋》《毛诗》《逸礼》《古文尚书》立于学官

平帝时，又立《左氏春秋》《毛诗》《逸礼》《古文尚书》，所以网罗遗失，兼而存之，是在其中矣。①

《礼古经》者，出于鲁淹中及孔氏，〔与十七〕篇文相似，多三十九篇。及《明堂阴阳》《王史氏记》所见，多天子诸侯卿大夫之制，虽不能备，犹愈仓等推《士礼》而致于天子之说。②

毛公，赵人也。治《诗》，为河间献王博士，授同国贯长卿。长卿授解延年。延年为阿武令，授徐敖。敖授九江陈侠，为王莽讲学大夫。由是言《毛诗》者，本之徐敖。又曰："景帝时，河间献王好古，得古《礼》献之。……其《古礼经》五十六篇，苍传十七篇，所余三十九篇付书馆，名为《逸礼》。"③

王莽兴学，除今文经学外，又立《毛诗》等古文经学，导致了今古文经学的第二次廷争。刘歆的学术专长是《左氏春秋》，他如此处心积虑，争立以上诸经，除适应当时政治大环境外，更重要的是为了迎合王莽对《逸礼》独特情结的需要，使王莽主持朝政变为现实。王莽所受教育曾是古文经学，从个人喜好来讲，王莽是古文经学的最大拥护者，但是从具体操作的实践来说，他又是今文经学通经致用精神的最好体现者。④ 今古文皆成为王莽擅权的工具。

---

① 班固：《汉书》卷八十八《儒林传》，中华书局 1962 年版，第 3621 页。
② 班固：《汉书》卷三十《艺文志》，中华书局 1962 年版，第 1710 页。
③ 班固：《汉书》卷八十八《儒林传》，中华书局 1962 年版，第 3614 页。
④ 王继训：《王莽与汉代今古文经学之辨析》，《齐鲁学刊》1999 年第 5 期。

西汉察举制设"明经"科

　　征天下通知逸经、古记、天文、历算、钟律、小学、《史篇》、方术、《本草》及以《五经》《论语》《孝经》《尔雅》教授者，在所为驾一封轺传，遣诣京师。至者数千人。①

　　"平帝元始五年（公元 5 年），召天下通知逸经、古记、天文、历算、钟律、小学、史篇、方术、本草及以《五经》《论语》、《孝经》、《尔雅》教授的人，所在郡国用专车送到京师。令下之后，全国送上数千人。例如召信臣以明经甲科为郎，平当、孔安国、贡禹、夏侯胜、张禹均以明经为博士，眭弘、翟方进以明经为议郎。"②

　　西汉察举制已经设立"明经"科，这代表儒学在西汉具有官学之地位。由于明经科设立的起始时间不易考证，姑且先将此事录入有文献佐证的汉平帝元始五年处。

---

①　班固：《汉书》卷十二《平帝纪》，中华书局 1962 年版，第 359 页。
②　陈茂同：《中国历代职官沿革史》，百花文艺出版社，2005 年版，第 113 页。

王莽作《大诰》

　　数岁，平帝崩，王莽居摄，义心恶之，乃谓姊子上蔡陈丰曰："新都侯摄天子位，号令天下，故择宗室幼稚者以为孺子，依托周公辅成王之义，且以观望，必代汉家，其渐可见。……吾幸得备宰相子，身守大郡，父子受汉厚恩，义当为国讨贼，以安社稷。欲举兵西诛不当摄者，选宗室子孙辅而立之。设令时命不成，死国埋名，犹可以不惭于先帝。今欲发之，乃肯从我乎？"……义自号大司马柱天大将军，以东平王傅苏隆为丞相，中尉皋丹为御史大夫，移檄郡国，言莽鸩杀孝平皇帝，矫摄尊号，今天子已立，共行天罚。郡国皆震，比至山阳，众十余万。莽闻之，大惧……莽曰抱孺子会群臣而称曰："昔成王幼，周公摄政，而管、蔡挟禄父以畔，今翟义亦挟刘信而作乱。自古大圣犹惧此，况臣莽之斗筲！"群臣皆曰："不遭此变，不章圣德。"莽于是依《周书》作《大诰》，曰……乃遣大夫桓谭等班行谕告当反位孺子之意。还，封谭为明告里附城。[1]

　　九月，东郡太守翟义都试……立严乡侯刘信为天子，移檄郡国，言"莽毒杀平帝，摄天子位，欲绝汉室，今共行天罚诛莽"。郡国疑惑，众十余万。莽惶惧不能食，昼夜抱孺子告祷郊庙，放《大诰》作策，遣谏大夫桓谭等班于天下，谕以摄位当反政孺子之意。[2]

汉平帝崩，王莽摄政，引发动乱。王莽在惶恐之余，模仿周公故事，依《周书》作《大诰》，向讨伐军宣称新君之孺子长大后必将还政，以安定民心。

为王莽作《大诰》的是桓谭。桓谭进入王莽集团的核心圈子之后，成

---

① 班固：《汉书》卷八十四《翟方进传》，中华书局 1962 年版，第 3426—3428、3435 页。
② 班固：《汉书》卷九十九上《王莽传》，中华书局 1962 年版，第 4087 页。

为王莽倚重之人。其间,最为人诟病的是他在居摄二年,以谏议大夫身份,为王莽颁布《大诰》于天下。在完成此次颁告天下的事情之后,桓谭被封为"明告里附城",相当于西汉二十等爵制的第十九级高爵关内侯,算是获得了王莽的奖赏。此事之后,随着王莽正式创建新朝,他们之间也由同僚一变而为君臣。①

---

① 李振宏:《桓谭的学术立场与政治个性》,《北京师范大学学报(社会科学版)》2019 年第 2 期。

刘歆等议王莽母服

九月，莽母功显君死，意不在哀，令太后诏议其服。少阿、羲和刘歆与博士诸儒七十八人皆曰："居摄之义，所以统立天功，兴崇帝道，成就法度，安辑海内也。……今太皇太后比遭家之不造，委任安汉公宰尹群僚，衡平天下。遭孺子幼少，未能共上下，皇天降瑞，出丹石之符，是以太皇太后则天明命，诏安汉公居摄践祚，将以成圣汉之业，与唐虞三代比隆也。摄皇帝遂开秘府，会群儒，制礼作乐，卒定庶官，茂成天功。圣心周悉，卓尔独见，发得周礼，以明因监，则天稽古，而损益焉，犹仲尼之闻《韶》，日月之不可阶，非圣哲之至，孰能若兹！纲纪咸张，成在一匮，此其所以保佑圣汉，安靖元元之效也。今功显君薨，《礼》：'庶子为后，为其母缌。'传曰：'与尊者为体，不敢服其私亲也。'摄皇帝以圣德承皇天之命，受太后之诏居摄践祚，奉汉大宗之后，上有天地社稷之重，下有元元万机之忧，不得顾其私亲。故太皇太后建厥元孙，俾侯新都，为哀侯后。明摄皇帝与尊者为体，承宗庙之祭，奉共养太皇太后，不得服其私亲也。《周礼》曰'王为诸侯缌缞'，'弁而加环绖'，同姓则麻，异姓则葛。摄皇帝当为功显君缌缞，弁而加麻环绖，如天子吊诸侯服，以应圣制。"莽遂行焉，凡一吊再会，而令新都侯宗为主，服丧三年云。[1]

王莽母丧，刘歆等儒臣议王莽母服，言应如天子吊诸侯礼，以此为王莽篡位张本。王莽将古文经学当作自己篡权的政治工具。

---

[1] 班固：《汉书》卷九十九上《王莽传》，中华书局 1962 年版，第 4090—4091 页。

王莽为假皇帝

　　是岁，广饶侯刘京、车骑将军千人扈云、太保属臧鸿奏符命。京言齐郡新井，云言巴郡石牛，鸿言扶风雍石，莽皆迎受。十一月甲子，莽上奏太后曰："陛下至圣，遭家不造，遇汉十二世三七之厄，承天威命，诏臣莽居摄，受孺子之托，任天下之寄。臣莽兢兢业业，惧于不称。宗室广饶侯刘京上书言：'七月中，齐郡临淄县昌兴亭长辛当一暮数梦，曰："吾，天公使也。天公使我告亭长曰：'摄皇帝当为真。'即不信我，此亭中当有新井。"亭长晨起视亭中，诚有新井，入地且百尺。'十一月壬子，直建冬至，巴郡石牛，戊午，雍石文，皆到于未央宫之前殿。臣与太保安阳侯舜等视，天风起，尘冥，风止，得铜符帛图于石前，文曰：'天告帝符，献者封侯。承天命，用神令。'骑都尉崔发等视说。及前孝哀皇帝建平二年六月甲子下诏书，更为太初元将元年，案其本事，甘忠可、夏贺良谶书臧兰台。臣莽以为元将元年者，大将居摄改元之文也，于今信矣。《尚书·康诰》：'王若曰："孟侯，朕其弟，小子封。"'此周公居摄称王之文也。《春秋》隐公不言即位，摄也。此二经周公、孔子所定，盖为后法。孔子曰：'畏天命，畏大人，畏圣人之言。'臣莽敢不承用！臣请共事神祇宗庙，奏言太皇太后、孝平皇后，皆称假皇帝。其号令天下，天下奏言事，毋言'摄'。以居摄三年为初始元年，漏刻以百二十为度，用应天命。臣莽夙夜养育隆就孺子，令与周之成王比德，宣明太皇太后威德于万方，期于富而教之。孺子加元服，复子明辟，如周公故事。"奏可。众庶知其奉符命，指意群臣博议别奏，以视即真之渐矣。[①]

　　由安汉公到假皇帝、摄皇帝，直至篡政，王莽的欲望在动态过程中步

---

① 班固：《汉书》卷九十九上《王莽传》，中华书局 1962 年版，第 4093—4094 页。

步递进,其篡逆之心其实是在登上权力中心的过程中渐次萌生的。^① 西汉末年,王莽以外戚身份主政进而夺取政权成为皇帝。而纵观王莽从外戚跃居为皇帝的这一过程,其间几个重要的转折点均以出现各种各样的"符命"为标志。首先,元始五年,丹书白石的出现使得符命成为"天命"的代名词。"前辉光谢嚣奏武功长孟通浚井得白石,上圆下方,有丹书著石,文曰:'告安汉公莽为皇帝。'符命之起,自此始矣。"丹书白石的出现使得王莽从"安汉公"变为"摄皇帝"。其次,居摄三年,又一批昭示王莽为皇帝的符命出现。"广饶侯刘京、车骑将军千人扈云、太保属臧鸿奏符命。京言齐郡新井,云言巴郡石牛,鸿言扶风雍石,莽皆迎受。"这一批符命出现之后,王莽在"摄皇帝"的基础上再进一步。新井等诸多符命出现之后,王莽"奏言太皇太后、孝平皇后,皆称假皇帝"。如此一来,王莽想当皇帝的野心已经不再躲躲藏藏,"即真"指日可待。^②

① 朱松美:《刘歆"助莽篡汉"再议》,《济南大学学报(社会科学版)》2019 年第 2 期。
② 曹婉丰:《先秦秦汉儒家革命思想变迁》,《中国哲学史》2017 年第 2 期。

颁布《符命》

　　秋，遣五威将王奇等十二人班《符命》四十二篇于天下。德祥五事，符命二十五，福应十二，凡四十二篇。其德祥言文、宣之世黄龙见于成纪、新都，高祖考王伯墓门梓柱生枝叶之属。符命言井石、金匮之属。福应言雌鸡化为雄之属。其文尔雅依托，皆为作说，大归言莽当代汉有天下云。总而说之曰："帝王受命，必有德祥之符瑞，协成五命，申以福应，然后能立巍巍之功，传于子孙，永享无穷之祚。故新室之兴也，德祥发于汉三七九世之后。肇命于新都，受瑞于黄支，开王于武功，定命于子同，成命于巴宕，申福于十二应，天所以保祐新室者深矣，固矣！武功丹石出于汉氏平帝末年，火德销尽，土德当代，皇天眷然，去汉与新，以丹石始命于皇帝。皇帝谦让，以摄居之，未当天意，故其秋七月，天重以三能文马。皇帝复谦让，未即位，故三以铁契，四以石龟，五以虞符，六以文圭，七以玄印，八以茂陵石书，九以玄龙石，十以神井，十一以大神石，十二以铜符帛图。申命之瑞，浸以显著，至于十二，以昭告新皇帝。皇帝深惟上天之威不可不畏，故去摄号，犹尚称假，改元为初始，欲以承塞天命，克厌上帝之心。然非皇天所以郑重降符命之意，故是日天复决以勉书。又侍郎王盱见人衣白布单衣，赤缋方领，冠小冠，立于王路殿前，谓盱曰：'今日天同色，以天下人民属皇帝。'盱怪之，行十余步，人忽不见。至丙寅暮，汉氏高庙有金匮图策：'高帝承天命，以国传新皇帝。'明旦，宗伯忠孝侯刘宏以闻，乃召公卿议，未决，而大神石人谈曰：'趣新皇帝之高庙受命，毋留！'于是新皇帝立登车，之汉氏高庙受命。受命之日，丁卯也。丁，火，汉氏之德也。卯，刘姓所以为字也。明汉刘火德尽，而传于新室也。皇帝谦谦，既备固让，十二符应迫著，命不可辞，惧然祗畏，荦然闵汉氏之终不可济，輂輂在左右之不得从意，为之三夜不御寝，三日不御食。延问公侯卿大夫,金曰:'宜奉如上天威命。'于是乃改元定号,海内更始。新室既定,神祇欢喜,申以福应,吉瑞累仍。《诗》曰:'宜民宜人,受禄于天;保右命之,自天申之。'此之谓也。"五威将奉《符命》,赍印绶,王侯以下及吏官名更者,外及匈奴、西域,徼外蛮夷,皆即授新室印绶,因收故汉印绶。赐吏爵人二级,民爵人一级,女子百户羊酒,蛮夷币帛各有差。大赦天下。[①]

王莽代汉,国号为"新",西汉灭亡,人心不稳。为安定民心,王莽以谶纬符命广造舆论,宣扬新朝之合法性,因作《符命》四十二篇颁行天下。

---

① 班固:《汉书》卷九十九中《王莽传》,中华书局 1962 年版,第 4112—4114 页。

扬雄为大夫

赞曰：雄之自序云尔。初，雄年四十余，自蜀来至游京师，大司马车骑将军王音奇其文雅，召以为门下史，荐雄待诏，岁余，奏《羽猎赋》，除为郎，给事黄门，与王莽、刘歆并。哀帝之初，又与董贤同官。当成、哀、平间，莽、贤皆为三公，权倾人主，所荐莫不拔擢，而雄三世不徙官。及莽篡位，谈说之士用符命称功德获封爵者甚众，雄复不侯，以耆老久次转为大夫，恬于势利乃如是。[1]

郑杰文、李梅所著《中国学术思想编年·秦汉卷》载此事于是年，今从之。

扬雄历经成、哀、平三世不徙官，王莽篡位，以符命颂王莽功德者多被封爵。扬雄八十五岁时，因为年纪大，被朝廷授予"中散大夫"的职位。

---

[1] 班固：《汉书》卷八十七下《扬雄传》，中华书局1962年版，第3583页。

王莽授诸侯茅土

　　莽至明堂，授诸侯茅土。下书曰："予以不德，袭于圣祖，为万国主。思安黎元，在于建侯，分州正域，以美风俗。追监前代，爱纲爱纪。惟在《尧典》，十有二州，卫有五服。《诗》国十五，布遍九州。《殷颂》有'奄有九有'之言。《禹贡》之九州无并、幽，《周礼·司马》则无徐、梁。帝王相改，各有云为。或昭其事，或大其本，厥义著明，其务一矣。昔周二后受命，故有东都、西都之居。予之受命，盖亦如之。其以洛阳为新室东都，常安为新室西都。邦畿连体，各有采任。州从《禹贡》为九，爵从周氏有五。诸侯之员千有八百，附城之数亦如之，以俟有功。诸公一同，有众万户，土方百里。侯伯一国，众户五千，土方七十里。子男一则，众户二千有五百，土方五十里。附城大者食邑九成，众户九百，土方三十里。自九以下，降杀以两，至于一成。五差备具，合当一则。今已受茅土者，公十四人，侯九十三人，伯二十一人，子百七十一人，男四百九十七人，凡七百九十六人。附城千五百一十一人。九族之女为任者，八十三人。及汉氏女孙中山承礼君、遵德君、修义君更以为任。十有一公，九卿，十二大夫，二十四元士。定诸国邑采之处，使侍中讲礼大夫孔秉等与州部众郡晓知地理图籍者，共校治于寿成朱鸟堂。予数与群公祭酒上卿亲听视，咸已通矣。夫褒德赏功，所以显仁贤也；九族和睦，所以褒亲亲也。予永惟匪解，思稽前人，将章黜陟，以明好恶，安元元焉。"以图簿未定，未授国邑，且令受奉都内，月钱数千。诸侯皆困乏，至有庸作者。[①]

　　王莽尊周礼古制分封诸侯，重定公、侯、伯、子、男爵位。这是王莽恢复周礼制度的开始。

---

① 班固：《汉书》卷九十九中《王莽传》，中华书局 1962 年版，第 4128—4129 页。

王莽变官制

　　莽以《周官》《王制》之文，置卒正、连率、大尹，职如太守；属令、属长，职如都尉。置州牧、部监二十五人，见礼如三公。监位上大夫，各主五郡。公氏作牧，侯氏卒正，伯氏连率，子氏属令，男氏属长，皆世其官。其无爵者为尹。分长安城旁六乡，置帅各一人。分三辅为六尉郡，河东、河内、弘农、河南、颍川、南阳为六队郡，置大夫，职如太守；属正，职如都尉。更名河南大尹曰保忠信卿。益河南属县满三十。置六郊州长各一人，人主五县。及它官名悉改。大郡至分为五。郡县以亭为名者三百六十，以应符命文也。缘边又置竟尉，以男为之。诸侯国闲田，为黜陟增减云。……其号令变易，皆此类也。①

王莽篡位，以《周礼》载官制改制。

王莽篡汉时，汉朝的地方已为豪强所把持。王莽几乎所有的一系列经济改革，不是半途而废，就是成为豪强兼并的工具，即与这样的历史大背景有关。然而，王莽迷信权力，相信只要有政治上的权威，就能无所顾忌地行使权力，并且无往而不胜。最终，王莽又以为只要抓住货币发行权，通过任意确定币值，就能控制社会财富，实现自己的经济统制愿望。汉时的儒生，普遍希望平均地权和限制资本，这也是当时社会上的普遍要求。人们把这样的理想，寄托在王莽身上。然而，在王莽身上，表现得更为突出的，是控制社会财富的强烈的帝王主权意志，而不是这样的社会理想。②

---

① 班固：《汉书》卷九十九中《王莽传》，中华书局 1962 年版，第 4136—4137 页。
② 程念祺：《王莽的统制经济及其思想来源》，《杭州学刊》2017 年第 3 期。

刘歆欲夺扬雄《方言》

郑杰文、李梅所著《中国学术思想编年·秦汉卷》载此事于是年,今从之。

扬雄《方言》是最早的汉语方言学名著,也为后世学者对各地方言的研究提供了重要的资料。

扬雄卒

　　(扬雄)实好古而乐道,其意欲求文章成名于后世,以为经莫大于《易》,故作《太玄》;传莫大于《论语》,作《法言》;史篇莫善于《仓颉》,作《训纂》;箴莫善于《虞箴》,作《州箴》;赋莫深于《离骚》,反而广之;辞莫丽于相如,作四赋:皆斟酌其本,相与放依而驰骋云。用心于内,不求于外,于时人皆曶之;唯刘歆及范逡敬焉,而桓谭以为绝伦。……雄以病免,复召为大夫。家素贫,耆酒,人希至其门。时有好事者载酒肴从游学,而巨鹿侯芭常从雄居,受其《太玄》《法言》焉。刘歆亦尝观之,谓雄曰:"空自苦!今学者有禄利,然尚不能明《易》,又如《玄》何?吾恐后人用覆酱瓿也。"雄笑而不应。年七十一,天凤五年卒,侯芭为起坟,丧之三年。时大司空王邑、纳言严尤闻雄死,谓桓谭曰:"子常称扬雄书,岂能传于后世乎?"谭曰:"必传。顾君与谭不及见也。凡人贱近而贵远,亲见扬子云禄位容貌不能动人,故轻其书。昔老聃著虚无之言两篇,薄仁义,非礼学,然后世好之者尚以为过于《五经》,自汉文景之君及司马迁皆有是言。今扬子之书文义至深,而论不诡于圣人,若使遭遇时君,更阅贤知,为所称善,则必度越诸子矣。"诸儒或讥以为雄非圣人而作经,犹春秋吴楚之君僭号称王,盖诛绝之罪也。自雄之没至今四十余年,其《法言》大行,而《玄》终不显,然篇籍具存。[①]

　　扬雄(公元前52—公元18年),蜀郡成都(今四川成都)人,少好学,博览群书,口吃不能言,而深思精覃,尤擅辞赋。

　　扬雄的学术成就是多方面的。在文章辞赋领域,他写的四赋被称为汉代辞赋的代表作之一,备受后人推崇。在哲学研究领域,他撰写的《太

---

① 班固:《汉书》卷八十七下《扬雄传》,中华书局1962年版,第3583、3585页。

玄》体现了其卓越的哲学创造力，为后世易学开辟了一条新的发展道路。在儒学研究领域，他撰写的《法言》在两汉思想动荡之际，重新构建了儒学的权威价值体系，在中国儒学发展史上留下浓墨重彩的一笔。在语言文字研究领域，他写下的《方言》和《训纂》，可称得上是中国语言学史上里程碑式的著述。扬雄生活的时代，各家学说互相排斥，大多以非议孔圣为标的，儒家学说的地位遭受严重冲击。扬雄为阐明正道，弘扬孔教，捍卫儒学的纯洁性，仿照《论语》的结构，撰写了《法言》。《法言》共十三篇，采用语录体，通过解答当时人们各种各样的疑难问题和褒贬各种地位的历史人物，维护了孔子及儒学的权威地位，在混乱的思潮中重新构建了新的儒家价值体系，在中国儒学发展史上具有相当重要的地位。①

---

① 舒大刚、王贞贞：《千秋止有一扬雄——扬雄生平及学术思想评议》，《文史杂志》2019 年第
2 期。

立《周礼》于学官

《周官经》六篇。（注：王莽时刘歆置博士。）①

汉兴，有鲁高堂生传《士礼》十七篇，即今之《仪礼》也。而鲁徐生善为容，孝文时为礼官大夫。景帝时，河间献王好古，得古《礼》献之。或曰：河间献王开献书之路，时有李氏上《周官》五篇，失《事官》一篇，乃购千金不得，取《考工记》以补之。……王莽时，刘歆为国师，始建立《周官经》，以为《周礼》。河南缑氏杜子春受业于歆，还家以教门徒，好学之士郑兴父子等多往师之。贾景伯亦作《周礼解诂》。②

郑杰文、李梅所著《中国学术思想编年·秦汉卷》载此事于是年，今从之。

《周礼》作为传统儒家"三礼"之一，具有着非常高的文化意义和史料价值。《周礼》学是围绕《周礼》的传世历史、文献真伪、内容损益、学术价值等问题而形成的学术体系。自刘向刘歆父子将《周礼》从秘府中发现出来，《周礼》学发展几经浮沉，经过刘歆、杜子春、郑兴、郑众、贾徽、贾逵、马融、郑玄、王肃等众多学者的潜心研读和大力发扬，汉魏时期的《周礼》学发展呈现出盘旋上升的态势，《周礼》学在汉魏之世逐渐成为显学。③ 其中，刘歆立《周礼》于学官，是汉代《周礼》学取得官方学术地位的标志。

---

① 班固：《汉书》卷三十《艺文志》，中华书局 1962 年版，第 1709 页。
② 陆德明：《经典释文序录疏证》，中华书局 2008 年版，第 87－91 页。
③ 梁晓峰：《汉魏〈周礼〉学研究》，硕士学位论文，山东师范大学，2016 年，摘要第 I 页。

刘歆自杀

先是，卫将军王涉素养道士西门君惠。君惠好天文谶记，为涉言："星孛扫宫室，刘氏当复兴，国师公姓名是也。"涉信其言，以语大司马董忠，数俱至国师殿中庐道语星宿，国师不应。后涉特往，对歆涕泣言："诚欲与公共安宗族，奈何不信涉也！"歆因为言天文人事，东方必成。涉曰："新都哀侯小被病，功显君素耆酒，疑帝本非我家子也。董公主中军精兵，涉领宫卫，伊休侯主殿中，如同心合谋，共劫持帝，东降南阳天子，可以全宗族；不者，俱夷灭矣！"伊休侯者，歆长子也，为侍中五官中郎将，莽素爱之。歆怨莽杀其三子，又畏大祸至，遂与涉、忠谋，欲发。歆曰："当待太白星出，乃可。"……七月……护军王咸谓忠谋久不发，恐漏泄……忠不听，遂与歆、涉会省户下。莽令虔恽责问，皆服。……刘歆、王涉皆自杀。[1]

刘歆欲从方士西门君惠所造谶言，举众起事，事泄下狱，自杀。王莽从辅汉到篡汉，其野心渐次昭彰。而刘歆对王莽的态度也随之相应变化：从辅佐、内惧而走向背离。以王莽"居摄"为界标，之前，刘歆倡立古文、扼制谶纬、发明"尧后火德说"等辅莽助莽乃至媚莽的行为都是为了"助莽安汉"。之后，随着王莽篡政野心暴露，刘歆也由助莽到内惧，最终走向背莽叛莽。由安汉公到假皇帝、摄皇帝，直至篡政，王莽的欲望在动态过程中步步递进，其篡逆之心其实是在登上权力中心的过程中渐次萌生的。而刘歆对王莽的态度也随这一过程的动态演变发生着变化——由辅佐转向谋叛，其中实质性的转折点应该是王莽篡政建新。[2]

---

① 班固：《汉书》卷九十九《王莽传》，中华书局 1962 年版，第 4184—4185 页。
② 朱松美：《刘歆"助莽篡汉"再议》，《济南大学学报（社会科学版）》2019 年第 2 期。

崔篆"辞归不仕",著《周易林》

舒小子篆,王莽时为郡文学,以明经征诣公车。太保甄丰举为步兵校尉,篆辞曰:"吾闻伐国不问仁人,战陈不访儒士。此举奚为至哉?"遂投劾归。莽嫌诸不附己者,多以法中伤之。时篆兄发以佞巧幸于莽,位至大司空。母师氏能通经学、百家之言,莽宠以殊礼,赐号义成夫人,金印紫绶,文轩丹毂,显于新世。后以篆为建新大尹,篆不得已,乃叹曰:"吾生无妄之世,值浇、羿之君,上有老母,下有兄弟,安得独洁己而危所生哉!"乃遂单车到官,称疾不视事,三年不行县。门下掾倪敞谏,篆乃强起班春。所至之县,狱犴填满。篆垂涕曰:"嗟乎!刑罚不中,乃陷人于阱。此皆何罪,而至于是!"遂平理,所出二千余人。掾吏叩头谏曰:"朝廷初政,州牧峻刻。宥过申枉,诚仁者之心;然独为君子,将有悔乎!"篆曰:"邾文公不以一人易其身,君子谓之知命。如杀一大尹赎二千人,盖所愿也。"遂称疾去。建武初,朝廷多荐言之者,幽州刺史又举篆贤良。篆自以宗门受莽伪宠,惭愧汉朝,遂辞归不仕。客居荥阳,闭门潜思,著《周易林》六十四篇,用决吉凶,多所占验。临终作赋以自悼,名曰《慰志》。[1]

郑杰文、李梅所著《中国学术思想编年·秦汉卷》依据《后汉书·崔骃列传》中"建武初",崔篆"辞归不仕","著《周易林》六十四篇"等史料,以"暂厕此条于此"的态度归纳总结之,并未下定论。

崔篆"辞归不仕",体现的是两汉之际儒者的"臣节"。从西汉末年渐次盛行的清节之风,对崔篆也有无形的刺激,使其生出对士林的自惭形秽感。[2]

---

① 范晔:《后汉书》卷五十二《崔骃列传》,中华书局 2005 年版,第 1149—1150 页。
② 冯小禄:《两汉之际的臣节与文学——以崔篆、冯衍为中心》,《云南师范大学学报(哲学社会科学版)》2005 年第 2 期。

班彪作《王命论》

　　稚生彪。彪字叔皮,幼与从兄嗣共游学,家有赐书,内足于财,好古之士自远方至,父党扬子云以下莫不造门。……叔皮唯圣人之道然后尽心焉。年二十,遭王莽败,世祖即位于冀州。时隗嚣据垄拥众,招辑英俊,而公孙述称帝于蜀汉,天下云扰,大者连州郡,小者据县邑。嚣问彪曰:"往者周亡,战国并争,天下分裂,数世然后乃定,其抑者从横之事复起于今乎? 将承运迭兴在于一人也? 愿先生论之。"对曰:"周之废兴与汉异。昔周立爵五等,诸侯从政,本根既微,枝叶强大,故其末流有从横之事,其势然也。汉家承秦之制,并立郡县,主有专己之威,臣无百年之柄。至于成帝,假借外家,哀、平短祚,国嗣三绝,危自上起,伤不及下。故王氏之贵,倾擅朝廷,能窃号位,而不根于民。是以即真之后,天下莫不引领而叹,十余年间,外内骚扰,远近俱发,假号云合,咸称刘氏,不谋而同辞。方今雄桀带州城者,皆无七国世业之资。《诗》云:'皇矣上帝,临下有赫,鉴观四方,求民之莫。'今民皆讴吟思汉,乡仰刘氏,已可知矣。"嚣曰:"先生言周、汉之势,可也,至于但见愚民习识刘氏姓号之故,而谓汉家复兴,疏矣! 昔秦失其鹿,刘季逐而掎之,时民复知汉乎!"既感嚣言,又愍狂狡之不息,乃著《王命论》以救时难。[①]

　　郑杰文、李梅所著《中国学术思想编年·秦汉卷》载此事于建武元年,今从之。依据《后汉书·光武帝纪》有"建武元年……十二月……隗嚣据陇右"之语,又《后汉书·班彪列传》称班彪作《王命论》时"年二十余",《汉书·叙传》则称"年二十";按照《后汉书·班彪列传》有"建武三十年,(班彪)年五十二,卒官"的记载推算得知其生于平帝元始三年,则建武元年时

---

① 班固:《汉书》卷一百上《叙传》,中华书局 1962 年版,第 4205、4207 页。

班彪二十二岁,即《汉书·叙传》"年二十"有脱误。《资治通鉴》卷四一载此事于建武五年,今不从。

　　班彪的《王命论》对刘氏的天命作了最为清晰的阐述,其核心观点为天下将一统于刘氏。《王命论》谓帝王得位,首须有德,次要有功,又要神明福佑,故才能得到民众拥护而为天子。王莽失败导致了儒生们对禅让的怀疑和对天命的重新追寻,由此兴起了"王命论"思潮。这股思潮主要由三个命题组成——"孔为赤制""上天垂戒""火德承尧,虽昧必亮",分别从圣、天、血统等方面阐述刘氏王命的正当性。这是中国儒学史乃至中国思想史上的一大变局:儒生们由"公天下"转向了"家天下"。这种转向是两汉之际"人心思汉"的社会情绪表达,同时又有学术上承自西汉的宿命因素。"王命论"在东汉大行其道,导致了学术走向平庸。①

---

① 曲利丽:《论两汉之际的"王命论"思潮》,《中国文化研究》2012 年春之卷。

薛汉受诏校图谶

薛汉字公子，淮阳人也。世习《韩诗》，父子以章句著名。汉少传父业，尤善说灾异谶纬，教授常数百人。建武初，为博士，受诏校定图谶。当世言《诗》者，推汉为长。永平中，为千乘太守，政有异迹。后坐楚事辞相连，下狱死。弟子犍为杜抚、会稽澹台敬伯、巨鹿韩伯高最知名。①

郑杰文、李梅所著《中国学术思想编年·秦汉卷》载此事于建武二年，今从之。

薛汉以治《韩诗》著名，教授数百人，建武初为博士，奉命校定图谶。由此可知两点：其一，彼时国家采集图谶书籍甚众，故需校定；其二，至迟在此时，图谶正式编目列为国家藏书。

汉代谶纬思潮是两汉经学发展的一大重要特点。谶纬思想的实质在于以谶"纬"经。当代学者通过考证得知，西汉初即有以"谶"字称呼谶书或谶事的情形。而用"纬"字称呼后世所谓谶纬学或谶纬书，西汉及西汉以前尚无例证，这个概念直到东汉后期才出现。至于"谶纬"合称并凝为一专指词，则更要到汉末魏初时才可见到。谶事谶语、谶验观念早在先秦就已流行，而"谶"这个名称西汉初始见。以"纬"或"纬书"称呼后世谶纬学或谶纬书，到东汉后期始见，而经、谶牵合（以谶"纬"经）之事，根据现存史料，则至少可以上溯到西汉初期。也就是说，伴随着儒家经学的兴起，以谶"纬"经的现象就开始出现了。②

---

① 范晔：《后汉书》卷七十九《儒林列传》，中华书局2005年版，第1735页。
② 张峰屹：《两汉谶纬考论》，《文史哲》2017年第4期。

桓谭上疏陈时政所宜

世祖即位,征待诏,上书言事失旨,不用。后大司空宋弘荐谭,拜议郎给事中,因上疏陈时政所宜,曰:"臣闻国之废兴,在于政事;政事得失,由乎辅佐。辅佐贤明,则俊士充朝,而理合世务;辅佐不明,则论失时宜,而举多过事。夫有国之君,俱欲兴化建善,然而政道未理者,其所谓贤者异也。……盖善政者,视俗而施教,察失而立防,威德更兴,文武迭用,然后政调于时,而躁人可定。……且设法禁者,非能尽塞天下之奸,皆合众人之所欲也,大抵取便国利事多者,则可矣。……今可令诸商贾自相纠告,若非身力所得,皆以臧畀告者。如此,则专役一己,不敢以货与人,事寡力弱,必归功田亩。田亩修,则谷入多而地力尽矣。又见法令决事,轻重不齐,或一事殊法,同罪异论,奸吏得因缘为市,所欲活则出生议,所欲陷则与死比,是为刑开二门也。今可令通义理明习法律者,校定科比,一其法度,班下郡国,蠲除故条。如此,天下知方,而狱无怨滥矣。"书奏,不省。是时帝方信谶,多以决定嫌疑。又酬赏少薄,天下不时安定。谭复上疏曰:"臣前献瞽言,未蒙诏报,不胜愤懑,冒死复陈。……"帝省奏,愈不悦。[①]

郑杰文、李梅所著《中国学术思想编年·秦汉卷》将此事系于建武二年,今从之。郑杰文、李梅考辨此事,认为《后汉书·光武帝纪》载光武二年三月乙未诏"中二千石、诸大夫、博士、议郎议省刑法",而桓谭此上疏涉及刑法内容甚多,或为此时所奏,姑暂厕此条于此。

刘秀目睹了两汉之际儒生对王莽的追随与背离,也看到了儒生群体对现实政权产生的重大影响,决定吸纳儒生为己所用,桓谭是当时儒生群体的代表。刘秀标榜"柔道"治天下,推崇儒术与儒学,但其真正的目的是

① 范晔:《后汉书》卷二十八《桓谭冯衍列传》,中华书局 2005 年版,第 640—643 页。

"吏化"儒生,对其课以吏职,将儒生工具化、将儒学工具化,加强对儒生的思想控制,这体现了东汉初年的政治特点。桓谭与刘秀的分歧集中在两个方面:一是刘秀彻底否定新莽政权的合理性,希望儒生从法理、天命上论证汉室复兴的必然性,桓谭则通过"过新"的方式为刘秀施政提供借鉴,这是有保留地肯定王莽代汉的合理性,也就意味着汉室的复兴不是天命使然,而刘秀对新莽是彻底否定的。二是刘秀以图谶治天下有其政治深意和特定的内涵,桓谭则通过新莽的覆灭经验否定谶纬的价值,没有理解刘秀读谶的深意,其公开地批评刘秀,挑战了刘秀的权威。故桓谭两度上疏陈时政,触怒刘秀,险些丧命,这可以印证东汉初年儒生对当权者的影响之深。①

---

① 杨晓君:《两汉之际政治转折与桓谭历史命运》,硕士学位论文,苏州大学,2016年,第4—5页。

苏竟说刘龚

苏竟字伯况,扶风平陵人也。平帝世,竟以明《易》为博士讲《书》祭酒。善图纬,能通百家之言。王莽时,与刘歆等共典校书,拜代郡中尉。……初,延岑护军邓仲况拥兵据南阳阴县为寇,而刘歆兄子龚为其谋主。竟时在南阳,与龚书晓之曰:"……君处阴中,土多贤士,若以须臾之间,研考异同,揆之图书,测之人事,则得失利害,可陈于目,何自负畔乱之困,不移守恶之名乎?与君子之道,何其反也?世之俗儒末学,醒醉不分,而稽论当世,疑误视听。或谓天下迭兴,未知谁是,称兵据土,可图非冀。或曰圣王未启,宜观时变,倚强附大,顾望自守。二者之论,岂其然乎?夫孔丘秘经,为汉赤制,玄包幽室,文隐事明。且火德承尧,虽昧必亮,承积世之祚,握无穷之符,王氏虽乘间偷篡,而终婴大戮,支分体解,宗氏屠灭,非其效欤?皇天所以眷顾踟蹰,忧汉子孙者也。论者若不本之于天,参之于圣,猥以《师旷杂事》轻自眩惑,说士作书,乱夫大道,焉可信哉?诸儒或曰:今五星失晷,天时谬错,辰星久而不效,太白出入过度,荧惑进退见态,镇星绕带天街,岁星不舍氐、房。以为诸如此占,归之国家。盖灾不徒设,皆应之分野,各有所主。夫房、心即宋之分,东海是也。尾为燕分,渔阳是也。东海董宪迷惑未降,渔阳彭宠逆乱拥兵,王赫斯怒,命将并征,故荧惑应此,宪、宠受殃。太白、辰星自亡新之末,失行算度,以至于今,或守东井,或没羽林,或裴回藩屏,或蹢躅帝宫,或经天反明,或潜藏久沈,或衰微暗昧,或煌煌北南,或盈缩成钩,或偃蹇不禁,皆大运荡除之祥,圣帝应符之兆也。贼臣乱子,往往错互,指麾妄说,传相坏误。由此论之,天文安得遵度哉!……自更始以来,孤恩背逆,归义向善,臧否粲然,可不察欤!良医不能救无命,强梁不能与天争,故天之所坏,人不得支。宜密与太守刘君共谋降议。仲尼栖栖,墨子遑遑,忧人之甚也。屠羊救楚,非要爵禄;茅焦干秦,岂求报利? 尽忠博爱之诚,愤懑不能已耳。"又与仲况书谏之,文多不载,于是仲况与龚遂降。[1]

郑杰文、李梅所著《中国学术思想编年·秦汉卷》将此事系于建武三年,今从之。苏竟说降刘龚,看似与儒学无甚关联,实际却反映了东汉初年儒学的发展特点,即谶纬之学在儒学体系中的发展。

---

[1] 范晔:《后汉书》卷三十上《苏竟杨厚列传》,中华书局 2005 年版,第 699—702 页。

议立《费氏易》《左氏春秋》博士

　　时尚书令韩歆上疏,欲为《费氏易》《左氏春秋》立博士,诏下其议。四年正月,朝公卿、大夫、博士,见于云台。帝曰:"范博士可前平说。"升起对曰:"《左氏》不祖孔子,而出于丘明,师徒相传,又无其人,且非先帝所存,无因得立。"遂与韩歆及太中大夫许淑等互相辩难,日中乃罢。升退而奏曰:"臣闻主不稽古,无以承天;臣不述旧,无以奉君。陛下愍学微缺,劳心经蓺,情存博闻,故异端竞进。近有司请置《京氏易》博士,群下执事,莫能据正。《京氏》既立,《费氏》怨望,《左氏春秋》复以比类,亦希置立。《京》《费》已行,次复《高氏》,《春秋》之家,又有《驺》《夹》。如令《左氏》《费氏》得置博士,《高氏》《驺》《夹》,《五经》奇异,并复求立,各有所执,乖戾分争。从之则失道,不从则失人,将恐陛下必有厌倦之听。……"……元闻之,乃诣阙上疏曰:"……臣愚以为若先帝所行而后主必行者,则盘庚不当迁于殷,周公不当营洛邑,陛下不当都山东也。往者,孝武皇帝好《公羊》,卫太子好《穀梁》,有诏诏太子受《公羊》,不得受《穀梁》。孝宣皇帝在人间时,闻卫太子好《穀梁》,于是独学之。……建立《左氏》,解释先圣之积结,洮汰学者之累惑,使基业垂于万世,后进无复狐疑,则天下幸甚。……"书奏,下其议,范升复与元相辩难,凡十余上。帝卒立《左氏》学,太常选博士四人,元为第一。帝以元新忿争,乃用其次司隶从事李封,于是诸儒以《左氏》之立,论议谨哗,自公卿以下,数廷争之。会封病卒,《左氏》复废。[①]

　　尚书令韩歆议立《费氏易》及《左氏春秋》博士,范升据理力争,言《左氏春秋》不合孔门旧说;陈元以孔子礼有损益、先帝立博士有不同驳难之;

---

① 范晔:《后汉书》卷三十六《郑范陈贾张列传》,中华书局 2005 年版,第 824—827 页。

《左传》博士得立，引起众大臣非议，旋废。这是古今文经之争的一次重要交锋。

可以看出，尚书令韩歆、陈元等人标榜古文经，而范升标榜今文经。儒学上的今古文经之争是从古文经出现就一直争论至今的话题。表面上看是对孔子的定位、六经的排序以及义理或考据等解经方法产生了分歧，实际上是争夺学术的正统地位。今文经在西汉一直处于官方所立的正统地位，然而，古文经在王莽时期的兴起与发展使之一度占据主流，成为官方意识形态，这对今文经的正统地位构成了严峻挑战。至光武帝初年，古文经虽已被废，但已经在民间流传开来，形成了"官方今文经、民间古文经"的学术态势。建武四年的这次古今文经之争，可以视为东汉古今文经对正统地位的维护与竞争的第一次重要交锋。

起太学

冬十月,还,幸鲁,使大司空祠孔子。耿弇等与张步战于临淄,大破之。帝幸临淄,进幸剧。张步斩苏茂以降,齐地平。初起太学。车驾还宫,幸太学,赐博士弟子各有差。①

昔王莽、更始之际,天下散乱,礼乐分崩,典文残落。及光武中兴,爱好经术,未及下车,而先访儒雅,采求阙文,补缀漏逸。先是四方学士多怀协图书,遁逃林薮。自是莫不抱负坟策,云会京师,范升、陈元、郑兴、杜林、卫宏、刘昆、桓荣之徒,继踵而集。于是立《五经》博士,各以家法教授,《易》有施、孟、梁丘、京氏,《尚书》欧阳、大小夏侯,《诗》齐、鲁、韩,《礼》大小戴,《春秋》严、颜,凡十四博士,太常差次总领焉。建武五年,乃修起太学,稽式古典,笾豆干戚之容,备之于列,服方领习矩步者,委它乎其中。②

博士祭酒一人,六百石。本仆射,中兴转为祭酒。博士十四人,比六百石。本注曰:《易》四,施、孟、梁丘、京氏。《尚书》三,欧阳、大小夏侯氏。《诗》三,鲁、齐、韩氏。《礼》二,大小戴氏。《春秋》二,《公羊》严、颜氏。掌教弟子。国有疑事,掌承问对。本四百石,宣帝增秩。③

汉光武帝复兴太学,设立经学十四博士。从光武帝的角度考虑,此举措是出于政治的需要。国家政权需要重新建立稳定的秩序,其中统一思想是稳定社会秩序的重要环节之一。东汉光武帝之时,儒学的人文主义内涵开始发生变化,即图谶和孔教相结合,本来倡导人道的圣人孔子变成

①　范晔:《后汉书》卷一上《光武帝纪》,中华书局 2005 年版,第 28 页。
②　范晔:《后汉书》卷七十九上《儒林列传》,中华书局 2005 年版,第 1717 页。
③　范晔:《后汉书》志第二十五《百官二》,中华书局 2005 年版,第 2436 页。

宣扬天道的巫术的最高权威。光武帝时期全面接受图谶,即位、政策、封禅等所有的国家大事都依照图谶来进行。在光武帝时期,"复兴太学"无疑是"东汉儒教国教化"的开端。①

---

① 渡边义浩撰,仙石知子、朱耀辉译:《论东汉"儒教国教化"的形成》,《文史哲》2015 年第 4 期。

杜林以明经为侍御史

　　杜林字伯山,扶风茂陵人也。父邺,成、哀间为凉州刺史。林少好学沈深,家既多书,又外氏张竦父子喜文采,林从竦受学,博洽多闻,时称通儒。初为郡吏。王莽败,盗贼起,林与弟成及同郡范逡、孟冀等,将细弱俱客河西。道逢贼数千人,……拔刃向林等将欲杀之。冀仰曰:"愿一言而死。将军知天神乎? 赤眉兵众百万,所向无前,而残贼不道,卒至破败。今将军以数千之众,欲规霸王之事,不行仁恩而反遵覆车,不畏天乎?"贼遂释之,俱免于难。隗嚣素闻林志节,深相敬待,以为持书平。后因疾告去,辞还禄食。嚣复欲令强起,遂称笃。……建武六年,弟成物故,嚣乃听林持丧东归。既遣而悔,追令刺客杨贤于陇坻遮杀之。贤见林身推鹿车,载致弟丧,乃叹曰:"当今之世,谁能行义? 我虽小人,何忍杀义士!"因亡去。光武闻林已还三辅,乃征拜侍御史,引见,问以经书故旧及西州事,甚悦之,赐车马衣被。①

　　杜林原本仕于隗嚣集团,但后来隗嚣割据为王,与刘秀建立的东汉政权相对抗,因此他选择了退仕、拒仕。换言之,杜林在西州期间并非不仕、未仕,而是先仕后退。杜林的选择反映出天下局势变动过程中地方势力的微妙变化,更彰显了正统意识影响下两汉之际士大夫的气节。②

---

① 范晔:《后汉书》卷二十七《宣张二王杜郭吴承郑赵列传》,中华书局 2005 年版,第 624－625 页。
② 蒋波、冯艳秋:《汉代名士杜林西州仕宦考》,《咸阳师范学院学报》2016 年第 3 期。

郑兴、卫宏、徐巡从杜林受古文

河南郑兴、东海卫宏等，皆长于古学。兴尝师事刘歆，林既遇之，欣然言曰："林得兴等固谐矣，使宏得林，且有以益之。"及宏见林，暗然而服。济南徐巡，始师事宏，后皆更受林学。林前于西州得漆书《古文尚书》一卷，常宝爱之，虽遭难困，握持不离身。出以示宏等曰："林流离兵乱，常恐斯经将绝。何意东海卫子、济南徐生复能传之，是道竟不坠于地也。古文虽不合时务，然愿诸生无悔所学。"宏、巡益重之，于是古文遂行。①

卫宏字敬仲，东海人也。少与河南郑兴俱好古学。初，九江谢曼卿善《毛诗》，乃为其训。宏从曼卿受学，因作《毛诗序》，善得《风雅》之旨，于今传于世。后从大司空杜林更受《古文尚书》，为作《训旨》。时济南徐巡师事宏，后从林受学，亦以儒显，由是古学大兴。光武以为议郎。宏作《汉旧仪》四篇，以载西京杂事；又著赋、颂、诔七首，皆传于世。②

郑兴字少赣，河南开封人也。少学《公羊春秋》。晚善《左氏传》，遂积精深思，通达其旨，同学者皆师之。天凤中，将门人从刘歆讲正大义，歆美兴才，使撰条例、章句、传诂，及校《三统历》。更始立……拜兴为谏议大夫，使安集关西及朔方、凉、益三州，还拜凉州刺史。会天水有反者，攻杀郡守，兴坐免。时赤眉入关，东道不通，兴乃西归隗嚣，嚣虚心礼请，而兴耻为之屈，称疾不起……遂令与妻子俱东。时建武六年也。侍御史杜林先与兴同寓陇右，乃荐之曰："窃见河南郑兴，执义坚固，敦悦《诗》《书》，好古博物，见疑不惑，有公孙侨、观射父

---

① 范晔：《后汉书》卷二十七《宣张二王杜郭吴承郑赵列传》，中华书局 2005 年版，第 625 页。
② 范晔：《后汉书》卷七十九下《儒林列传》，中华书局 2005 年版，第 1737—1738 页。

之德,宜侍帷幄,典职机密……"乃征为太中大夫。①

郑杰文、李梅所著《中国学术思想编年·秦汉卷》将此事系于建武六年,今从之。

杜林是东汉经学家、藏书家、文字学家。曾任侍御史、大司空。长于文字学,治《古文尚书》。杜林为侍御史,以名德于士林,郑兴、卫宏、徐巡等人慕名从学。杜林出《古文尚书》一卷教之,此为东汉古文经学昌盛之开端。

---

① 范晔:《后汉书》卷三十六《郑范陈贾张列传》,中华书局 2005 年版,第 817—819 页。

朱浮因日食上疏

　　朱浮字叔元，沛国萧人也。……帝以二千石长吏多不胜任，时有纤微之过者，必见斥罢，交易纷扰，百姓不宁。六年，有日食之异，浮因上疏曰："臣闻日者众阳之所宗，君上之位也。凡居官治民，据郡典县，皆为阳为上，为尊为长。若阳上不明，尊长不足，则干动三光，垂示王者。五典纪国家之政，《鸿范》别灾异之文，皆宣明天道，以征来事者也。陛下哀愍海内新离祸毒，保宥生人，使得苏息。而今牧人之吏，多未称职，小违理实，辄见斥罢，岂不粲然黑白分明哉！然以尧、舜之盛，犹加三考，大汉之兴，亦累功效，吏皆积久，养老于官，至名子孙，因为氏姓。当时吏职，何能悉理；论议之徒，岂不喧哗。盖以为天地之功不可仓卒，艰难之业当累日也。而间者守宰数见换易，迎新相代，疲劳道路。寻其视事日浅，未足昭见其职，既加严切，人不自保，各自顾望，无自安之心。有司或因睚眦以骋私怨，苟求长短，求媚上意。二千石及长吏迫于举劾，惧于刺讥，故争饰诈伪，以希虚誉。斯皆群阳骚动，日月失行之应。夫物暴长者必夭折，功卒成者必亟坏，如摧长久之业，而造速成之功，非陛下之福也。天下非一时之用也，海内非一旦之功也。愿陛下游意于经年之外，望化于一世之后，天下幸甚。"帝下其议，群臣多同于浮，自是牧守易代颇简。①

朱浮身为武将，替光武帝平定河北，领幽州牧，其重视教育，兴办学校，又颇有文采，面对彭宠谋反，曾写《为幽州牧与彭宠书》，言辞犀利，脍炙人口。光武即位，整饬吏治，动辄免官。朱浮因日食而借《易》理、五行说光武帝，自此革除州牧更换过频之弊。这是东汉初年，儒者利用经学和

---

① 范晔：《后汉书》卷三十三《朱冯虞郑周列传》，中华书局 2005 年版，第 763—766 页。

五行学说向皇帝进谏的典型事件。一方面可以看出经学和五行学说、灾异学说对政治的影响,另一方面可以看出经学与灾异学说乃至后世的谶纬迷信结合的端倪。

郑兴不为谶

帝尝问兴郊祀事,曰:"吾欲以谶断之,何如?"兴对曰:"臣不为谶。"帝怒曰:"卿之不为谶,非之邪?"兴惶恐曰:"臣于书有所未学,而无所非也。"帝意乃解。兴数言政事,依经守义,文章温雅,然以不善谶故不能任。①

光武帝令臣下议郊祀事宜,欲以谶言断之,问郑兴,郑兴以"不为谶"作答。这表现了东汉初部分儒士的一种倾向,他们厌倦了王莽、刘秀借谶言即位的做法,故不习谶言而为古文经。

帝王对谶纬大力推崇,使得谶纬之说杂入经学,实则是帝王利用权术对今古文经学进行某种程度的驾驭与引导。而谶纬之说的大量杂入,使得经学在整体上丧失了学术纯洁性与权威性,客观上造成了"谶纬乱经"的实际状况。谶纬导致了经学阐释与传承的混乱,因此遭到了一些儒者的抵制。②

---

① 范晔:《后汉书》卷三十六《郑范陈贾张列传》,中华书局 2005 年版,第 821 页。
② 侯捷飞:《谶纬乱经:东汉帝王与士人"天命"解释权之争》,《河南大学学报(社会科学版)》2021 年第 2 期。

王隆作《汉官篇》

　　王隆字文山,冯翊云阳人也。王莽时,以父任为郎,后避难河西,为窦融左护军。建武中,为新汲令。能文章,所著诗、赋、铭、书凡二十六篇。[①]

　　故新汲令王隆作《小学汉官篇》,诸文倜说,较略不究。[②]

王隆作《汉官篇》,胡广为之作注,现久佚。

---

①　范晔:《后汉书》卷八十上《文苑列传》,中华书局 2005 年版,第 1761 页。
②　范晔:《后汉书》志第二十四《百官一》,中华书局 2005 年版,第 2425 页。

戴凭说经

戴凭字次仲，汝南平舆人也。习《京氏易》。年十六，郡举明经，征试博士，拜郎中。时诏公卿大会，群臣皆就席，凭独立。光武问其意。凭对曰："博士说经皆不如臣，而坐居臣上，是以不得就席。"帝即召上殿，令与诸儒难说，凭多所解释。帝善之，拜为侍中，数进见问得失。帝谓凭曰："侍中当匡补国政，勿有隐情。"凭对曰："陛下严。"帝曰："朕何用严？"凭曰："伏见前太尉西曹掾蒋遵，清亮忠孝，学通古今，陛下纳肤受之诉，遂致禁锢，世以是为严。"帝怒曰："汝南子欲复党乎？"凭出，自系廷尉，有诏敕出。后复引见，凭谢曰："臣无謇谔之节，而有狂瞽之言，不能以尸伏谏，偷生苟活，诚惭圣朝。"帝即敕尚书解遵禁锢，拜凭虎贲中郎将，以侍中兼领之。①

刘汝霖《汉晋学术编年》卷四，以及郑杰文、李梅所著《中国学术思想编年·秦汉卷》均将此事系于建武十七年，今从之。刚直不阿，是汉代一些儒士入仕后的一个特点，汉光武帝时的杨政、戴凭即为代表。②

---

① 范晔：《后汉书》卷七十九上《儒林列传》，中华书局 2005 年版，第 1722—1723 页。
② 瞿林东：《精于学而廉于政——读〈后汉书·儒林传〉札记》，《齐鲁学刊》1997 年第 2 期。

桓荣说《尚书》

显宗孝明皇帝……建武十五年封东海公,十七年进爵为王,十九年立为皇太子。师事博士桓荣,学通《尚书》。①

建武十九年,年六十余,始辟大司徒府。时显宗始立为皇太子,选求明经,乃擢荣弟子豫章何汤为虎贲中郎将,以《尚书》授太子。世祖从容问汤本师为谁,汤对曰:"事沛国桓荣。"帝即召荣,令说《尚书》,甚善之。拜为议郎,赐钱十万,入使授太子。每朝会,辄令荣于公卿前敷奏经书。帝称善,曰:"得生几晚!"会欧阳博士缺,帝欲用荣。荣叩头让曰:"臣经术浅薄,不如同门生郎中彭闳、扬州从事皋弘。"帝曰:"俞,往,女谐。"因拜荣为博士,引闳、弘为议郎。车驾幸大学,会诸博士论难于前,荣被服儒衣,温恭有蕴藉,辩明经义,每以礼让相厌,不以辞长胜人,儒者莫之及,特加赏赐。又诏诸生雅吹击磬,尽日乃罢。后荣入会庭中,诏赐奇果,受者皆怀之,荣独举手捧之以拜。帝笑指之曰:"此真儒生也。"以是愈见敬厚,常令止宿太子宫。积五年,荣荐门下生九江胡宪侍讲,乃听得出,旦一入而已。荣尝寝病,太子朝夕遣中傅问病,赐以珍羞、帷帐、奴婢,谓曰:"如有不讳,无忧家室也。"后病愈,复入侍进。②

桓荣是两汉之际人,少年离家到首都长安求学,拜朱普为师学习《欧阳尚书》。东汉建国后,桓荣年逾六十,受到光武帝刘秀的赏识,拜为议郎,赐钱十万,以经教授太子。后又拜为《欧阳尚书》博士。明帝时期,坐到帝王师的位置,这也是汉儒的最高追求了。③

---

① 范晔:《后汉书》卷二《显宗孝明帝纪》,中华书局 2005 年版,第 65 页。
② 范晔:《后汉书》卷三十七《桓荣丁鸿列传》,中华书局 2005 年版,第 839—840 页。
③ 张荣明:《政治与学术之间的汉代章句学》,《南开学报(哲学社会科学版)》2007 年第 1 期。

包咸入授皇太子《论语》

　　建武中，入授皇太子《论语》，又为其章句。拜谏议大夫、侍中、右中郎将。①

　　包咸，字子良，会稽曲阿人，两汉之际学术素养深厚的经学家。大经师包咸被诏入宫授太子《论语》，郑杰文、李梅所著《中国学术思想编年·秦汉卷》将此事系于建武十九年，今从之。包咸的《论语章句》是东汉章句之学的代表作之一，他对《论语》的解释有其独到之处。其保存在《论语集解》中的解释除少部分外，大都被朱熹《论语集注》袭取。②

────────────────

①　范晔：《后汉书》卷七十九下《儒林列传》，中华书局 2005 年版，第 1734 页。
②　唐明贵：《别具特色的包咸〈论语章句〉》，《沧桑》2006 年第 4 期。

张纯等议宗庙之礼

张纯字伯仁,京兆杜陵人也。高祖父安世,宣帝时为大司马卫将军,封富平侯。……纯少袭爵土,哀平间为侍中,王莽时至列卿。……纯在朝历世,明习故事。建武初,旧章多阙,每有疑议,辄以访纯,自郊庙婚冠丧纪礼仪,多所正定。帝甚重之,以纯兼虎贲中郎将,数被引见,一日或至数四。纯以宗庙未定,昭穆失序,十九年,乃与太仆朱浮共奏言:"陛下兴于匹庶,荡涤天下,诛锄暴乱,兴继祖宗。窃以经义所纪,人事众心,虽实同创革,而名为中兴,宜奉先帝,恭承祭祀者也。元帝以来,宗庙奉祠高皇帝为受命祖,孝文皇帝为太宗,孝武皇帝为世宗,皆如旧制。又立亲庙四世,推南顿君以上尽于春陵节侯。礼,为人后者则为之子,既事大宗,则降其私亲。今禘祫高庙,陈序昭穆,而春陵四世,君臣并列,以卑厕尊,不合礼意。设不遭王莽,而国嗣无寄,推求宗室,以陛下继统者,安得复顾私亲,违礼制乎?昔高帝以自受命,不由太上,宣帝以孙后祖,不敢私亲,故为父立庙,独群臣侍祠。臣愚谓宜除今亲庙,以则二帝旧典,愿下有司博采其议。"诏下公卿,大司徒戴涉、大司空窦融议:"宜以宣、元、成、哀、平五帝四世代今亲庙,宣、元皇帝尊为祖、父,可亲奉祠,成帝以下,有司行事,别为南顿君立皇考庙。其祭上至春陵节侯,群臣奉祠,以明尊尊之敬,亲亲之恩。"帝从之。是时宗庙未备,自元帝以上,祭于洛阳高庙,成帝以下,祠于长安高庙,其南顿四世,随所在而祭焉。[1]

张纯与朱浮奏书,言光武既承汉统,应嗣西汉诸帝,而不应顾念私亲,光武帝从之。儒学对宗庙之礼极为重视,宗庙之礼的议定,确立了光武帝继承西汉大统的正统性,满足了国家的政治需要。

---

[1] 范晔:《后汉书》卷三十五《张曹郑列传》,中华书局 2005 年版,第 801—802 页。

起明堂、辟雍，宣布图谶于天下

　　是岁，初起明堂、灵台、辟雍，及北郊兆域。宣布图谶于天下。[1]

　　此年，大兴礼仪，起明堂、辟雍，并宣布图谶于天下，使图谶成为新官学。随着西汉末年政局的变动，刘秀对谶纬的态度不断调整，即从起初对谶纬避而不谈转向信仰，并被其子孙承袭，确立和巩固了谶纬在政治领域及学术界的根本指导地位。此后，谶纬已然定型，凡有增损改易谶纬者定当治罪。这是用政治和法律的权力来维持谶纬神学的尊严。[2]

---

[1]　范晔：《后汉书》卷一下《光武帝纪》，中华书局 2005 年版，第 57 页。
[2]　黄立田、吉新宏：《知识形态的王权规划——论东汉前期的意识形态策略》，《齐鲁学刊》2015年第 3 期。

桓谭卒

　　其后有诏会议灵台所处,帝谓谭曰:"吾欲以谶决之,何如?"谭默然良久,曰:"臣不读谶。"帝问其故,谭复极言谶之非经。帝大怒曰:"桓谭非圣无法,将下斩之!"谭叩头流血,良久乃得解。出为六安郡丞,意忽忽不乐,道病卒,时年七十余。初,谭著书言当世行事二十九篇,号曰《新论》,上书献之,世祖善焉。《琴道》一篇未成,肃宗使班固续成之。所著赋、诔、书、奏,凡二十六篇。①

　　郑杰文、李梅所著《中国学术思想编年·秦汉卷》将此事系于中元元年,今从之。桓谭是东汉哲学家、经学家。作为一个积极入世的儒者,桓谭思考最多的就是如何清除时弊,兴治辅国,他多次上书"陈时政所宜"并因此获罪便是明证,他的著述言论也鲜明地体现了重视人才、知人善任的人才思想。②

---

① 范晔:《后汉书》卷二十八《桓谭冯衍列传》,中华书局 2005 年版,第 643 页。
② 刘峨:《桓谭及其思想的当代价值与研究路径》,《常州大学学报(社会科学版)》2014 年第 1 期。

赵晔作《吴越春秋》

赵晔字长君，会稽山阴人也。少尝为县吏，奉檄迎督邮，晔耻于厮役，遂弃车马去。到犍为资中，诣杜抚受《韩诗》，究竟其术。积二十年，绝问不还，家为发丧制服。抚卒乃归。州召补从事，不就。举有道。卒于家。晔著《吴越春秋》《诗细历神渊》。蔡邕至会稽，读《诗细》而叹息，以为长于《论衡》。邕还京师，传之，学者咸诵习焉。时山阳张匡，字文通。亦习《韩诗》，作章句。后举有道，博士征，不就。卒于家。[1]

东汉赵晔撰《吴越春秋》，原十二卷，隋以后缺佚二卷，《宋史·艺文志》记为十卷。《吴越春秋》是主要记述春秋末期吴越二国（包括一部分楚国）之事的杂史。前五篇为吴事，起于吴太伯，迄于夫差；后五篇为越事，记越国自无余以至勾践称霸及其后人，注重吴越争霸的史实。

与谶纬密切结合而趋于神学化，这是东汉经学最大的特征。《吴越春秋》不可避免地打上了经学的烙印，《吴越春秋》体现出来的忠信仁义、复仇报恩、天人合一、谶纬神学、慨叹兴衰等社会思想和精神现象，与汉代的社会背景、风俗信仰、儒士心态等相符。《吴越春秋》的创作有其经学目的，是"两汉思想表达的另一方式"。[2]

---

[1]　范晔：《后汉书》卷七十九下《儒林列传》，中华书局2005年版，第1737页。
[2]　王鹏：《〈吴越春秋〉与东汉经学》，硕士学位论文，南京师范大学，2006年，摘要第Ⅰ页。

樊儵等以谶记正五经异说

儵字长鱼，……就侍中丁恭受《公羊严氏春秋》。……永平元年，拜长水校尉，与公卿杂定郊祠礼仪，以谶记正《五经》异说。北海周泽、琅邪承宫并海内大儒，儵皆以为师友而致之于朝。上言郡国举孝廉，率取年少能报恩者，耆宿大贤多见废弃，宜敕郡国简用良俊。又议刑辟宜须秋月，以顺时气。显宗并从之。①

至永平元年，长水校尉儵奏言，先帝大业，当以时施行。欲使诸儒共正经义，颇令学者得以自助。②

光武帝尤好谶记，时与群臣论谶，并斥责不为谶者杜林、桓谭等。明帝即位，樊儵等以张明先帝大业为由，以谶记正五经异说，使谶纬取得了经学正宗的地位。两汉四百余年，正统经学与谶纬思潮始终相伴，不同时期或有远近消长，而终至牵合。此一演进历程，至两汉之际而显耀，至东汉初期而定规，由此长久地主导着东汉经学的旨趣。自光武帝刘秀始，东汉一朝的政治思想文化中，贯彻着经谶牵合、以谶释经的思想路径。受此导引和规约，东汉时期无论谶纬学者、方术士，还是正统经学家及其他著名学人，他们的学养和思想中，也无不呈示着经、谶牵合互释特征。以谶文牵合经义，经、谶互释，成为东汉一朝普遍的思想方式。③

---

① 范晔：《后汉书》卷三十二《樊宏阴识列传》，中华书局 2005 年版，第 753 页。
② 范晔：《后汉书》卷三《肃宗孝章帝纪》，中华书局 2005 年版，第 95 页。
③ 张峰屹：《经谶牵合，以谶释经：东汉经学之思想特征概说》，《文学与文化》2017 年第 2 期。

博士董钧善为礼

　　董钧字文伯,犍为资中人也。习《庆氏礼》。事大鸿胪王临。元始中,举明经,迁廪牺令,病去官。建武中,举孝廉,辟司徒府。钧博通古今,数言政事。永平初,为博士。时草创五郊祭祀,及宗庙礼乐,威仪章服,辄令钧参议,多见从用,当世称为通儒。累迁五官中郎将,常教授门生百余人。后坐事左转骑都尉。年七十余,卒于家。①

　　董钧善《庆氏礼》,永平初为博士,参与草创五郊祭祀、宗庙礼乐及威仪章服等。西汉后期,谶纬的影响开始扩大,至光武帝中元元年又"宣布图谶于天下",成为东汉的重要统治思想。汉明帝正是任用这些熟悉谶纬又精通礼学的儒生,诸如董钧等人"创五郊祭祀"。②

---

①　范晔:《后汉书》卷七十九下《儒林列传》,中华书局2005年版,第1738页。
②　张鹤泉:《东汉五郊迎气祭祀考》,《人文杂志》2011年第3期。

郑众、贾逵从杜子春受《周礼》

　　刘向、子歆校理秘书,始得列序,著于《录》《略》,然亡其《冬官》一篇,以《考工记》足之。时众儒并出共排,以为非是。唯歆独识。其年尚幼,务在广览博观,又多锐精于《春秋》。末年,乃知其周公致太平之道,迹具在斯。奈遭天下仓卒,兵革并起,疾疫丧荒,弟子死丧,徒有里人河南缑氏杜子春尚在,永平之初,年且九十,家于南山,能通其读,颇识其说,郑众、贾逵往受业焉。众、逵洪雅博闻,又以经书记转。①

　　郑杰文、李梅所著《中国学术思想编年·秦汉卷》将此事系于永平元年,今从之。

　　杜子春从刘歆学习《周礼》,永平初,教授于南山,郑众、贾逵等从其受业。又,杜子春著述久佚,今有马国翰辑《周礼杜氏注》两卷(见《玉函山房辑佚书·经编周官礼类》)。两汉之际著名经学家杜子春、郑兴、贾徽、郑众、贾逵及卫宏等人都曾直接或间接地师从刘歆学习过《周礼》。他们或是刘歆的弟子,或是刘歆的再传弟子,都出于刘歆的《周礼》学传承谱系。他们在《周礼》研究领域都做出了重要贡献,从而使《周礼》学逐步发扬光大。②

---

① 贾公彦:《周礼正义序》附《周礼废兴》,《唐宋注疏十三经(二)》,中华书局1998年版,第4页。
② 丁鼎:《刘歆的〈周礼〉学及其在两汉之际的传承谱系》,《湖南大学学报(社会科学版)》2016年第5期。

改太乐为《太予乐》

秋八月戊辰，改大乐为大予乐。①

曹褒字叔通，鲁国薛人也。父充，持《庆氏礼》，建武中为博士，从巡狩岱宗，定封禅礼，还，受诏议立七郊、三雍、大射、养老礼仪。显宗即位，充上言："汉再受命，仍有封禅之事，而礼乐崩阙，不可为后嗣法。五帝不相沿乐，三王不相袭礼，大汉当自制礼，以示百世。"帝问："制礼乐云何？"充对曰："《河图括地象》曰：'有汉世礼乐文雅出。'《尚书琁机钤》曰：'有帝汉出，德洽作乐，名予。'"帝善之，下诏曰："今且改太乐官曰太予乐，歌诗曲操，以俟君子。"拜充侍中。作章句辩难，于是遂有庆氏学。②

秋八月，诏曰："《琁机钤》曰：'有帝汉出，德洽作乐，名予。'"会明帝改其名，郊庙乐曰《太予乐》，正乐官曰太予乐官，以应图谶。③

光武帝封禅泰山后，令曹充制定七郊等礼仪；明帝即位，曹充继其事，以图谶说明帝改太乐之名为《太予乐》。汉明帝重新整合了乐舞体系，并将《太乐》改名为《太予乐》。永平二年三月，初行大射礼；同年十月，明帝幸辟雍，初行养老礼；同年开始迎气五郊；永平三年八月，改太乐为太予乐；同年十月蒸祭光武庙，开始奏《文始》《五行》《武德》舞。东汉的祭祀乐舞体系逐步完善，并且一直沿着光武帝时所确立的合古礼法的原则向前发展。④ 但改《太乐》为《太予乐》之事不只是完善祭祀乐舞，其中渗透着谶纬思想对儒家礼乐制度的影响。

---

① 范晔：《后汉书》卷二《显宗孝明帝纪》，中华书局 2005 年版，第 73 页。
② 范晔：《后汉书》卷三十五《张曹郑列传》，中华书局 2005 年版，第 806－807 页。
③ 刘珍等撰，吴树平校注：《东观汉记校注》（下），中华书局 2008 年，第 56 页。
④ 杜鹃：《东汉祭祀中的乐舞》，《兰州学刊》2006 年第 3 期。

伏恭删《齐诗》章句

永平二年，代梁松为太仆。四年，帝临辟雍，于行礼中拜恭为司空，儒者以为荣。初，父黯章句繁多，恭乃省减浮辞，定为二十万言。在位九年，以病乞骸骨罢，诏赐千石奉以终其身。十五年，行幸琅邪，引遇如三公仪。建初二年冬，肃宗行飨礼，以恭为三老。年九十，元和元年卒，赐葬显节陵下。①

此时的章句之学已十分繁复，渐为统治者所厌。伏恭继承家学《齐诗》，并对其父伏黯的《解说》进行删修，"乃省减浮辞，定为二十万言"。这些从其章句中删去的大量"浮辞"，不只是烦琐重出的文字，还包含那些曾令各家尖锐对立、争论不休的内容。经过删修的今文经学各家典籍不仅达到了"正经义"的日的，而且也开始弥合各家的分歧。今文经学各家大规模地删修典籍可以看作是今古文经学合流的前奏。②

---

① 范晔：《后汉书》卷七十九下《儒林列传》，中华书局 2005 年版，第 1734—1735 页。
② 庞鸿志：《伏恭与东汉〈齐诗〉的发展及传播》，《石家庄学院学报》2017 年第 4 期。

为四姓小侯置五经师

　　是岁，大有年。为四姓小侯开立学校，置《五经》师。（李贤注引袁宏《汉纪》曰：永平中崇尚儒学，自皇太子、诸王侯及功臣子弟，莫不受经。又为外戚樊氏、郭氏、阴氏、马氏诸子弟立学，号四姓小侯，置《五经》师。以非列侯，故曰小侯。《礼记》曰"庶方小侯"，亦其义也。）[①]

　　帝崇尚儒学，自皇太子诸王侯及大臣子弟、功臣子孙，莫不受经。又为外戚樊氏、郭氏、阴氏、马氏诸子立学于南宫，号"四姓小侯"。置《五经》师，搜选高能以授其业。自期门、羽林之士，悉令通《孝经》章句。匈奴亦遣子入学。[②]

　　明帝崇尚儒学，除令太子及诸王学经外，又令诸外姓小侯及大臣子弟等皆习儒经。尤其注重《孝经》，由外治而至内修，是与前代诸帝兴儒之差异。士大夫作为东汉具有一定的政治地位和文化知识的精英阶层，他们以儒者自居，积极践行儒家的孝道思想，使社会上涌现出了大量的孝子贤孙，有力地促进了东汉社会的重孝风气。东汉在实施孝治的过程中，国家采取一系列措施推广孝道，不仅《孝经》成为全社会的通行教材，而且还出现至孝选举，官府通过褒奖孝行、惩罚不孝，扩大了孝道思想的影响范围。东汉家庭更是注重从小培养子女的孝德意识，使得士大夫在日常生活中都能谨遵孝道，积极履行为人子者的应尽义务。[③]

---

① 范晔：《后汉书》卷二《显宗孝明帝纪》，中华书局 2005 年版，第 77 页。
② 司马光：《资治通鉴》卷四十五，中华书局 2013 年版，第 1213 页。
③ 张凡：《东汉士大夫孝道研究》，硕士学位论文，曲阜师范大学，2017 年，摘要第 I 页。

丁鸿为侍中

丁鸿字孝公，颍川定陵人也。父綝，字幼春，王莽末守颍阳尉。……建武元年，拜河南太守……（鸿年十三，从桓荣受《欧阳尚书》，三年而明章句，善论难，为都讲，遂笃志精锐，布衣荷担，不远千里。）初，綝从世祖征伐，鸿独与弟盛居，怜盛幼小而共寒苦。及綝卒，鸿当袭封，上书让国于盛，不报。既葬，乃挂缞绖于冢庐而逃去，留书与盛曰："鸿贪经书，不顾恩义，弱而随师，生不供养，死不饭啥，皇天先祖，并不祐助，身被大病，不任茅土。前上疾状，愿辞爵仲公，章寝不报，迫且当袭封。谨自放弃，逐求良医。如遂不瘳，永归沟壑。"鸿初与九江人鲍骏同事桓荣，甚相友善，及鸿亡封，与骏遇于东海，阳狂不识骏。骏乃止而让之曰："昔伯夷、吴札乱世权行，故得申其志耳。《春秋》之义，不以家事废王事。今子以兄弟私恩而绝父不灭之基，可谓智乎？"鸿感悟，垂涕叹息，乃还就国，开门教授。鲍骏亦上书言鸿经学至行，显宗甚贤之。[①]

丁鸿少从桓荣受《欧阳尚书》。父死，让爵位于弟，佯狂游世，为鲍骏所斥，悟而开馆授徒。丁鸿最初袭封父爵阳陵侯，在封地大办学堂，受汉明帝赏识，召拜侍中，又兼射声校尉，改封鲁阳乡侯。

---

① 范晔：《后汉书》卷三十七《桓荣丁鸿列传》，中华书局 2005 年版，第 848 页。

贾逵上《左氏传解诂》《国语解诂》

贾逵字景伯，扶风平陵人也。九世祖谊，文帝时为梁王太傅。曾祖父光，为常山太守，宣帝时以吏二千石自洛阳徙焉。父徽，从刘歆受《左氏春秋》，兼习《国语》《周官》，又受《古文尚书》于涂恽，学《毛诗》于谢曼卿，作《左氏条例》二十一篇。逵悉传父业，弱冠能诵《左氏传》及《五经》本文，以《大夏侯尚书》教授，虽为古学，兼通五家《穀梁》之说。自为儿童，常在太学，不通人间事。身长八尺二寸，诸儒为之语曰："问事不休贾长头。"性恺悌，多智思，俶傥有大节。尤明《左氏传》《国语》，为之《解诂》五十一篇，永平中，上疏献之。显宗重其书，写藏秘馆。时有神雀集宫殿官府，冠羽有五采色，帝异之，以问临邑侯刘复，复不能对，荐逵博物多识，帝乃召见逵，问之。对曰："昔武王终父之业，鸑鷟在岐，宣帝威怀戎狄，神雀仍集，此胡降之征也。"帝敕兰台给笔札，使作《神雀颂》，拜为郎，与班固并校秘书，应对左右。[1]

郑杰文、李梅所著《中国学术思想编年·秦汉卷》将此事系于永平十七年，今从之。

贾逵曾任侍中。汉明帝时，谶纬之言盛行，正直、忠实之言难以被采纳。学者和大臣多因此获罪。贾逵因怕直言获罪，借谶纬之风盛行之机，上书言《左传》与谶纬相合，可立博士。贾逵在《左氏传解诂》中证明《左传》与图谶相合，在《左氏长义》中附会刘氏为帝尧之后，得火德，从而论证汉室得天下之正，这些都是经学家曲解古代典籍来为当世政治服务的传统手法。但是贾逵"附会文致"的目的，却是要在《公羊春秋》学垄断官学地位的情况下，为《左传》的传承与发展争得一席之地。[2] 而且，贾逵在注

---

[1] 范晔：《后汉书》卷三十六《郑范陈贾张列传》，中华书局 2005 年版，第 828—829 页。
[2] 邱居里：《贾逵与史学》，《史学史研究》2006 年第 4 期。

《左传》时，并不全守古文门户，不仅没有摒弃《公羊》《穀梁》二传，而且抉发微言大义，阐述天人阴阳思想，甚至直接采用公羊、穀梁说之处也屡有所见。这说明在东汉时期今古之学的斗争中，森严之壁垒正在逐渐消除，"相攻若仇"的态势也逐渐变得缓和。①

---

① 李文博：《贾逵注〈左传〉"不用今说"辨》，《孔子研究》2013 年第 6 期。

贾逵论《春秋》三传优劣

　　肃宗立，降意儒术，特好《古文尚书》《左氏传》。建初元年，诏逵入讲北宫白虎观、南宫云台。帝善逵说，使发出《左氏传》大义长于二传者。逵于是具条奏之曰："臣谨摘出《左氏》三十事尤著明者，斯皆君臣之正义，父子之纪纲。其余同《公羊》者什有七八，或文简小异，无害大体。至如祭仲、纪季、伍子胥、叔术之属，《左氏》义深于君父，《公羊》多任于权变，其相殊绝，固以甚远，而冤抑积久，莫肯分明。臣以永平中上言《左氏》与图谶合者，先帝不遗刍荛，省纳臣言，写其传诂，藏之秘书。建平中，侍中刘歆欲立《左氏》，不先暴论大义，而轻移太常，恃其义长，诋挫诸儒，诸儒内怀不服，相与排之。孝哀皇帝重逆众心，故出歆为河内太守。从是攻击《左氏》，遂为重仇。至光武皇帝，奋独见之明，兴立《左氏》《穀梁》，会二家先师不晓图谶，故令中道而废。凡所以存先王之道者，要在安上理民也。今左氏崇君父，卑臣子，强干弱枝，劝善戒恶，至明至切，至直至顺。且三代异物，损益随时，故先帝博观异家，各有所采。《易》有施、孟，复立梁丘，《尚书》欧阳，复有大小夏侯，今三传之异亦犹是也。又《五经》家皆无以证图谶明刘氏为尧后者，而《左氏》独有明文。《五经》家皆言颛顼代黄帝，而尧不得为火德。《左氏》以为少昊代黄帝，即图谶所谓帝宣也。如令尧不得为火，则汉不得为赤。其所发明，补益实多。陛下通天然之明，建大圣之本，改元正历，垂万世则，是以麟凤百数，嘉瑞杂沓。犹朝夕恪勤，游情《六蓺》，研机综微，靡不审核。若复留意废学，以广圣见，庶几无所遗失矣。"书奏，帝嘉之，赐布五百匹，衣一袭，令逵自选《公羊》严、颜诸生高才者二十人，教以《左氏》，与简纸经传各一通。[①]

---

① 范晔：《后汉书》卷三十六《郑范陈贾张列传》，中华书局 2005 年版，第 829－831 页。

　　章帝即位,好古文经学,贾逵因言《左传》大义长于《公羊》《穀梁》,与谶纬多合。章帝因令公羊学弟子从贾逵习《左传》。贾逵论《春秋》三传优劣,是东汉的第二次今古文经之争。

　　解说章句,略于史事,重在指明孔子的《春秋》笔法,阐发蕴含的微言大义,来为汉王朝的政治统治服务,这是以公羊学为代表的经学的途径。重礼仪教化,重宗法情谊是《穀梁春秋》所重之事,而记述历史,通过史事记载来说明《春秋》,将《春秋》还原于史学,则是《左氏传》的一大特色,此为三传的区别所在。① 通过史料可以看出,东汉的第二次今古文之争,实际是由章帝发起的,是章帝支持古文经学大师贾逵对今文经学展开的一次全面挑战。贾逵之父贾徽就是两汉之际的一位古文经学家,而贾逵则"悉传父业,弱冠能诵《左氏传》及《五经》",而"尤明《左氏传》《国语》,为之《解诂》五十一篇"。章帝即位,"特好《古文尚书》《左氏传》",诏逵入讲,而"善逵说",于是命贾逵"发出《左氏传》大义长于二传者"。这是章帝在《春秋》学领域命贾逵对今文经学发起的挑战。于是贾逵"摘出《左氏》三十事尤著明者",认为"斯皆君臣之正义,父子之纪纲"。其书上奏章帝后,受到章帝的嘉奖,赐给他布五百匹,衣一袭,并令他"自选《公羊》严、颜诸生高才者二十人,教以《左氏》"。可见太学此时虽未立《左氏》博士,实已开设《左氏》课程,且选公羊学之高才生以教授之,由此开了东汉太学教授古文经学的先例。这是古文经学取得的一次重大胜利。②

---

① 邱居里:《贾逵与史学》,《史学史研究》2006 年第 4 期。
② 杨天宇:《略论汉代今古文经学的斗争与融合》,《郑州大学学报(哲学社会科学版)》2001 年第 2 期。

白虎观会议

  十一月壬戌,诏曰:"盖三代导人,教学为本。汉承暴秦,褒显儒术,建立《五经》,为置博士。其后学者精进,虽曰承师,亦别名家。孝宣皇帝以为去圣久远,学不厌博,故遂立大、小夏侯《尚书》,后又立《京氏易》。至建武中,复置颜氏、严氏《春秋》,大、小戴《礼》博士。此皆所以扶进微学,尊广道艺也。中元元年诏书,《五经》章句烦多,议欲减省。至永平元年,长水校尉儵奏言,先帝大业,当以时施行。欲使诸儒共正经义,颇令学者得以自助。孔子曰:'学之不讲,是吾忧也。'又曰:'博学而笃志,切问而近思,仁在其中矣。'於戏,其勉之哉!"于是下太常,将、大夫、博士、议郎、郎官及诸生、诸儒会白虎观,讲议《五经》同异,使五官中郎将魏应承制问,侍中淳于恭奏,帝亲称制临决,如孝宣甘露石渠故事,作《白虎议奏》。[1]

  建初中,大会诸儒于白虎观,考详同异,连月乃罢。肃宗亲临称制,如石渠故事,顾命史臣,著为通义。[2]

  章帝好古文,于是年诏群臣儒生会白虎观,讲议五经同异。由魏应传达皇帝提出的问题,群臣儒生讨论后,淳于恭整理奏上;议而不决者,由章帝裁决。白虎观会议是东汉儒学史上的一次重大事件,亦是学术界研究之热点问题。白虎观会议之所以召开,在于经学章句繁复,且师学、家学门派林立,无法统一思想。自武帝立五经博士至章帝时已有两百年,其间经学得到充分发展,"章句之徒,破坏大体",陷入烦言碎辞。"一经说至百余万言",学者终生不能通一经。这种状况妨碍了经学发挥统治思想的作用。同时今古文经学内部以及正统经学与谶纬神学之间矛盾重重,派别

---

① 范晔:《后汉书》卷三《肃宗孝章帝纪》,中华书局 2005 年版,第 95 页。
② 范晔:《后汉书》卷七十九上《儒林列传》,中华书局 2005 年版,第 1718 页。

纷争不可收拾。白虎观会议就是为了解决这些问题而召开的。[①]

　　白虎观会议不是一次简单的"学术会议",它是一次知识与权力的协作,宣告了帝王意志与儒学整合而成为国家意识形态这一时代的来临。其"学术会议报告"《白虎通义》的理论资源主要是今文经学、纬书、阴阳五行,其理论逻辑是"天人感应"指导下的"天—地—人"的比附系统。《白虎通义》给人一种相当鲜明而强大的秩序感,一种强烈的规划世界的意志力量。[②]

---

① 　张岂之:《中国思想史》(上卷),西北大学出版社,2012年,312页。
② 　黄立田、吉新宏:《知识形态的王权规划——论东汉前期的意识形态策略》,《齐鲁学刊》2015年第3期。

班固作《白虎通德论》

  十一月壬戌……于是下太常,将、大夫、博士、议郎、郎官及诸生、诸儒会白虎观,讲议《五经》同异,使五官中郎将魏应承制问,侍中淳于恭奏,帝亲称制临决,如孝宣甘露石渠故事,作《白虎议奏》。(李贤注:"今《白虎通》。")①

  及肃宗雅好文章,固愈得幸,数入读书禁中,或连日继夜。每行巡狩,辄献上赋颂,朝廷有大议,使难问公卿,辩论于前,赏赐恩宠甚渥。固自以二世才术,位不过郎,感东方朔、杨雄自论,以不遭苏、张、范、蔡之时,作《宾戏》以自通焉。后迁玄武司马。天子会诸儒讲论《五经》,作《白虎通德论》,令固撰集其事。②

  东汉章帝建初四年朝廷召开白虎观会议,由将、大夫、博士、议郎、郎官及诸生、诸儒陈述见解,讲议五经异同,意图弥合今古文经学异同。章帝亲自裁决其经义奏议,会议的成果由班固写成《白虎通》一书,也称《白虎通义》或《白虎通德论》。《白虎通》以今文经学为基础,初步实现了经学的统一。该书罗列了今古文经学各家的观点,汇集了关于社会、政治、礼仪、风俗、制度、伦理等四十三条经学名词的解释,突出了"三纲六纪"伦理说,亦涉及天地、五行、人体、惰性等问题,是谶纬及古今文经学的杂合体。③

  《白虎通》是一部名副其实的经学通义,不像一般经学著作那样解释个别经书的章句,而是就经学涉及的重要问题作理论性的说明。全书分四十四个篇目,内容包含封建时代社会生活、政治制度、思想文化各个方

---

① 范晔:《后汉书》卷三《肃宗孝章帝纪》,中华书局 2005 年版,第 95 页。
② 范晔:《后汉书》卷四十下《班彪列传》,中华书局 2005 年版,第 925－926 页。
③ 张造群:《"三纲六纪"与儒家社会秩序观的形成》,《学术研究》2011 年第 3 期。

面,都从儒学经典出发做出了扼要解说,其主要突出了封建宗法制度的基本原则三纲五常。《白虎通》与一般经学著作的另一个不同点在于,它是经朝廷群臣讨论,由皇帝钦定的解释,代表封建统治阶级的整体意志,而不是封建统治阶级中个别人的意志,一定程度上起着制度的作用。但是,由于它主要阐释经义,不可避免地随着经书的内容叙述历史上的制度和不同学派的观点,有些与东汉实际情况已不符合,不能完全等同于制度,只能作为制定制度的基本原则。①

---

① 张岂之:《中国思想史》(上卷),西北大学出版社,2012 年,313 页。

贾逵整理《书》《诗》《周礼》

逵数为帝言《古文尚书》与经传《尔雅》诂训相应，诏令撰欧阳、大小夏侯《尚书》古文同异。逵集为三卷，帝善之。复令撰齐、鲁、韩《诗》与《毛氏》异同。并作《周官解故》。迁逵为卫士令。①

刘汝霖《汉晋学术编年》卷四考此为建初六年事，今从之。贾逵推重古文《尚书》，章帝令其校理《尚书》古今文异同，并校古今文《诗》异同，又作《周官解诂》，迁卫士令。又，《周官解诂》，《隋志》《唐志》不载，今有马国翰辑《周礼贾氏解诂》一卷（见《玉函山房辑佚书续编·经编周官礼类》）。古文经学重实的精神，体现为由文字训诂探究圣人之道。郑玄在总结郑氏父子、贾逵、马融等古文经学家解诂《周礼》时，指出他们共同的治学特色是，"就其原文字之声类，求训诂，捃秘逸"；《论语注疏》释"子所雅言，《诗》、《书》、执礼，皆雅言也"时，所引郑玄语"读先王典法，必正其音，然后义全"，这些都说明以声求义是古文经学训诂经义的重要方法。而以声求义，正是文字训诂最重要的方法。古文经学尽管有对政治的关怀，也有贾逵那样特别善于迎合现实政治的人物，但就整体而论，古文经学与现实政治的关系，同今文经学还是有区别的。今文经学以现实政治为出发点，以服务于现实政治为目的，古文经学的出发点是经典文本，是通过文字训诂来阐明圣人之道。换句话说，今文经学偏重的是现实与政治，古文经学偏重的是道与学。②

---

① 范晔：《后汉书》卷三十六《郑范陈贾张列传》，中华书局 2005 年版，第 832 页。
② 黄开国：《论汉代的古文经学》，《社会科学战线》2018 年第 2 期。

诏令群儒选高才生学古文经

冬十二月……诏曰:"《五经》剖判,去圣弥远,章句遗辞,乖疑难正,恐先师微言将遂废绝,非所以重稽古,求道真也。其令群儒选高才生,受学《左氏》《穀梁春秋》《古文尚书》《毛诗》,以扶微学,广异义焉。"①

迁逵为卫士令。八年,乃诏诸儒各选高才生,受《左氏》《穀梁春秋》《古文尚书》《毛诗》,由是四经遂行于世。皆拜逵所选弟子及门生为千乘王国郎,朝夕受业黄门署,学者皆欣欣羡慕焉。②

又诏高才生受《古文尚书》《毛诗》《穀梁》《左氏春秋》,虽不立学官,然皆擢高第为讲郎,给事近署,所以网罗遗逸,博存众家。③

贾逵受诏整理《诗》《书》等今古文经异同,受章帝赏识,章帝于是令选高才生从其受《左传》《穀梁传》《古文尚书》《毛诗》。这是古今文经学斗争中的一大事件,古文经学博士随着王莽王朝的消亡失势,而群儒名士研习不绝,明帝、章帝又喜好古文经,故至此时取得了实际上的优势地位。

---

① 范晔:《后汉书》卷三《肃宗孝章帝纪》,中华书局 2005 年版,第 99 页。
② 范晔:《后汉书》卷三十六《郑范陈贾张列传》,中华书局 2005 年版,第 832 页。
③ 范晔:《后汉书》卷七十九上《儒林列传》,中华书局 2005 年版,第 1728 页。

丁鸿因日食上封事

闰月丁丑,太常丁鸿为司徒。①

和帝即位,迁太常。永元四年,代袁安为司徒。是时窦太后临政,宪兄弟各擅威权。鸿因日食,上封事曰:"臣闻日者阳精,守实不亏,君之象也;月者阴精,盈毁有常,臣之表也。故日食者,臣乘君,阴陵阳;月满不亏,下骄盈也。昔周室衰季,皇甫之属专权于外,党类强盛,侵夺主势,则日月薄食,故《诗》曰:'十月之交,朔月辛卯,日有食之,亦孔之丑。'《春秋》日食三十六,弑君三十二。变不空生,各以类应。夫威柄不以放下,利器不可假人。览观往古,近察汉兴,倾危之祸,靡不由之。……臣愚以为左官外附之臣,依托权门,倾覆诐谀,以求容媚者,宜行一切之诛。间者大将军再出,威振州郡,莫不赋敛吏人,遣使贡献。大将军虽云不受,而物不还主,部署之吏无所畏惮,纵行非法,不伏罪辜,故海内贪猾,竞为奸吏,小民吁嗟,怨气满腹。臣闻天不可以不刚,不刚则三光不明;王不可以不强,不强则宰牧从横。宜因大变,改政匡失,以塞天意。"书奏十余日,帝以鸿行太尉兼卫尉,屯南、北宫。于是收窦宪大将军印绶,宪及诸弟皆自杀。②

和帝即位,外戚窦氏专权,丁鸿因借日食上封事,言臣权太重,故天垂象谴告。当时朝臣的政治立场分野很明显,在追随窦宪的"拥窦派"之外,从明、章帝两朝留下了不少忠君大臣,丁鸿即是代表。丁鸿上疏并获得和帝支持打破窦氏兄弟的专权,证明此时统治者的皇权和儒士的臣权并没有被外戚内宦架空,儒学、经学仍是官方意识形态。

---

① 范晔:《后汉书》卷四《孝和孝殇帝纪》,中华书局 2005 年版,第 118 页。
② 范晔:《后汉书》卷三十七《桓荣丁鸿列传》,中华书局 2005 年版,第 850－851 页。

崔骃卒

及宪为车骑将军,辟骃为掾。……宪擅权骄恣,骃数谏之。及出击匈奴,道路愈多不法,骃为主簿,前后奏记数十,指切长短。宪不能容,稍疏之,因察骃高第,出为长岑长。骃自以远去,不得意,遂不之官而归。永元四年,卒于家。所著诗、赋、铭、颂、书、记、表、《七依》、《婚礼结言》、《达旨》、《酒警》合二十一篇。①

崔骃是东汉中前期著名的文学家。由《后汉书》本传可知,崔骃自幼便博学多识,聪慧过人,十三岁时就能熟诵儒家经典和百家之言,年轻时进入太学,在太学中同班固、傅毅齐名。崔骃作为东汉初期文坛领袖之一,创作出许多各式题材的作品。从现存的作品中,我们可以看出他不仅学识渊博,同时也在其文风中彰显他高雅的人格,是一名真正传统意义上的儒家知识分子。② 有《达旨》《四巡颂》等二十一篇传于世。《隋书·经籍志》著录其集十卷,已散佚。明人辑有《崔亭伯集》。后人辑有《东汉崔亭伯集》一卷,今存《汉魏六朝百三名家集》中。

① 范晔:《后汉书》卷五十二《崔骃列传》,中华书局 2005 年版,第 1162 页。
② 张岩:《崔骃创作研究》,硕士学位论文,西北师范大学,2016 年,内容提要第 Ⅰ 页、绪论第 1 页。

班固卒

　　固不教学诸子,诸子多不遵法度,吏人苦之。初,洛阳令种兢尝行,固奴干其车骑,吏棰呼之,奴醉骂,兢大怒,畏宪不敢发,心衔之。及窦氏宾客皆逮考,兢因此捕系固,遂死狱中。时年六十一。……固所著《典引》《宾戏》《应讥》、诗、赋、铭、诔、颂、书、文、记、论、议、六言,在者凡四十一篇。论曰:"司马迁、班固父子,其言史官载籍之作,大义粲然著矣。议者咸称二子有良史之才。迁文直而事覈,固文赡而事详。若固之序事,不激诡,不抑抗,赡而不秽,详而有体,使读之者亹亹而不厌,信哉其能成名也。彪、固讥迁,以为是非颇谬于圣人。然其论议常排死节,否正直,而不叙杀身成仁之为美,则轻仁义,贱守节愈矣。固伤迁博物洽闻,不能以智免极刑;然亦身陷大戮,智及之而不能守之。呜呼,古人所以致论于目睫也!"[1]

　　班固是东汉著名的史学家、文学家,但因与窦宪过往甚密,受其牵连,死于狱中,卒年六十一岁。班固擅长辞赋,著有《两都赋》《幽通赋》等,遵从"劝百讽一"的表现原则,对汉代文学发展产生了深远的影响。其既承儒家《诗》学传统,更受社会清明、帝王倡导、颂文兴盛等时代氛围影响,作赋与论赋皆以"颂汉"为旨归,所谓"述叙汉德""润色鸿业""光扬大汉",不仅实现了汉赋由讽而颂的转圜,也从此奠定了盛世而赋的"赋颂"传统,颇具"赋史"意义。[2]

　　与文学成就相比,班固所著之《汉书》对后世史学产生了更为巨大的影响。其记述了上起西汉的汉高祖元年(公元前206年),下至新朝王莽

---

① 范晔:《后汉书》卷四十《班彪列传》,中华书局2005年版,第935页。
② 何新文、王慧:《班固的"赋颂"理论及其〈两都赋〉"颂汉"的赋史意义》,《中南民族大学学报(人文社会科学版)》2015年第2期。

地皇四年(公元 23 年)共二百三十年的历史,分为本纪十二篇,表八篇,志十篇,传七十篇,共一百篇,后人划分为一百二十卷,全书共八十万字。《汉书》不仅是我国第一部"纪传体断代史",而且在体例上也多有创新,对后世儒学产生了深远影响。

贾逵奉诏校定古文

八年，乃诏诸儒各选高才生，受《左氏》《穀梁春秋》《古文尚书》《毛诗》，由是四经遂行于世。皆拜逵所选弟子及门生为千乘王国郎，朝夕受业黄门署，学者皆欣欣羡慕焉。和帝即位，永元三年，以逵为左中郎将。八年，复为侍中，领骑都尉。内备帷幄，兼领秘书近署，甚见信用。逵荐东莱司马均、陈国汝郁，帝即征之，并蒙优礼。均字少宾，安贫好学，隐居教授，不应辟命。信诚行乎州里，乡人有所计争，辄令祝少宾，不直者终无敢言。位至侍中，以老病乞身，帝赐以大夫禄，归乡里。郁字叔异，性仁孝，及亲殁，遂隐处山泽。后累迁为鲁相，以德教化，百姓称之，流人归者八九千户。①

贾逵为侍中，并向朝廷举荐古文经学家共同校定古文，如东莱司马均、陈国汝郁，"帝即征之，并蒙优礼"。此时，贾逵已经获得汉和帝的信任，选荐之人人品值得赞赏，这说明，贾逵并不是只为一己之利行事，他更心怀国家，倾心古文研究。②

尤其是贾逵在章帝朝的努力，促使章帝采取鼓励古文学的措施，极大推动了《左传》在东汉朝野的流传和发展，致使左氏学在东汉后期的学术潮流中，已经逐渐取代公羊学而居于主流地位。③

---

① 范晔：《后汉书》卷三十六《郑范陈贾张列传》，中华书局 2005 年版，第 832 页。
② 刘红：《论贾逵在两汉今古文兴替中的作用》，《人文天下》2019 年第 21 期。
③ 邱居里：《贾逵与史学》，《史学史研究》2006 年第 4 期。

张奋上疏请定礼乐

　　奋字稚通。父纯，……奋少好学，……建初元年，拜左中郎将，转五官中郎将，迁长水校尉。七年，为将作大匠，章和元年，免。永元元年，复拜城门校尉。四年，迁长乐卫尉。明年，代桓郁为太常。六年，代刘方为司空。……九年，以病罢。在家上疏曰："圣人所美，政道至要，本在礼乐。《五经》同归，而礼乐之用尤急。孔子曰：'安上治民，莫善于礼；移风易俗，莫善于乐。'又曰：'揖让而化天下者，礼乐之谓也。'先王之道，礼乐可谓盛矣。孔子谓子夏曰：'礼以修外，乐以制内，丘已矣夫！'又曰：'礼乐不兴，则刑罚不中；刑罚不中，则民无所厝其手足。'臣以为汉当制作礼乐，是以先帝圣德，数下诏书，愍伤崩缺，而众儒不达，议多驳异。臣累世台辅，而大典未定，私窃惟忧，不忘寝食。臣犬马齿尽，诚冀先死见礼乐之定。"①

　　张奋家传礼学，明经为官，是年病归家，上书奏请改定礼乐。张奋屡次上言制礼，和帝虽然认为他说的很对，但是仍未施行。此后安帝时刘珍、陈忠，桓帝时胡广，献帝时刘表或制定汉礼，或建言行礼，但是包括和帝在内的诸帝，对礼制建设都没有光武、明、章三帝的志向和气度，加之国家政治的败坏，遂使儒生制礼兴治的愿望都落空了。②

---

① 范晔：《后汉书》卷三十五《张曹郑列传》，中华书局2005年版，第804—805页。
② 禹平、严俊：《试论东汉的礼制建设》，《吉林大学社会科学学报》2009年第5期。

鲁丕辩经

　　永元二年,迁东郡太守。丕在二郡,为人修通溉灌,百姓殷富。数荐达幽隐名士。明年,拜陈留太守。视事三期,后坐禀贫人不实,征司寇论。十一年复征,再迁中散大夫。时侍中贾逵荐丕道蓺深明,宜见任用。和帝因朝会,召见诸儒,丕与侍中贾逵、尚书令黄香等相难数事,帝善丕说,罢朝,特赐冠帻履袜衣一袭。丕因上疏曰:"……臣闻说经者,传先师之言,非从己出,不得相让;相让则道不明,若规矩权衡之不可枉也。难者必明其据,说者务立其义,浮华无用之言不陈于前,故精思不劳而道术愈章。法异者,各令自说师法,博观其义。览诗人之旨意,察《雅》《颂》之终始,明舜、禹、皋陶之相戒,显周公、箕子之所陈,观乎人文,化成天下。陛下既广纳謇謇以开四聪,无令刍荛以言得罪;既显岩穴以求仁贤,无使幽远独有遗失。"……(永初)五年,年七十五,卒于官。①

　　鲁丕任地方官时,颇有政声,后迁中散大夫,与贾逵、黄香论难,因言辩经之事,即师传家法不得相让、难者务有证据、论经当关乎风化,由此为和帝赏识。经学各派之间的竞争,还表现在朝野间经常性的经学"辩难"。在朝中,辩难的获胜者每以此脱颖而出,或受赏赐,或晋官爵。至于论难中胜负的标准,从和帝永元十一年鲁丕的上疏中可以略窥一斑。此为鲁丕与贾逵、黄香"相难"后获赐而作,意在提醒和帝广纳群言。所以,"各令自说师法,博观其义"正是针对辩难中师法界限严明的情况,建议和帝不宜明令求同,应取存异之心。可见"辩难"乃是各以师法、家法互相攻讦的一种论辩活动。②

---

① 范晔:《后汉书》卷二十五《卓鲁魏刘列传》,中华书局 2005 年版,第 591－592 页。
② 蓝旭:《禄利之途与东汉初期经学新风》,《山东师范大学学报(人文社会科学版)》2007 年第 3 期。

徐防上疏请策试时从其家法

徐防字谒卿,沛国铚人也。祖父宣,为讲学大夫,以《易》教授王莽。父宪,亦传宣业。防少习父祖学,永平中,举孝廉,除为郎。防体貌矜严,占对可观,显宗异之,特补尚书郎。职典枢机,周密畏慎,奉事二帝,未尝有过。和帝时,稍迁司隶校尉,出为魏郡太守。……十四年,拜司空。防以《五经》久远,圣意难明,宜为章句,以悟后学。上疏曰:"臣闻《诗》《书》《礼》《乐》,定自孔子;发明章句,始于子夏。其后诸家分析,各有异说。汉承乱秦,经典废绝,本文略存,或无章句。收拾缺遗,建立明经,博征儒术,开置太学。孔圣既远,微旨将绝,故立博士十有四家,设甲乙之科,以勉劝学者,所以示人好恶,改敝就善者也。伏见太学试博士弟子,皆以意说,不修家法,私相容隐,开生奸路。每有策试,辄兴诤讼,论议纷错,互相是非。孔子称'述而不作',又曰'吾犹及史之阙文',疾史有所不知而不肯阙也。今不依章句,妄生穿凿,以遵师为非义,意说为得理,轻侮道术,浸以成俗,诚非诏书实选本意。改薄从忠,三代常道,专精务本,儒学所先。臣以为博士及甲乙策试,宜从其家章句,开五十难以试之。解释多者为上第,引文明者为高说;若不依先师,义有相伐,皆正以为非。《五经》各取上第六人,《论语》不宜射策。虽所失或久,差可矫革。"诏书下公卿,皆从防言。①

经学论争,除今古文之争外,尚有同派门户之争、同门系别之争,故经学解说,日渐繁复。徐防因此上疏,奏请博士及甲乙策试中,遵从其家章句,毋生异说。

---

① 范晔:《后汉书》卷四十四《邓张徐张胡列传》,中华书局 2005 年版,第 1012—1013 页。

张霸删《严氏春秋》

　　张霸字伯饶，蜀郡成都人也。年数岁而知孝让，虽出入饮食，自然合礼，乡人号为"张曾子"。七岁通《春秋》，复欲进余经，父母曰"汝小未能也"，霸曰"我饶为之"，故字曰"饶"焉。后就长水校尉樊鯈受《严氏公羊春秋》，遂博览《五经》。诸生孙林、刘固、段著等慕之，各市宅其傍，以就学焉。举孝廉光禄主事，稍迁，永元中为会稽太守，表用郡人处士顾奉、公孙松等。奉后为颍川太守，松为司隶校尉，并有名称。其余有业行者，皆见擢用。郡中争厉志节，习经者以千数，道路但闻诵声。初，霸以樊鯈删《严氏春秋》犹多繁辞，乃减定为二十万言，更名《张氏学》。……视事三年，谓掾史曰："太守起自孤生，致位郡守。盖日中则移，月满则亏。老氏有言：'知足不辱。'"遂上病。后征，四迁为侍中。时皇后兄虎贲中郎将邓骘，当朝贵盛，闻霸名行，欲与为交，霸逡巡不答，众人笑其不识时务。后当为五更，会疾卒，年七十。①

张霸少从樊鯈受《严氏公羊春秋》，并通五经，后为郡守，推行儒学，擢用儒生，遂使教化大行，又将《严氏春秋》减定为二十万言，更名《张氏学》。张霸传其子张楷，"楷字公超，通《严氏春秋》《古文尚书》，门徒常百人。宾客慕之，自父党夙儒，偕造门焉。车马填街，徒从无所止，黄门及贵戚之家，皆起舍巷次，以候过客往来之利。楷疾其如此，辄徙避之"，形成了较大的学术影响。②

---

①　范晔：《后汉书》卷三十六《郑范陈贾张列传》，中华书局 2005 年版，第 833—834 页。
②　文廷海、谭锐：《东汉〈春秋〉学的传授及其特点略论》，《求索》2010 年第 3 期。

樊准上疏请举明经及旧儒子孙

准字幼陵,宏之族曾孙也。父瑞,好黄老言,清静少欲。准少励志行,修儒术,以先父产业数百万让孤兄子。永元十五年,和帝幸南阳,准为郡功曹,召见,帝器之,拜郎中,从车驾还宫,特补尚书郎。邓太后临朝,儒学陵替,准乃上疏曰:"臣闻贾谊有言,'人君不可以不学'。故虽大舜圣德,孳孳为善;成王贤主,崇明师傅。及光武皇帝受命中兴,群雄崩扰,旌旗乱野,东西诛战,不遑启处,然犹投戈讲蓺,息马论道。至孝明皇帝,兼天地之姿,用日月之明,庶政万机,无不简心,而垂情古典,游意经蓺,每飨射礼毕,正坐自讲,诸儒并听,四方欣欣。虽阙里之化,矍相之事,诚不足言。又多征名儒,以充礼官,如沛国赵孝、琅邪承宫等,或安车结驷,告归乡里;或丰衣博带,从见宗庙。其余以经术见优者,布在廊庙。故朝多瑞瑞之良,华首之老。每宴会,则论难衍衍,共求政化。详览群言,响如振玉。朝者进而思政,罢者退而备问。小大随化,雍雍可嘉。期门羽林介胄之士,悉通《孝经》。博士议郎,一人开门,徒众百数。化自圣躬,流及蛮荒,匈奴遣伊秩訾王大车且渠来入就学。八方肃清,上下无事。是以议者每称盛时,咸言永平。今学者盖少,远方尤甚。博士倚席不讲,儒者竞论浮丽,忘謇謇之忠,习谀谀之辞。文吏则去法律而学诋欺,锐锥刀之锋,断刑辟之重,德陋俗薄,以致苛刻。昔孝文窦后性好黄老,而清静之化流景、武之间。臣愚以为宜下明诏,博求幽隐,发扬岩穴,宠进儒雅,有如孝、宫者,征诣公车,以俟圣上讲习之期。公卿各举明经及旧儒子孙,进其爵位,使缵其业。复召郡国书佐,使读律令。如此,则延颈者日有所见,倾耳者月有所闻。伏愿陛下推述先帝进业之道。"太后深纳其言,是后屡举方正、敦朴、仁贤之士。①

樊准上疏请倡明儒学,广兴礼义,多举明经及旧儒子孙,以替代刀笔苛刻之吏,这从一个方面向我们昭示了东汉前期重视儒学的本质和功能以及儒生的追求。②

---

① 范晔:《后汉书》卷三十二《樊宏阴识列传》,中华书局 2005 年版,第 755—756 页。
② 臧知非:《两汉之际儒生价值取向探微》,《史学集刊》2003 年第 2 期。

刘珍校书东观

诏谒者刘珍及《五经》博士，校定东观《五经》、诸子、传记、百家艺术，整齐脱误，是正文字。①

刘珍字秋孙，一名宝，南阳蔡阳人也。少好学。永初中，为谒者仆射。邓太后诏使与校书刘騊駼、马融及《五经》博士，校定东观《五经》、诸子传记、百家艺术，整齐脱误，是正文字。②

太后自入宫掖，从曹大家受经书，兼天文、算数。昼省王政，夜则诵读，而患其谬误，惧乖典章，乃博选诸儒刘珍等及博士、议郎、四府掾史五十余人，诣东观雠校传记。事毕奏御，赐葛布各有差。又诏中官近臣于东观受读经传，以教授官人，左右习诵，朝夕济济。③

案：胡广注隆此篇，其论之注曰："前安帝时，越骑校尉刘千秋校书东观，好事者樊长孙与书曰：'汉家礼仪，叔孙通等所草创，皆随律令在理官，藏于几阁，无记录者，久令二代之业，暗而不彰。诚宜撰次，依拟《周礼》，定位分职，各有条序，令人无愚智，入朝不惑。君以公族元老，正丁其任，焉可以已！'刘君甚然其言，与邑子通人郎中张平子参议未定，而刘君迁为宗正、卫尉，平子为尚书郎、太史令，各务其职，未暇恤也。至顺帝时，平子为侍中典校书，方作《周官解说》，乃欲以〔渐〕次述汉事，会复迁河间相，遂莫能立也。述作之功，独不易矣。既感斯言，顾见故新汲令王文山《小学》为《汉官篇》，略道公卿外内之职，旁及四夷，博物条畅，多所发明，足以知旧制仪品。盖法有成易，而道有因革，是以聊集所宜，为作诂解，各随其下，缀续后事，令世

---

① 范晔：《后汉书》卷五《孝安帝纪》，中华书局 2005 年版，第 144 页。
② 范晔：《后汉书》卷八十上《文苑列传》，中华书局 2006 年版，第 1766 页。
③ 范晔：《后汉书》卷十上《皇后纪》，中华书局 2005 年版，第 281 页。

施行,庶明厥旨,广前后愤盈之念,增助来哲多闻之览焉。"①

邓太后从班昭习经书及天文历算,以是时典籍脱误较多,因诏刘珍及诸博士于东观校定五经及传记、诸子百家等篇籍。刘珍在东观的文学活动主要表现为其是《东观汉记》的主要执笔和主持,并负责校定典籍。刘珍著作,除《建武以来名臣传》外,其《东观汉记》的《光武叙》《章帝叙》《殇帝叙》三史论皆作于任职东观时期。以刘珍为首的文士五十余人齐聚东观,蔚为壮观,不仅是安帝朝,放之整个东汉也是一桩盛事。②

---

① 范晔:《后汉书》志第二十四《百官一》,中华书局 2005 年版,第 2425—2426 页。
② 李建华:《东汉洛阳兰台、东观文人群体及其创作考论》,《古籍整理研究学刊》2015 年第 1 期。

班昭作《女诫》

　　永初中，太后兄大将军邓骘以母忧，上书乞身，太后不欲许，以问昭。昭因上疏曰……太后从而许之。于是骘等各还里第焉。作《女诫》七篇，有助内训。……昭女妹曹丰生，亦有才惠，为书以难之，辞有可观。[①]

　　班昭数度被召入宫教授，因作《女诫》。郑杰文、李梅所著《中国学术思想编年·秦汉卷》将此事系于永初四年，今从之。《女诫》一书一直是文学界和思想史领域的热点研究对象，其由《序言》及《卑弱》《夫妇》《敬慎》《妇行》《专心》《曲从》《和叔妹》七章构成，不过一千八百余字。它集中反映了古代女子道德的内容，包括了几个方面：第一，关于女子地位与角色责任的论述，这主要体现在《卑弱》章中；第二，事夫之道，这体现在《夫妇》《敬慎》《专心》章里；第三，和家之道，这主要体现在《曲从》《和叔妹》章里；第四，女性个人修养，这主要体现在《妇行》章里。[②]

---

① 范晔：《后汉书》卷八十四《列女传》，中华书局 2005 年版，第 1881—1886 页。
② 肖群忠：《论传统女德的批判继承——以班昭〈女诫〉为例》，《孔学堂》2016 年第 2 期。

马融从班昭受读《汉书》

时《汉书》始出，多未能通者，同郡马融伏于阁下，从昭受读。①

此时《汉书》开始流传，人多不能读晓，马融从班昭学读《汉书》。郑杰文、李梅所著《中国学术思想编年·秦汉卷》将此事系于永初四年，今从之。《汉书》掌握难度很高，因而最初的流传推广是很有难度的。班昭高才卓识，为《汉书》著者之一，马融博学聪颖，乃一代宗师，以马融的资质尚需追随班昭问学，《汉书》难读程度可想而知，训释注解成为必需，"汉书学"随之萌芽。"汉书学"的发展亦有迹可循。延笃是目前已知最早注释《汉书》之人，延笃本为马融学生，"又从马融受业，博通经传及百家之言，能著文章，有名京师"。马融是班昭弟子，班昭乃《汉书》四位著者之一，可见延笃与《汉书》渊源颇深，唯其所注留存极少。②

① 范晔：《后汉书》卷八十四《列女传》，中华书局 2005 年版，第 1881 页。
② 肖瑞峰、石树芳：《"汉书学"的历史流程及其特征》，《清华大学学报（哲学社会科学版）》2013年第 4 期。

马融上《广成颂》

　　是时邓太后临朝，骘兄弟辅政。而俗儒世士，以为文德可兴，武功宜废，遂寝搜狩之礼，息战陈之法，故猾贼从横，乘此无备。融乃感激，以为文武之道，圣贤不坠，五才之用，无或可废。元初二年，上《广成颂》以讽谏。其辞曰："臣闻孔子曰：'奢则不逊，俭则固。'奢俭之中，以礼为界。是以《蟋蟀》《山枢》之人，并刺国君，讽以太康驰驱之节。夫乐而不荒，忧而不困，先王所以平和府藏，颐养精神，致之无疆。故戛击鸣球，载于《虞谟》；吉日车攻，序于《周诗》。圣主贤君，以增盛美，岂徒为奢淫而已哉！……"颂奏，忤邓氏，滞于东观，十年不得调。①

　　是时邓太后临朝，兴文偃武，马融作《广成颂》以讽谏。郑杰文、李梅所著《中国学术思想编年·秦汉卷》将此事系于元初二年，今从之。以马融为代表的一些敏感的士大夫，针对邓后、顺帝文治路线的弊端，提出了加强武备的建议，希望统治者在政策上作出调整，《广成颂》《上林颂》就是这种意见的代表。

---

① 范晔：《后汉书》卷六十上《马融列传》，中华书局 2005 年版，第 1319－1332 页。

刘珍、李尤、刘毅骝等受诏撰《汉记》

永宁元年，太后又诏珍与骝骁作建武已来名臣传，迁侍中、越骑校尉。[①]

李尤字伯仁，广汉雒人也。少以文章显。和帝时，侍中贾逵荐尤有相如、杨雄之风，召诣东观，受诏作赋，拜兰台令史。稍迁，安帝时为谏议大夫，受诏与谒者仆射刘珍等俱撰《汉记》。后帝废太子为济阴王，尤上书谏争。顺帝立，迁乐安相。年八十三卒。所著诗、赋、铭、诔、颂、《七叹》、《哀典》凡二十八篇。尤同郡李胜，亦有文才，为东观郎，著赋、诔、颂、论数十篇。[②]

汉明帝曾诏班固等作《世祖本纪》等，是年太后令刘珍等继此作《汉记》，记事止于永初间。《东观汉记》作为东汉一朝的国史，对于东汉历史研究意义重大。[③]

---

① 范晔：《后汉书》卷八十上《文苑列传》，中华书局 2005 年版，第 1766 页。
② 范晔：《后汉书》卷八十上《文苑列传》，中华书局 2005 年版，第 1765 页。
③ 刘子立：《〈东观汉记〉"自永初以下阙续"考》，《史学史研究》2016 年第 2 期。

王逸作《楚辞章句》

  《后汉书·文苑列传》云："举上计吏，为校书郎。顺帝时，为侍中。著《楚辞章句》行于世。"《文选集注》卷六三引陆善经："后为豫章太守也。"又"其赋、诔、书、论及杂文，凡二十一篇。又作《汉诗》百二十三篇。子延寿，字文考，有俊才。少游鲁国，作《灵光殿赋》。……后溺水死，时年二十余"。李贤注引张华《博物志》曰："王子山与父叔师到泰山从鲍子真学箕，到鲁赋灵光殿，归度湘水溺死。"李贤注："文考一字子山也。"

  《隋书·经籍志四》有《楚辞》十二卷，注："并目录。后汉校书郎王逸注。"《楚辞章句》卷一至一六均题"校书郎臣王逸上"，卷一有曰："今臣复以所识所知，稽之旧章，合之经传，作十六卷章句。"而卷一七题："汉侍中南郡王逸叔师作。"此书始作于安帝元初时，而延及顺帝时，姑暂厕于顺帝初年。郑杰文、李梅所著《中国学术思想编年·秦汉卷》将此事系于永建元年，今从之。

  王逸，字叔师，南郡宜城（今湖北宜城）人。安帝元初间（公元114—公元120），举上计吏，为校书郎。顺帝时为侍中。桓帝末，为豫章太守。注《楚辞章句》十七卷。又有赋、诔、书、论等二十篇，《汉诗》一百二十三篇。王逸《楚辞章句》的阐释原则总体上是经学的阐释方式，包括"以诗释骚""依诗取兴"。但是王逸在承袭传统经学文艺思想的同时，对"知人论世"的方法的重视，对《楚辞》的想象、铺陈等艺术手法的肯定，对文学本质、发生、功能等论题的涉及，又体现出了某些文学批评的特征。王逸还在对《楚辞》进行阐释的过程中一定程度上突破了经学文艺观的束缚，实现了自我超越。①

---

① 柳宏亚：《论王逸〈楚辞章句〉经学阐释方式及其超越》，《渭南师范学院学报》2017 年第 11 期。

窦章为东观校书郎

　　章字伯向。少好学，有文章，与马融、崔瑗同好，更相推荐。永初中，三辅遭羌寇，章避难东国，家于外黄。居贫，蓬户蔬食，躬勤孝养，然讲读不辍。太仆邓康闻其名，请欲与交，章不肯往，康以此益重焉。是时学者称东观为老氏藏室，道家蓬莱山，康遂荐章入东观为校书郎。顺帝初，章女年十二，能属文，以才貌选入掖庭，有宠，与梁皇后并为贵人。①

　　邓骘诛后，安帝征邓康为侍中；顺帝立，为太仆。邓康荐窦章在顺帝立后。《后汉书·窦融列传》称窦章女入宫后"与梁皇后并为贵人"，而据《后汉书·皇后纪》，梁后入掖庭为贵人在永建三年，则窦章女之为贵人，亦当在此时。是窦章之为校书郎在顺帝即位后、永建三年前。郑杰文、李梅所著《中国学术思想编年·秦汉卷》将此事系于永建二年，今从之。

　　东汉外戚"宠贵隆丰"，班固、傅毅、刘毅、窦章、崔琦、应奉、边让等皆善于作文，如傅毅"文雅显于朝廷"，班固"能属文诵诗赋"，刘毅"少有文辩称"，李尤"少以文章显"，窦章"有文章"，崔琦"以文章博通称"，应奉"著《汉书后序》，多所述载"，皆有文学才华。同时，班固、傅毅、马融等既有博学之能又有善文之才。② 窦章以文才名，太仆邓康荐其入东观为校书郎。

---

① 范晔：《后汉书》卷二十三《窦融列传》，中华书局 2005 年版，第 548—549 页。
② 梁启勇：《东汉外戚征辟文人考论》，《文艺评论》2015 年第 6 期。

缮起太学

秋九月辛巳，缮起太学。[1]

初，酺之为大匠，上言："孝文皇帝始置一经博士，武帝大合天下之书，而孝宣论六经于石渠，学者滋盛，弟子万数。光武初兴，愍其荒废，起太学博士舍、内外讲堂，诸生横巷，为海内所集。明帝时辟雍始成，欲毁太学，太尉赵熹以为太学、辟雍皆宜兼存，故并传至今。而顷者颓废，至为园采刍牧之处。宜更修缮，诱进后学。"帝从之。酺免后，遂起太学。更开拓房室，学者为酺立碑铭于学云。[2]

左雄字伯豪……雄与仆射郭虔共上疏……又上言："宜崇经术，缮修太学。"帝从之。[3]

自安帝览政，薄于艺文，博士倚席不讲，朋徒相视怠散，学舍颓敝，鞠为园蔬，牧儿荛竖，至于薪刈其下。顺帝感翟酺之言，乃更修黉宇，凡所造构二百四十房，千八百五十室。试明经下第补弟子，增甲乙之科员各十人，除郡国耆儒皆补郎、舍人。[4]

安帝时疏于管理，太学荒颓。顺帝即位，从翟酺之言修缮太学，增盖屋宇，广收博士弟子，太学复兴。

---

① 范晔：《后汉书》卷六《孝顺孝冲孝质帝纪》，中华书局 2005 年版，第 173 页。
② 范晔：《后汉书》卷四十八《杨李翟应霍爰徐列传》，中华书局 2005 年版，第 1083 页。
③ 范晔：《后汉书》卷六十一《左周黄列传》，中华书局 2005 年版，第 1361—1364 页。
④ 范晔：《后汉书》卷七十九上《儒林列传》，中华书局 2005 年版，第 1718 页。

以太学新成举明经

秋七月……丙辰,以太学新成,试明经下第者补弟子,增甲、乙科员各十人。除郡国耆儒九十人补郎、舍人。[①]

阳嘉元年,太学新成,诏试明经者补弟子,增甲乙之科,员各十人。除京师及郡国耆儒年六十以上为郎、舍人、诸王国郎者百三十八人。[②]

顺帝缮起太学成,因诏试明经者入学。此条与上一条"缮起太学"相似,二者属顺帝修太学复兴儒学之事的开始与最终落成,故可参见上条。

---

① 范晔:《后汉书》卷六《孝顺孝冲孝质帝纪》,中华书局 2005 年版,第 174 页。
② 范晔:《后汉书》卷六十一《左周黄列传》,中华书局 2005 年版,第 1364 页。

初行限年察举法

冬十一月……辛卯，初令郡国举孝廉，限年四十以上，诸生通章句，文吏能笺奏，乃得应选；其有茂才异行，若颜渊、子奇，不拘年齿。①

雄又上言："郡国孝廉，古之贡士，出则宰民，宣协风教。若其面墙，则无所施用。孔子曰'四十不惑'，《礼》称'强仕'。请自今孝廉年不满四十，不得察举，皆先诣公府，诸生试家法，文吏课笺奏，副之端门，练其虚实，以观异能，以美风俗。有不承科令者，正其罪法。若有茂才异行，自可不拘年齿。"帝从之，于是班下郡国。②

时尚书令左雄议改察举之制，限年四十以上，儒者试经学，文吏试章奏。广复与敞、虔上书驳之，曰："臣闻君以兼览博照为德，臣以献可替否为忠。《书》载稽疑，谋及卿士；《诗》美先人，询于刍荛。国有大政，必议之于前训，咨之于故老，是以虑无失策，举无过事。窃见尚书令左雄议郡举孝廉，皆限年四十以上，诸生试章句，文吏试笺奏。明诏既许，复令臣等得与相参。窃惟王命之重，载在篇典，当令县于日月，固于金石，遗则百王，施之万世。《诗》云：'天难谌斯，不易惟王。'可不慎与！盖选举因才，无拘定制。六奇之策，不出经学；郑、阿之政，非必章奏。甘、奇显用，年乖强仕；终、贾扬声，亦在弱冠。汉承周、秦，兼览殷、夏，祖德师经，参杂霸轨，圣主贤臣，世以致理，贡举之制，莫或回革。今以一臣之言，划戾旧章，便利未明，众心不厌。矫枉变常，政之所重，而不访台司，不谋卿士。若事下之后，议者剥异，异之则朝失其便，同之则王言已行。臣愚以为可宣下百官，参其同异，

---

① 范晔：《后汉书》卷六《孝顺孝冲孝质帝纪》，中华书局2005年版，第174页。
② 范晔：《后汉书》卷六十一《左周黄列传》，中华书局2005年版，第1364页。

然后览择胜否,详采厥衷。敢以瞽言,冒干天禁,惟陛下纳焉。"帝不从。[①]

顺帝从左雄奏书下诏,令诸生通章句者、文吏能笺奏者,年龄四十岁以上,方得举孝廉,从而强调了学经读经对仕进的重要作用。[②]

---

① 范晔:《后汉书》卷四十四《邓张徐张胡列传》,中华书局 2005 年版,第 1016—1017 页。

② 徐成栋:《左雄举孝廉制度改革评述》,《安徽文学(下半月)》2008 年 11 期。

郎顗上书言灾异

　　郎顗字雅光,北海安丘人也。父宗,字仲绥,学《京氏易》,善风角、星算、六日七分,能望气占候吉凶,常卖卜自奉。……顺帝时,灾异屡见,阳嘉二年正月,公车征,顗乃诣阙拜章曰:"……方今时俗奢佚,浅恩薄义。夫救奢必于俭约,拯薄无若敦厚,安上理人,莫善于礼。修礼遵约,盖惟上兴,革文变薄,事不在下。故《周南》之德,《关雎》政本。本立道生,风行草从,澄其源者流清,混其本者末浊。……臣愚以为诸所缮修,事可省减,禀恤贫人,赈赡孤寡,此天之意也,人之庆也,仁之本也,俭之要也。焉有应天养人,为仁为俭,而不降福者哉?……窃见正月以来,阴暗连日。……夫贤者化之本,云者雨之具也。得贤而不用,犹久阴而不雨也。又顷前数日,寒过其节,冰既解释,还复凝合。夫寒往则暑来,暑往则寒来,此言日月相推,寒暑相避,以成物也。今立春之后,火卦用事,当温而寒,违反时节,由功赏不至,而刑罚必加也。宜须立秋,顺气行罚。……而今之在位,竞托高虚,纳累钟之奉,忘天下之忧,栖迟偃仰,寝疾自逸,被策文,得赐钱,即复起矣。何疾之易而愈之速?以此消伏灾眚,兴致升平,其可得乎?今选举牧守,委任三府。长吏不良,既咎州郡,州郡有失,岂得不归责举者?而陛下崇之弥优,自下慢事愈甚,所谓大网疏,小网数。三公非臣之仇,臣非狂夫之作,所以发愤忘食,恳恳不已者,诚念朝廷欲致兴平,非不能面誉也。……"……顗对曰:"而今立春之后,考事不息,秋冬之政,行乎春夏,故白虹春见,掩蔽日曜。……此其变常之眚也。又今选举皆归三司,非有周、召之才,而当则哲之重,每有选用,辄参之掾属,公府门巷,宾客填集,送去迎来,财货无已。其当迁者,竞相荐谒,各遣子弟,充塞道路,开长奸门,兴致浮伪,非所谓率由

359

旧章也。……"①

郎𫖮少传父学,善风角星历、望气占候,又善经典,常聚众讲学,夜观天象,应顺帝之征,就灾异对策,言:应尊礼守制,以德行政,风化臣民;应就简去奢,赈赡孤寡;应慎用刑罚,以致太平。又上便宜七事,一一陈述时政弊端。其上书言事,皆立足于天人感应、天象谴告诸学说,是对董仲舒、刘向阴阳五行学说的发挥。

---

① 范晔:《后汉书》卷三十下《郎𫖮襄楷列传》,中华书局 2005 年版,第 707—716 页。

张衡上疏请收禁图谶

　　初，光武善谶，及显宗、肃宗因祖述焉。自中兴之后，儒者争学图纬，兼复附以訞言。衡以图纬虚妄，非圣人之法，乃上疏曰："臣闻圣人明审律历以定吉凶，重之以卜筮，杂之以九宫，经天验道，本尽于此。或观星辰逆顺，寒燠所由，或察龟策之占，巫觋之言，其所因者，非一术也。立言于前，有征于后，故智者贵焉，谓之谶书。谶书始出，盖知之者寡。自汉取秦，用兵力战，功成业遂，可谓大事，当此之时，莫或称谶。若夏侯胜、眭孟之徒，以道术立名，其所述著，无谶一言。刘向父子领校秘书，阅定九流，亦无谶录。成、哀之后，乃始闻之。《尚书》尧使鲧理洪水，九载绩用不成，鲧则殛死，禹乃嗣兴。而《春秋谶》云'共工理水'。凡谶皆云黄帝伐蚩尤，而《诗谶》独以为'蚩尤败，然后尧受命'。《春秋元命包》中有公输班与墨翟，事见战国，非春秋时也。又言'别有益州'。益州之置，在于汉世。其名三辅诸陵，世数可知。至于图中讫于成帝。一卷之书，互异数事，圣人之言，势无若是，殆必虚伪之徒，以要世取资。往者侍中贾逵摘谶互异三十余事，诸言谶者皆不能说。至于王莽篡位，汉世大祸，八十篇何为不戒？则知图谶成于哀、平之际也。且《河洛》《六艺》，篇录已定，后人皮傅，无所容篡。永元中，清河宋景遂以历纪推言水灾，而伪称洞视玉版。或者至于弃家业，入山林。后皆无效，而复采前世成事，以为证验。至于永建复统，则不能知。此皆欺世罔俗，以昧势位，情伪较然，莫之纠禁。且律历、封候、九宫、风角，数有征效，世莫肯学，而竞称不占之书。譬犹画工，恶图犬马而好作鬼魅，诚以实事难形，而虚伪不穷也。宜收藏图谶，一禁绝之，则朱紫无所眩，典籍无瑕玷矣。"[①]

① 范晔：《后汉书》卷五十九《张衡列传》，中华书局2005年版，第1291—1292页。

张衡上疏反对图谶,谓夏侯胜等不治图谶,刘向父子校书亦无图谶,图谶诸书自相矛盾,当非圣人之言,乃哀平后之人所伪造,故当禁绝,而兴卜筮、风角。[①]

① 张峰屹:《两汉谶纬考论》,《文史哲》2017年第4期。

张衡作《周官训诂》

著《周官训诂》，崔瑗以为不能有异于诸儒也。又欲继孔子《易》说《彖》《象》残缺者，竟不能就。[①]

郑杰文、李梅所著《中国学术思想编年·秦汉卷》将此事系于阳嘉四年，今从之。

《周官》为古文经，传习不盛。是年局面改观，张衡为之作训诂。

[①] 范晔：《后汉书》卷五十九《张衡列传》，中华书局2005年版，第1311页。

延笃举孝廉,注《左传》

延笃字叔坚,南阳犨人也。少从颍川唐溪典受《左氏传》,旬日能讽之,典深敬焉。(《先贤行状》曰:"笃欲写《左氏传》,无纸,唐溪典以废笺记与之。笃以笺记纸不可写传,乃借本讽之,粮尽辞归。典曰:'卿欲写传,何故辞归?'笃曰:'已讽之矣。'典闻之叹曰:'嗟乎延生!虽复端木闻一知二,未足为喻。若使尼父更起于洙、泗,君当编名七十,与游、夏争匹也。'")又从马融受业,博通经传及百家之言,能著文章,有名京师。举孝廉,为平阳侯相。到官,表龚遂之墓,立铭祭祠,擢用其后于畎亩之间。以师丧弃官奔赴,五府并辟不就。①

陆侃如《中古文学系年》系此事于永和六年,郑杰文、李梅所著《中国学术思想编年·秦汉卷》亦将此事系于永和六年,今从之。

就整个东汉经学演变来说,《左传》地位的变迁无疑是最突出的事实。《左传》为古文经,是时古文经学渐盛,《左传》成为今古文经学兴衰沉浮的一个显著向标。考察东汉《左传》地位的变迁,可以看到,东汉前期(光武至明帝)《左传》的废立与渐行、东汉中期(章帝至质帝)《左传》地位的提升和东汉后期(桓帝至献帝)《左传》的大兴这三个阶段构成了《左传》地位变迁的递升轨迹。在东汉后期《左传》大兴的阶段,除服虔、郑玄外,尚有大批《左传》学者及著述,充分表明桓、献之间"《左氏》大兴"的局面。②

---

① 范晔:《后汉书》卷六十四《吴延史卢赵列传》,中华书局 2005 年版,第 1421—1422 页。
② 黄觉弘:《论东汉〈左传〉地位之变迁》,《江南大学学报(人文社会科学版)》2005 年第 3 期。

令郡国举明经

夏四月庚辰,令郡国举明经,年五十以上、七十以下诣太学。自大将军至六百石,皆遣子受业,岁满课试,以高第五人补郎中,次五人太子舍人。又千石、六百石、四府掾属、三署郎、四姓小侯先能通经者,各令随家法,其高第者上名牒,当以次赏进。①

本初元年,梁太后诏曰:"大将军下至六百石,悉遣子就学,每岁辄于乡射月一飨会之,以此为常。"自是游学增盛,至三万余生。然章句渐疏,而多以浮华相尚,儒者之风盖衰矣。②

令郡国举明经,五十岁至七十岁者至太学,六百石以上子弟亦至太学受经,太学生至三万余。东汉后期民间经学补偏救弊,上承西汉申公、董仲舒等人开门授徒之风而兴盛起来,其规模与成就远远超过官方经学。儒学发展至此,处于"官学逐渐衰微,私学愈发昌盛"的阶段。③

---

① 范晔:《后汉书》卷六《孝顺孝冲孝质帝纪》,中华书局 2005 年版,第 187 页。
② 范晔:《后汉书》卷七十九上《儒林列传》,中华书局 2005 年版,第 1718 页。
③ 陈松青:《东汉后期儒学之新变及其对文学的影响》,《吉林师范大学学报(人文社会科学版)》2003 年第 1 期。

朱穆推灾异说梁冀

　　穆字公叔……初举孝廉。顺帝末,江淮盗贼群起,州郡不能禁。或说大将军梁冀曰:"朱公叔兼资文武,海内奇士,若以为谋主,贼不足平也。"冀亦素闻穆名,乃辟之,使典兵事,甚见亲任。及桓帝即位,顺烈太后临朝,穆以冀势地亲重,望有以扶持王室,因推灾异,奏记以劝诫冀曰:"穆伏念明年丁亥之岁,刑德合于乾位,《易》经龙战之会。其文曰:'龙战于野,其道穷也。'谓阳道将胜而阴道负也。今年九月天气郁冒,五位四候连失正气,此互相明也。夫善道属阳,恶道属阴,若修正守阳,摧折恶类,则福从之矣。……愿将军少察愚言,申纳诸儒,而亲其忠正,绝其姑息,专心公朝,割除私欲,广求贤能,斥远佞恶。夫人君不可不学,当以天地顺道渐渍其心。宜为皇帝选置师傅及侍讲者,得小心忠笃敦礼之士,将军与之俱入,参劝讲授,师贤法古,此犹倚南山坐平原也,谁能倾之!今年夏,月晕房星,明年当有小厄。宜急诛奸臣为天下所怨毒者,以塞灾咎。议郎、大夫之位,本以式序儒术高行之士,今多非其人;九卿之中,亦有乖其任者。惟将军察焉。"又荐种暠、栾巴等。而明年严鲔谋立清河王蒜,又黄龙二见沛国。冀无术学,遂以穆"龙战"之言为应,于是请暠为从事中郎,荐巴为议郎,举穆高第,为侍御史。①

　　是时内战不已,朱穆以灾异游说大将军梁冀,应尽心朝政,选贤任能,进经师,斥奸臣。由于学者将经学与儒学等同视之,因此往往把"批判现实"与"批判儒学"笼统地看作是东汉后期社会批判思潮的主要内容。其实,对社会进行批判,本身就是儒学固有的精神,只是在王权牢笼下,汉代儒学对社会批判所采取的方式有所改变,比如通过言说灾异来批评时政,

---

① 范晔:《后汉书》卷四十三《朱乐何列传》,中华书局2005年版,第986—987页。

批判的力度有所削弱，因此，当社会衰弊、政治日趋腐化之后，儒学固有的批判精神便被唤醒和发扬光大。同时，一度稀淡的老庄思想与刑名法术之学又兴盛了起来，它们与儒学的批判意识掺合在一起，从而形成了浩瀚的社会批判思潮。[①] 朱穆推灾异说梁冀之事属东汉后期儒者参与政事提出意见的代表事例之一：一方面体现出东汉后期外戚专权之强大，使儒者不得不提建议于大将军而非皇帝（东汉后期多幼主）；另一方面体现了东汉儒者并没有完全流于浮华章句，仍有很多具有社会批判精神的儒士活跃于东汉政治舞台。

---

① 陈松青：《东汉后期儒学之新变及其对文学的影响》，《吉林师范大学学报（人文社会科学版）》2003 年第 1 期。

马融为梁冀写奏章诬李固

及冲帝即位,以固为太尉,与梁冀参录尚书事。明年帝崩,……固以清河王蒜年长有德,欲立之,……冀不从,乃立乐安王子缵,年八岁,是为质帝。……时太后以比遭不造,委任宰辅,固所匡正,每辄从用,其黄门宦者一皆斥遣,天下咸望遂平,而梁冀猜专,每相忌疾。……冀忌帝聪慧,恐为后患,遂令左右进鸩。……固伏尸号哭,推举侍医。冀虑其事泄,大恶之。……后岁余,甘陵刘文、魏郡刘鲔各谋立蒜为天子,梁冀因此诬固与文、鲔共为妖言,下狱。门生勃海王调贯械上书,证固之枉,河内赵承等数十人亦要铁锧诣阙通诉,太后明之,乃赦焉。及出狱,京师市里皆称万岁。冀闻之大惊,畏固名德终为己害,乃更据奏前事,遂诛之,时年五十四。……固所著章、表、奏、议、教令、对策、记、铭凡十一篇。弟子赵承等悲叹不已,乃共论固言迹,以为《德行》一篇。①

初,融惩于邓氏,不敢复违忤势家,遂为梁冀草奏李固,又作大将军《西第颂》,以此颇为正直所羞。②

及冀诬奏太尉李固,祐闻而请见,与冀争之,不听。时扶风马融在坐,为冀章草,祐因谓融曰:"李公之罪,成于卿手。李公即诛,卿何面目见天下之人乎?"冀怒而起入室,祐亦径去。③

大将军梁冀与太尉李固因立帝事争执,及桓帝即位,梁冀因诬陷李固谋图另立天子,由马融草其诬告奏章以进之,为时儒所斥。马融作为东汉经学大师,其"通经而无节"几乎成了后世学者对马融的总体评价。在当

---

① 范晔:《后汉书》卷六十三《李杜列传》,中华书局 2005 年版,第 1407—1412 页。
② 范晔:《后汉书》卷六十上《马融列传》,中华书局 2005 年版,第 1333 页。
③ 范晔:《后汉书》卷六十四《吴延史卢赵列传》,中华书局 2005 年版,第 1421 页。

今学界,马融的形象及其学术污点真伪问题仍有很多学者进行研究,且通过对史料的考证,相当一部分学者认为马融的"学术污点"有违史实。有学者认为,事实上,相关史书对马融党附梁冀、飞章害李固、追杀郑玄、在郡贪浊、奢侈傲慢等不良品行的记载多有歧出和不实。通观现存史料,马融是一位品学兼优的经学大师,其历史形象的恶化很可能是魏晋南北朝社会矛盾与儒、道相争背景下的人为造作。① 另有学者认为,《太平御览》所引《李固外传》记载表明,李固遭黄门常侍飞章诬奏,其死与马融无关。任武都太守和南郡太守之间,马融曾任大将军梁冀从事中郎。李固于质帝本初元年(146)闰六月被免去太尉之职。《后汉书·吴祐传》称"诬奏太尉李固",表明马融替梁冀诬奏太尉李固当在冲帝永憙元年(145)。马融颇具文名,且时任梁冀从事中郎,梁冀诬奏李固的"飞章"出于其手不足为怪,故《后汉书·李固传》所载"飞章"当出于马融之手。②

---

① 赵均强:《马融学行污点辨正》,《渭南师范学院学报》2014 年第 2 期。
② 吴从祥:《马融虚诬李固考辨》,《咸阳师范学院学报》2015 年第 3 期。

张楷作《尚书注》

> （张楷）性好道术，能作五里雾。时关西人裴优亦能为三里雾，自以不如楷，从学之，楷避不肯见。桓帝即位，优遂行雾作贼，事觉被考，引楷言从学术，楷坐系廷尉诏狱，积二年，恒讽诵经籍，作《尚书注》。后以事无验，见原还家。①

道术之士张楷作《尚书注》，见方士与经生的结合。本传言张楷于桓帝即位时因裴优事下狱，积两年作《尚书注》，故厕此条于此。郑杰文、李梅所著《中国学术思想编年·秦汉卷》将此事系于建和二年，今从之。据《后汉书》载，张楷字公超，成都人，为汉和帝时会稽太守、司隶校尉张霸中子，"通《严氏春秋》《古文尚书》"。《严氏春秋》为公羊学，自是今文；《尚书》却是古文学。《后汉书》说他父亲张霸"就长水校尉樊鯈受《严氏公羊春秋》，遂博览五经"，是公超之学亦得于家传。公超不乐仕进，隐居弘农山中，学者随之，所居成市，华阴遂有"公超市"。五府连辟，举贤良方正，皆不就。桓帝时"坐系廷尉诏狱，积二年，恒讽诵经籍，作《尚书注》"。公超所作《古文尚书注》是巴蜀第一部《尚书》学著作，考其时代，略迟于马融，稍早于郑玄，在中国《古文尚书》学史上应有一席之地。②

---

① 范晔：《后汉书》卷三十六《郑范陈贾张列传》，中华书局 2005 年版，第 834 页。
② 舒大刚、吴龙灿：《汉代巴蜀经学述论》，《四川师范大学学报（社会科学版）》2013 年第 6 期。

崔寔作《政论》

寔字子真，一名台，字元始。少沉静，好典籍。父卒，隐居墓侧。服竟，三公并辟，皆不就。桓帝初，诏公卿郡国举至孝独行之士。寔以郡举，征诣公车，病不对策，除为郎。明于政体，吏才有余，论当世便事数十条，名曰《政论》。指切时要，言辩而确，当世称之。仲长统曰："凡为人主，宜写一通，置之坐侧。"其辞曰："自尧、舜之帝，汤、武之王，皆赖明哲之佐，博物之臣。故皋陶陈谟而唐、虞以兴，伊、箕作训而殷、周用隆。及继体之君，欲立中兴之功者，曷尝不赖贤哲之谋乎！凡天下所以不理者，常由人主承平日久，俗渐敝而不悟，政浸衰而不改，习乱安危，怢不自睹。或荒耽嗜欲，不恤万机；或耳蔽箴诲，厌伪忽真；或犹豫歧路，莫适所从；或见信之佐，括囊守禄；或疏远之臣，言以贱废。是以王纲纵弛于上，智士郁伊于下。……故言事者，虽合圣德，辄见掎夺。何者？其顽士暗于时权，安习所见，不知乐成，况可虑始，苟云率由旧章而已。其达者或矜名妒能，耻策非己，舞笔奋辞，以破其义，寡不胜众，遂见摈弃。虽稷、契复存，犹将困焉。……今既不能纯法八代，故宜参以霸政，则宜重赏深罚以御之，明著法术以检之。自非上德，严之则理，宽之则乱。何以明其然也？近孝宣皇帝明于君人之道，审于为政之理，故严刑峻法，破奸轨之胆，海内清肃，天下密如。荐勋祖庙，享号中宗。算计见效，优于孝文。及元帝即位，多行宽政，卒以堕损，威权始夺，遂为汉室基祸之主。政道得失，于斯可监。……故圣人能与世推移，而俗士苦不知变，以为结绳之约，可复理乱秦之绪，《干戚》之舞，足以解平城之围。夫熊经鸟伸，虽延历之术，非伤寒之理；呼吸吐纳，虽度纪之道，非续骨之膏。盖为国之法，有似理身，平则致养，疾则攻焉。夫刑罚者，治乱之药石也；德教者，兴平之粱肉也。夫以德教除残，是以粱肉理疾也；以刑罚理平,是以药石供养也。……"其后辟太尉袁汤、大将军梁冀府,并不应。大司农羊傅、少府何豹上书荐寔才美能高,宜在朝廷,召拜议郎。[1]

崔寔上《政论》,言当世便事数十条,谓君主应慎择臣佐,德行并用,方能致太平盛世。在《政论》中,崔寔提出了"三患"之忧和对吏治的批评以及选贤任能和参以霸政两项政治革新的总纲领。在此纲领之后,崔寔又提出了重修武备、延长官员任期、提高官员俸禄、减少赦令和移民实边五项具体建议。崔寔十分注重使用赏罚的手段,也非常重视地方行政,他的每一条建议都能做到有的放矢,具有很强的可操作性。从思想渊源上看,崔寔的思想兼具了儒家、法家和道家各种因素,这是典型的汉代儒生的思想特点。崔寔的思想上承王符,下启仲长统,在汉末社会批判思想的发展中起到重要的转折作用。[2]

---

① 范晔:《后汉书》卷五十二《崔骃列传》,中华书局 2005 年版,第 1164—1167 页。
② 张睿:《崔寔思想研究》,博士学位论文,南开大学,2012 年,内容摘要第 I 页。

边韶、崔寔、伏无忌、朱穆、延笃撰《汉记》

　　元嘉中,桓帝复诏无忌与黄景、崔寔等共撰《汉记》。①

　　边韶字孝先,陈留浚仪人也。以文章知名,教授数百人。韶口辩,曾昼日假卧,弟子私嘲之曰:"边孝先,腹便便。懒读书,但欲眠。"韶潜闻之,应时对曰:"边为姓,孝为字。腹便便,《五经》笥。但欲眠,思经事。寐与周公通梦,静与孔子同意。师而可嘲,出何典记?"嘲者大惭。韶之才捷皆此类也。桓帝时,为临颍侯相,征拜太中大夫,著作东观。再迁北地太守,入拜尚书令。后为陈相,卒官。著诗、颂、碑、铭、书、策凡十五篇。②

　　桓帝以博士征(延笃),拜议郎,与朱穆、边韶共著作东观。③

　　群公并表,乃迁议郎,登于东观,纂业前史。④

边韶等受诏撰《汉记》,记叙时事。崔寔、边韶、伏无忌等人在桓帝时期所做的工作,应是《东观汉记》最后的一次补续。⑤

① 范晔:《后汉书》卷二十六《伏侯宋蔡冯赵牟韦列传》,中华书局 2005 年版,第 600 页。
② 范晔:《后汉书》卷八十上《文苑列传》,中华书局 2005 年版,第 1770 页。
③ 范晔:《后汉书》卷六十四《吴延史卢赵列传》,中华书局 2005 年版,第 1422 页。
④ 严可均:《全后汉文》卷七十四,商务印书馆 1999 年版,第 754 页。
⑤ 刘子立:《〈东观汉记〉"自永初以下阙续"考》,《史学史研究》2016 年第 2 期。

郑玄、卢植从马融受业

（郑玄）以山东无足问者，乃西入关，因涿郡卢植，事扶风马融。①

卢植字子幹，涿郡涿人也。身长八尺二寸，音声如钟。少与郑玄俱事马融，能通古今学，好研精而不守章句。融外戚豪家，多列女倡歌舞于前。植侍讲积年，未尝转眄，融以是敬之。学终辞归，阖门教授。②

郑玄在马融门下，三年不得相见，高足弟子传授而已。尝算浑天不合，诸弟子莫能解；或言玄能者，融召令算，一转便决，众咸骇服。③

马融经学名重天下，郑玄、卢植等皆从其学。陆侃如《中古文学系年》载此事于元嘉二年，郑杰文、李梅所著《中国学术思想编年·秦汉卷》亦将此事系于元嘉二年，今从之。当时卢植正在东汉大儒马融门下学习，而郑玄与卢植素相友善，于是通过卢植的介绍，"事扶风马融"。④

---

① 范晔：《后汉书》卷三十五《张曹郑列传》，中华书局 2005 年版，第 810 页。
② 范晔：《后汉书》卷六十四《吴延史卢赵列传》，中华书局 2005 年版，第 1428 页。
③ 刘义庆著，徐震堮校笺：《世说新语校笺》卷上《文学》，中华书局 1984 年版，103－104 页。
④ 杨天宇：《郑玄生平事迹考略》，《河南大学学报（社会科学版）》2001 年第 5 期。

为孔子庙置百石卒史一人

　　司徒臣雄，司空臣戒稽首言，鲁前相瑛书言，诏书崇圣道，勉□〔艺〕，孔子作春秋，制孝经，□□五经，演易〔系〕辞，经纬天地，幽赞神明，故特立庙，褒成？四时来祠，事已即去，庙有礼器，无常人掌领，请置百石□□一人，典主守庙，春秋飨礼，财出王家钱，给犬酒直，须报。谨问大常，祠曹掾冯牟，史郭玄辞对，〔故事辟〕□〔礼〕未行，祠先圣师，侍祠者，孔子子孙，大宰，大祝令各一人，皆备爵，大常丞监祠，河南尹〔给〕牛〔羊〕豕鸡□□各一，大司农给米祠，臣愚以为，如瑛言，孔子大圣，则象乾坤，为汉制作，先世所尊，祠用众牲，长□〔备〕□，〔今欲〕加宠子孙，〔敬〕恭明祀，传于罔极，可许，臣请鲁〔相〕为孔子庙置百石卒史一人，掌领礼器，〔出〕□□□，□〔犬〕酒直，他如故事，臣雄、臣戒、愚戆诚惶诚恐，顿〔首〕顿首，死罪死罪，臣稽首以闻。制曰可，〔司徒公〕河〔南〕□□□□〔字〕季高元嘉三年三月廿七日壬寅奏雒阳宫司〔空公〕蜀〔郡成都〕□〔戒〕字意伯元嘉三年三月丙子朔，廿七日壬〔寅〕，司徒雄，司空戒下鲁相，承书〔从〕事，下当用者，〔选其年〕□□〔以〕□，经通一艺，杂试通利能奉弘先圣之礼，为〔宗〕所〔归〕者，如诏书，书到言：永兴元年六月甲辰朔十八日辛酉，鲁相平，行长史事，卞守长〔擅〕，叩〔头〕死罪，〔敢〕言之，司徒司空府壬寅诏书，为孔子庙置百石卒史一人，掌主礼器，选年□以上，〔经〕通〔一〕艺，〔杂试能〕奉弘先圣之礼，为宗所归者，平叩头叩头，死罪死罪，谨案文书，守文学掾鲁孔龢，师〔孔〕宪，户〔曹史孔宽等〕杂试，龢修春秋严氏，经通高第，事亲至孝，能奉先圣〔之〕礼，为宗所归，除龢，〔补〕名状如〔牒〕，平〔惶恐叩头，死〕罪死罪，上司空府。赞曰：巍巍大圣，赫赫弥章，相乙瑛字少卿，平原高唐人，令鲍叠字文公，上党〔屯〕留人，政教稽古，若重规〔矩〕，乙君察举，守宅除吏，孔子十九世〔孙麟〕，廉请置百石卒史一人,鲍君造作百石吏舍,功垂无穷,于是始□。

《乙瑛碑》,全称《鲁相乙瑛奏置孔庙百石卒史碑》。碑高约 2.60 米,广 1.28 米,厚 0.24 米。桓帝永兴元年(153 年)立,碑在山东曲阜孔庙。碑文以汉代所流行之隶书所撰,阴刻,纵列 18 行,满行 40 字。文终刻有楷书跋文"后汉钟太尉书宋嘉祐七年张稚圭按图题记"。碑原置于兖州仙源县,为记事碑,载孔子十九世孙孔麟向朝廷请置百石卒史 1 人,掌领孔庙礼器。鲁相乙瑛上书于朝廷,司徒吴雄等奏于皇帝,时帝诏鲁相 40 岁以上通一经者为之。后来的鲁相平又将所办此事之情况上书于朝。此碑后置于孔庙同文门内,现存于山东曲阜孔庙碑林,与《礼器》和《史晨》并称"孔庙三碑"。①

---

① 苑苑:《〈乙瑛碑〉相关问题研究》,《河北北方学院学报(社会科学版)》2016 年第 1 期。

刘陶等千余太学生请愿

　　永兴元年……擢穆为冀州刺史。……有宦者赵忠丧父，归葬安平，僭为玙璠、玉匣、偶人。穆闻之，下郡案验。吏畏其严明，遂发墓剖棺，陈尸出之，而收其家属。帝闻大怒，征穆诣廷尉，输作左校。太学书生刘陶等数千人诣阙上书讼穆曰："……当今中官近习，窃持国柄，手握王爵，口含天宪，运赏则使饿隶富于季孙，呼嗡则令伊、颜化为桀、跖。而穆独亢然不顾身害。非恶荣而好辱，恶生而好死也，徒感王纲之不摄，惧天网之久失，故竭心怀忧，为上深计。臣愿黥首系趾，代穆校作。"帝览其奏，乃赦之。①

　　是时宦官专权，骄横天下，其家属也横行乡里。冀州刺史朱穆以僭越之罪打击宦官赵忠家人，被诬下狱。刘陶等千余太学生至宫前请愿。数千太学生的一致行动，使得桓帝不得不改变对朱穆的处置，将其释放。许倬云先生认为，文官体系具有儒家意念的目的论，所以与王权实际上不断有对峙的紧张。专业的官员总是怀有儒家的理想，碰到不合理的现象时，国家的文官系统就会用社会的后援力来与王权对抗。②

---

①　范晔：《后汉书》卷四十三《朱乐何列传》，中华书局 2005 年版，第 992－993 页。
②　许倬云：《中国古代文化的特质》，新星出版社 2006 年版，第 40 页。

崔寔拜议郎,定五经

　　(崔寔)以病征,拜议郎,复与诸儒博士共杂定《五经》。[①]

　　崔寔以病被征召,拜为议郎,又与各位儒学博士共同榷定五经。这是东汉后期对五经的一次集中整理,因史料有限,历代学者对崔寔的研究多在其《政论》与农学思想上,对此次定五经之事谈之甚少。崔寔虽儒、法、道、阴阳兼采,思想庞杂,但是,作为典型汉代儒生的崔寔,其思想中包含着根深蒂固的儒家思想属性,只不过,这些儒家思想被掩盖在"深赏重罚"的霸政理念之下,很容易被人忽视。[②] 由其来参定五经,符合历史原貌。

---

①　范晔:《后汉书》卷五十二《崔骃列传》,中华书局 2005 年版,第 1168 页。
②　张睿:《崔寔思想研究》,博士学位论文,南开大学,2012 年,第 67 页。

郑玄东归

　　融门徒四百余人，升堂进者五十余生。融素骄贵，玄在门下，三年不得见，乃使高业弟子传授于玄。玄日夜寻诵，未尝怠倦。会融集诸生考论图纬，闻玄善筭，乃召见于楼上，玄因从质诸疑义，问毕辞归。融喟然谓门人曰："郑生今去，吾道东矣。"玄自游学，十余年乃归乡里。家贫，客耕东莱，学徒相随已数百千人。①

　　及玄业成辞归，既而融有"礼乐皆东"之叹，恐玄擅名而心忌焉。玄亦疑有追，乃坐桥下，在水上据屐。融果转式逐之，告左右曰："玄在土下水上而据木，此必死矣。"遂罢追。玄竟以得免。（刘孝标注："马融海内大儒，被服仁义，郑玄名列门人，亲传其业，何猜忌而行鸩毒乎？委巷之言，贼夫人之子。"）②

郑玄从马融学，三年有成，而东归乡里。辞归之年，郑玄四十岁，当桓帝延熹九年（166），而他回到故里高密，盖在翌年，即永康元年（167），故其《戒子书》说："年过四十，乃归供养。"郑玄在外游学的十余年，所过之地甚多，所从之师亦决不止第五元先、张恭祖、马融等数人，因文献缺载，已无从考其详。然以在马融门下的时间最长，当其辞归之日，学业已大成。③

---

①　范晔：《后汉书》卷三十五《张曹郑列传》，中华书局 2005 年版，第 810－811 页。
②　刘庆义著，徐震堮校笺：《世说新语校笺》卷上《文学》，中华书局 1984 年版，103－104 页。
③　杨天宇：《郑玄生平事迹考略》，《河南大学学报（社会科学版）》2001 年第 5 期。

初置秘书监

（延熹）二年……八月……初置秘书监官。①

（延熹）二年，大将军梁冀辅政，纵横为乱。……初置秘书监，掌典图书，古今文字，考合异同。②

秘书监是中国古代专门进行图书管理的职官，东汉延熹二年始置，属太常寺，典司图籍，是国家职官体系中的重要机构和职务。秘书监职能就是管理和典校书籍，但设置不久就因为朝廷内乱而被废除。③

---

① 范晔：《后汉书》卷七《孝桓帝纪》，中华书局 2005 年版，第 202 页。
② 刘珍等撰，吴树平校注：《东观汉记校注》（卷三），中华书局 2008 年，第 126 页。
③ 蒲姗姗、何燕：《秘书监与古代图书管理》，《兰台世界》2015 年 11 期。

延笃论仁孝

时人或疑仁孝前后之证,笃乃论之曰:"观夫仁孝之辩,纷然异端,互引典文,代取事据,可谓笃论矣。夫人二致同源,总率百行,非复铢两轻重,必定前后之数也。而如欲分其大较,体而名之,则孝在事亲,仁施品物。施物则功济于时,事亲则德归于己。于己则事寡,济时则功多。推此以言,仁则远矣。然物有出微而著,事有由隐而章。近取诸身,则耳有听受之用,目有察见之明,足有致远之劳,手有饰卫之功,功虽显外,本之者心也。远取诸物,则草木之生,始于萌牙,终于弥蔓,枝叶扶疏,荣华纷缛,末虽繁蔚,致之者根也。夫仁人之有孝,犹四体之有心腹,枝叶之有本根也。圣人知之,故曰:'夫孝,天之经也,地之义也,人之行也。''君子务本,本立而道生,孝悌也者,其为仁之本与!'然体大难备,物性好偏,故所施不同,事少两兼者也。如必对其优劣,则仁以枝叶扶疏为大,孝以心体本根为先,可无讼也。或谓先孝后仁,非仲尼序回、参之意。盖以为仁孝同质而生,纯体之者,则互以为称,虞舜、颜回是也。若偏而体之,则各有其目,公刘、曾参是也。夫曾、闵以孝悌为至德,管仲以九合为仁功,未有论德不先回、参,考功不大夷吾。以此而言,各从其称者也。"①

出于政治、教育等诸方面的原因,东汉上层社会阶层广泛接受了儒学,从而在这个阶层上进一步形成了共同的政治利益、政治动机、政治兴趣及政治价值观。在东汉的儒学传播与教育下,这一阶层完成了自己的政治观念的内化过程,完善了自身的政治人格,确立了政治自我。因为他们控制着当时社会的政治资源,他们在行政过程中,有意识地将他们的政

---

① 范晔:《后汉书》卷六十四《吴延史卢赵列传》,中华书局 2005 年版,第 1422—1423 页。

治观念和政治价值推而广之,从而加快了儒学的政治社会化进程。①

延笃答时人之问,谓仁孝二体同源,相互关联,唯孝然后能行仁,孝以事亲,仁以爱民,乃儒家修身齐家治国平天下之道。其间,延笃在论证仁与孝关系的过程中引用了《孝经》与《论语》的章句。这表明《孝经》和《论语》在东汉社会流传之广泛,最起码在贵族阶层已经达到普及的程度。

---

① 夏增民:《儒学传播与东汉普遍社会价值观的确立——一个政治社会化的分析》,《华中师范大学学报(人文社会科学版)》2006年第3期。

赵岐始作《孟子章句》

岐少明经，有才艺，娶扶风马融兄女。融外戚豪家，岐常鄙之，不与融相见。仕州郡，以廉直疾恶见惮。年三十余，有重疾，卧蓐七年，自虑奄忽，乃为遗令敕兄子曰："大丈夫生世，遁无箕山之操，仕无伊、吕之勋，天不我与，复何言哉！可立一员石于吾墓前，刻之曰：'汉有逸人，姓赵名嘉。有志无时，命也奈何！'"其后疾瘳。永兴二年，辟司空掾。议二千石得去官为亲行服，朝廷从之。其后为大将军梁冀所辟，为陈损益求贤之策，冀不纳。……先是中常侍唐衡兄玹为京兆虎牙都尉，郡人以玹进不由德，皆轻侮之。岐及从兄袭又数为贬议，玹深毒恨。延熹元年，玹为京兆尹，岐惧祸及，乃与从子戬逃避之。玹果收岐家属宗亲，陷以重法，尽杀之。岐遂逃难四方，江、淮、海、岱，靡所不历。自匿姓名，卖饼北海市中。时安丘孙嵩年二十余，游市见岐，察非常人，停车呼与共载。岐惧失色，嵩乃下帷，令骑屏行人。密问岐曰："视子非卖饼者，又相问而色动，不有重怨，即亡命乎？我北海孙宾石，阖门百口，势能相济。"岐素闻嵩名，即以实告之，遂以俱归。嵩先入白母曰："出行，乃得死友。"迎入上堂，飨之极欢。藏岐复壁中数年，岐作《厄屯歌》二十三章。……岐多所述作，著《孟子章句》《三辅决录》传于时。①

余生西京，世寻丕祚，有自来矣。少蒙义方，训涉典文。知命之际，婴戚于天，遘屯离塞，诡姓遁身，经营八纮之内，十有余年，心剿形瘵，何勤如焉！尝息肩弛担于济、岱之间，或有温故知新，雅德君子，矜我劬瘁，眷我皓首，访论稽古，慰以大道。余困吝之中，精神退漂，靡所济集，聊欲系志于翰墨，得以乱思遗老也。惟六籍之学，先觉之

---

① 范晔：《后汉书》卷六十四《吴延史卢赵列传》，中华书局 2005 年版，第 1433—1436 页。

士,释之辩之者既已详矣。儒家惟有《孟子》,闳远微妙,缊奥难见,宜在条理之科。于是乃述己所闻,证以经传,为之章句,具载本文,章别其指,分为上下,凡十四卷。究而言之,不敢以当达者;施于新学,可以寤疑辩惑;愚亦未能审于是非,后之明者,见其违阙,傥改而正诸,不亦宜乎![①]

赵岐得罪宦官,逃难至北海,始作《孟子章句》。其解说发挥了孟子的仁政学说,在经学史上颇有影响。赵岐批注《孟子》,所使用的方法,无非是汉人常用的章句训诂的方式,但其训诂方式又不是大张旗鼓式的训释数十万或百万余言的大章句,而是回到经学最初的诠释方式,即是减省后的小章句。其中除训诂之外,又不偏废句意义理的阐发。[②] 此外,赵岐第一次明确提出并区分《孟子》文本的内篇和外篇,并作了考证分析。在书中,赵岐详细解读了孟子的思想,主要在政治、伦理、哲学、教育、文学、经济等几个方面。赵岐重视名物训诂,对微言大义也能够精准把握,基本理解了孟子的意图。而且,《孟子章句》中既有对文字的训释,又有思想义理的阐发,超越了一般经学家固守章句本身的局限。同时,赵岐的章句中保存了大量的先秦两汉古注,其保存古文献的成就值得称道。[③]

---

① 焦循:《孟子正义·孟子题辞》,河北人民出版社1988年版,第14—16页。
② 陈韦铨:《试论东汉赵岐〈孟子章句〉之诠释方法》,《湖南大学学报(社会科学版)》2009年第3期。
③ 郭伟宏:《赵岐〈孟子章句〉研究》,博士学位论文,山东大学,2008年,中文摘要第1页。

太学生张凤等三百余人诣阙请愿

其年冬,(皇甫规)征还拜议郎。论功当封。而中常侍徐璜、左悺欲从求货,数遣宾客就问功状,规终不答。璜等忿怒,陷以前事,下之于吏。官属欲赋敛请谢,规誓而不听,遂以余寇不绝,坐系廷尉,论输左校。诸公及太学生张凤等三百余人诣阙讼之。会赦,归家。[1]

皇甫规平羌有功,反因未贿赂宦官而获罪下狱,太学生张凤等与清官计三百余人至宫前上书,保释皇甫规。这也是东汉后期党人与宦官的一次重大斗争。

在东汉中后期的政治舞台上,除了外戚与宦官两大政治集团外,还活跃着由官僚士大夫与太学生联合组成的第三股政治势力,他们与宦官进行着长期的斗争。实际上,东汉党锢之祸中的党人集团主体力量就是太学生,他们是这次反对宦官集团运动中的主力军,发挥了极为重要的作用。[2]

---

① 范晔:《后汉书》卷六十五《皇甫张段列传》,中华书局 2005 年版,第 1443 页。
② 朱子彦:《论东汉党锢的缘起与党人失败原因》,《史学集刊》2012 年第 2 期。

荀爽对策

延熹九年，太常赵典举爽至孝，拜郎中。对策陈便宜曰："臣闻之于师曰：'汉为火德，火生于木，木盛于火，故其德为孝，其象在《周易》之《离》。'夫在地为火，在天为日。在天者用其精，在地者用其形。夏则火王，其精在天，温暖之气，养生百木，是其孝也。冬时则废，其形在地，酷烈之气，焚烧山林，是其不孝也。故汉制使天下诵《孝经》，选吏举孝廉。夫丧亲自尽，孝之终也。今之公卿及二千石，三年之丧，不得即去，殆非所以增崇孝道而克称火德者也。……臣闻有夫妇然后有父子，有父子然后有君臣，有君臣然后有上下，有上下然后有礼义。礼义备，则人知所厝矣。夫妇人伦之始，王化之端，故文王作《易》，上经首《乾》《坤》，下经首《咸》《恒》。孔子曰：'天尊地卑，乾坤定矣。'夫妇之道，所谓顺也。……阳尊阴卑，盖乃天性。且《诗》初篇实首《关雎》；《礼》始《冠》《婚》，先正夫妇。天地六经，其旨一揆。宜改尚主之制，以称乾坤之性。遵法尧、汤，式是周、孔。合之天地而不谬，质之鬼神而不疑。人事如此，则嘉瑞降天，吉符出地，五韪咸备，各以其叙矣。昔者圣人建天地之中而谓之礼，礼者，所以兴福祥之本，而止祸乱之源也。人能枉欲从礼者，则福归之；顺情废礼者，则祸归之。推祸福之所应，知兴废之所由来也。众礼之中，婚礼为首。故天子娶十二，天之数也；诸侯以下各有等差，事之降也。阳性纯而能施，阴体顺而能化，以礼济乐，节宣其气。故能丰子孙之祥，致老寿之福。……夫寒热晦明，所以为岁；尊卑奢俭，所以为礼：故以晦明寒暑之气，尊卑侈约之礼为其节也。《易》曰：'天地节而四时成。'《春秋传》曰：'唯器与名不可以假人。'《孝经》曰：'安上治民，莫善于礼。'礼者，尊卑之差，上下之制也。……今臣僭君服，下食上珍，所谓害于而家，凶于而国者也。宜略依古礼尊卑之差，及董仲舒制度之别，严督

386

有司,必行其命。此则禁乱善俗足用之要。"奏闻,即弃官去。后遭党锢,隐于海上,又南遁汉滨,积十余年,以著述为事,遂称为硕儒。[1]

荀爽对传统的儒学进行改造,更看重家庭的发展和延续,将儒家实践的途径由以前的注重建功立业,实现大同,而转变为内向型,即自身家庭的发展。在党锢之祸后,荀爽专心著述,完成了一系列注释儒家经典的作品,成为一代硕儒。[2]

---

[1] 范晔:《后汉书》卷六十二《荀韩钟陈列传》,中华书局 2005 年版,第 1386—1390 页。
[2] 王莉娜:《东汉颍川荀爽荀悦思想探略》,《史学月刊》2012 年第 5 期。

党祸起

冬十二月，……司隶校尉李膺等二百余人受诬为党人，并坐下狱，书名王府。①

逮桓、灵之间，主荒政缪，国命委于阉寺，士子羞与为伍，故匹夫抗愤，处士横议，遂乃激扬名声，互相题拂，品核公卿，裁量执政，婞直之风，于斯行矣。……初，桓帝为蠡吾侯，受学于甘陵周福，及即帝位，擢福为尚书。时同郡河南尹房植有名当朝，乡人为之谣曰："天下规矩房伯武，因师获印周仲进。"二家宾客，互相讥揣，遂各树朋徒，渐成尤隙，由是甘陵有南北部，党人之议，自此始矣。后汝南太守宗资任功曹范滂，南阳太守成瑨亦委功曹岑晊，二郡又为谣曰："汝南太守范孟博，南阳宗资主画诺。南阳太守岑公孝，弘农成瑨但坐啸。"因此流言转入太学，诸生三万余人，郭林宗、贾伟节为其冠，并与李膺、陈蕃、王畅更相褒重。学中语曰："天下模楷李元礼，不畏强御陈仲举，天下俊秀王叔茂。"又渤海公族进阶、扶风魏齐卿，并危言深论，不隐豪强。自公卿以下，莫不畏其贬议，屣履到门。时河内张成善说风角，推占当赦，遂教子杀人。李膺为河南尹，督促收捕，既而逢宥获免，膺愈怀愤疾，竟案杀之。初，成以方伎交通宦官，帝亦颇诤其占。成弟子牢脩因上书诬告膺等养太学游士，交结诸郡生徒，更相驱驰，共为部党，诽讪朝廷，疑乱风俗。于是天子震怒，班下郡国，逮捕党人，布告天下，使同忿疾，遂收执膺等。其辞所连及陈寔之徒二百余人，或有逃遁不获，皆悬金购募。使者四出，相望于道。②

桓帝即位，重用宦官，引起儒士不满。后河南尹李膺秉公断案，引起

---

① 范晔：《后汉书》卷七《孝桓帝纪》，中华书局 2005 年版，第 210 页。
② 范晔：《后汉书》卷六十七《党锢列传》，中华书局 2005 年版，第 1476－1478 页。

388

宦官不满,因诬告李膺结党营私,聚徒造反。桓帝大怒,逮捕党人。后虽释放党人,仍禁锢终身。这是自秦始皇坑儒之后,历史上发生的又一次迫害儒士的重大事件。

党锢之祸发生的原因之一在于桓帝忌惮官僚士大夫中出现的"清议"之风。儒士清议从品评人物发展到议论国事,对东汉后期政治产生了巨大影响。太学很自然成为清议的中心,而善于清议的人被视为天下名士。当时窦武、刘淑、陈蕃被标榜为一代宗师,号称"三君";李膺等八人被标榜为人中英杰,号称"八俊";郭太等八人被标榜为道德楷模,号称"八顾";张俭等八人被标榜为引导他人追随宗师的人,号称"八及";度尚等八人被标榜为能以财救人,号称"八厨"。这种品评实际上只是官僚集团的"公论"。当时的太学生受到风起云涌的农民起义的震动,深感东汉王朝有崩溃的危险。他们认为外戚、宦官的黑暗统治是导致政权危机的主要原因,力图通过清议反对外戚特别是宦官势力,以挽救东汉的统治。属于"三君"之一的陈蕃和属于"八俊"的李膺、王畅受到太学生的特别推崇。清议主要攻击宦官势力,引起宦官集团的反击。宦官势力诬告清议人物"共为部党,诽讪朝廷""共为部党,图危社稷",引起最高统治者的震怒,东汉统治者于是大肆镇压,这就酿成桓帝延熹九年和灵帝建宁二年(169)迫害"党人"的事件,即有名的"党锢之祸"。两次"党锢"延续十八年之久,大批官僚、儒士遭到迫害,直到黄巾起义发生后,"党人"才被赦免。①

东汉士大夫长于清议,能坐而论道,但缺乏政治斗争的谋略,他们在谋议政事时不是因拘泥经典而颠倒了现实与理论的关系和位置,就是为所谓的律令道德束缚了手脚。重视清操名节之士不允许自己变通忠义,屈道德以行权宜之计,律令道德对于他们来说,乃是人生中的最高要求,需要不计成败地去成就自己人伦节操上的完美无亏。他们据理想以济时,缘道德以清世,书生气十足,故很难担当起治国平天下、解民于倒悬的历史重任。东汉多的是大儒,少的是恢廓有术的政治家和善于理乱治纷的实干人物。②

① 张岂之:《中国思想史》(上卷),西北大学出版社 2012 年版,第 337 页。
② 朱子彦:《论东汉党锢的缘起与党人失败原因》,《史学集刊》2012 年第 2 期。

初赦党人

六月庚申,大赦天下,悉除党锢,改元永康。①

时,国政多失,内官专宠,李膺、杜密等为党事考逮。永康元年,上疏谏曰……书奏,因以病上还城门校尉、槐里侯印绶。帝不许,有诏原李膺、杜密等,自黄门北寺、若卢、都内诸狱,系囚罪轻者皆出之。②

及遭党事,当考实膺等。案经三府,太尉陈蕃却之。曰:"今所考案,皆海内人誉,忧国忠公之臣。此等犹将十世宥也,岂有罪名不章而致收掠者乎?"不肯平署。帝愈怒,遂下膺等于黄门北寺狱。膺等颇引宦官子弟,宦官多惧,请帝以天时宜赦,于是大赦天下。膺免归乡里,居阳城山中,天下士大夫皆高尚其道,而污秽朝廷。③

因党锢之祸,朝内正直之士多下狱,宦官专权,外戚亦为党人请赦,桓帝于是下诏赦党人出狱。

---

① 范晔:《后汉书》卷七《孝桓帝纪》,中华书局 2005 年版,第 211 页。
② 范晔:《后汉书》卷六十九《窦何列传》,中华书局 2005 年版,第 1513—1514 页。
③ 范晔:《后汉书》卷六十七《党锢列传》,中华书局 2005 年版,第 1483 页。

党人表谱

　　明年,尚书霍谞、城门校尉窦武并表为请,帝意稍解,乃皆赦归田里,禁锢终身。而党人之名,犹书王府。自是正直废放,邪枉炽结,海内希风之流,遂共相摽搒,指天下名士,为之称号。上曰"三君",次曰"八俊",次曰"八顾",次曰"八及",次曰"八厨",犹古之"八元""八凯"也。窦武、刘淑、陈蕃为"三君"。君者,言一世之所宗也。李膺、荀翌、杜密、王畅、刘祐、魏朗、赵典、朱寓为"八俊"。俊者,言人之英也。郭林宗、宗慈、巴肃、夏馥、范滂、尹勋、蔡衍、羊陟为"八顾"。顾者,言能以德行引人者也。张俭、岑晊、刘表、陈翔、孔昱、苑康、檀敷、翟超为"八及"。及者,言其能导人追宗者也。度尚、张邈、王考、刘儒、胡母班、秦周、蕃向、王章为"八厨"。厨者,言能以财救人者也。①

第一次党锢之祸后,学人儒生更相标榜,编排名士序列,列为表谱,以示崇敬。门生、故吏关系可能是东汉时代除了家族等原生性纽带以外最常见的社会联系方式。门生、故吏通过为先生、举主服丧、收葬、树碑立传、加封谥号以及危难时的营救,展现了他们心目中理想的士人形象以及士人行为规范。②

---

① 范晔:《后汉书》卷六十七《党锢列传》,中华书局 2005 年版,第 1478 页。
② 王传武:《东汉党人的阶级基础和群体认同》,《江汉学术》2015 年第 3 期。

何休作《春秋公羊解诂》

（何休）以列卿子诏拜郎中，非其好也，辞疾而去。不仕州郡。进退必以礼。太傅陈蕃辟之，与参政事。蕃败，休坐废锢，乃作《春秋公羊解诂》，覃思不窥门，十有七年。[1]

昔者孔子有云："吾志在《春秋》，行在《孝经》。"此二学者，圣人之极致，治世之要务也。传《春秋》者非一。本据乱而作，其中多非常异义可怪之论，说者疑惑，至有倍经、任意、反传违戾者。……至使贾逵缘隙奋笔，以为《公羊》可夺，《左氏》可兴。恨先师观听不决，多随二创。此世之余事，斯岂非守文持论、败绩失据之过哉！余窃悲之久矣。往者略依胡毋生《条例》，多得其正，故遂隐括，使就绳墨焉。[2]

本传言"（陈）蕃败，休坐废锢，乃作《春秋公羊解诂》"，另据《后汉书·孝灵帝纪》载，建宁元年九月，中常侍曹节矫诏诛太傅陈蕃，故厕此条于此。

何休长于公羊学，其所作之《解诂》，成为流传至今的最早注文之全本。何休是东汉后期著名的今文经学家，他的学识与著作是围绕着对《春秋》的解经和《公羊传》展开的。《公羊传》是两汉今文经学派最为重要的解经著作，其对《春秋》义理的解说，最能体现今文经学派的学术和政治主张。其中，《春秋公羊解诂》以及何休与郑玄之间围绕着《春秋》问题的辩难最具代表性。《春秋公羊解诂》为本是《春秋》解经文本的《公羊传》再作解读，通过对其体例特色的分析，可以看出该著作保留了公羊学说的主体特色，又体现出学术融合的时代主流和自身的个性因子。其特色一方面在于《春秋公羊解诂》可归入"传"体，又是对"传"的再注解；另一方面则体

---

① 范晔：《后汉书》卷七十九下《儒林列传》，中华书局 2005 年版，第 1742—1743 页。
② 何休解诂，徐彦疏：《春秋公羊传注疏》，上海古籍出版社 2014 年版，第 1—9 页。

现在《春秋公羊解诂》对义例的开创与整合。东汉学术由专家向博贯之发展趋势,不仅体现在标榜通学的古文学派中,今文公羊学的代表人物何休的《解诂》,亦是这种趋向的结晶。他在序中言"据乱而作",是要将公羊义法作整合,以应对经学发展的需要和左氏学强大的争衡之势。所以,他并不尊奉已经发展成熟的某一家公羊家法,他的五始、三科、九旨等条例虽亦是继承公羊前学而来,但是他本人的开创与整合特别突出。他的雄心,是在变化了的环境之下,为公羊学再发一次义理,再定一次义例,再作一次注本,再开一派家法,稳住阵脚,还要攻击异论,由此成为汉代公羊学理论的总结者。①

---

① 唐元:《何休〈春秋公羊解诂〉的体例特色》,《大连海事大学学报(社会科学版)》2013 年第 4 期。

钩党狱起

　　冬十月丁亥,中常侍侯览讽有司奏前司空虞放、太仆杜密、长乐少府李膺、司隶校尉朱额㝢、颍川太守巴肃、沛相荀昱、河内太守魏朗、山阳太守翟超皆为钩党,下狱,死者百余人,妻子徙边,诸附从者锢及五属。制诏州郡大举钩党,于是天下豪桀及儒学行义者,一切结为党人。①

　　灵帝时,故太仆杜密、故长乐少府李膺各为钩党。尚书曰下本州考治。时上年十三,问诸常侍曰:"何钩党?"诸常侍对曰:"钩党人即党人也。"即可其奏。②

　　宦官复诬告李膺等结为钩党,后者被下诏逮捕下狱,家人流放,从属禁锢。这是东汉对儒生的第二次迫害。所谓"钩党",是党锢事件中对党人的专称。此次党锢,较上次桓帝时有很大不同。第一次党锢事件时,宦官力量确实占了上风。然而至永康元年(167),政治局面发生了很大的逆转,形势朝着有利于党人集团的方向发展。但是,双方的再次较量,仍然是以宦官集团全胜、党人集团惨败而告终。党人的失败,并非因其实力不敌宦官,而是党人领袖缺智少谋、优柔寡断。③

---

①　范晔:《后汉书》卷八《孝灵帝纪》,中华书局 2005 年版,第 219 页。
②　刘珍等撰,吴树平校注:《东观汉记校注》(卷三),中华书局 2008 年,第 135 页。
③　朱子彦:《论东汉党锢的缘起与党人失败原因》,《史学集刊》2012 年第 2 期。

党魁李膺下狱死

后张俭事起，收捕钩党，乡人谓膺曰："可去矣。"对曰："事不辞难，罪不逃刑，臣之节也。吾年已六十，死生有命，去将安之？"乃诣诏狱。考死，妻子徙边，门生、故吏及其父兄，并被禁锢。[1]

李膺为八俊之一，是党人的重要代表，其身亡，对士人影响深远。自党锢以后下迄曹魏，就士大夫之意识言，殆为大群体精神逐步萎缩而个人精神生活之领域逐步扩大之历程。当时社会上最具势力之士大夫阶层既不复以国家社会为重，而各自发展与扩大其私生活之领域，则汉代一统之局势已不得不坠。一统之局既坠，则与之相维系之儒学遂失其效用，而亦不得不衰矣。[2] 就经学的发展而言，李膺等人可以说是两汉经学所培养出来的优秀之才，是士族及知识分子的代表与希望所在，也是经学传统——以三百篇当谏书、以《春秋》当一王之法，密切联系政治，为政治服务——在好的方面的集中表现。但他们在党锢之祸中，被一网打尽，或者死里逃生，成为惊弓之鸟。这样，随着他们被摧残、杀戮、镇压，经学作为一种特定的社会政治力量，也就只能烟消云散了。所以，到了魏晋时期，名士们身处竹林，清谈玄远，远离政治，党锢之祸的前车之鉴，无疑起到了极大的作用。[3]

---

① 范晔：《后汉书》卷六十七《党锢列传》，中华书局 2005 年版，第 1484—1485 页。
② 余英时：《士与中国文化》，上海人民出版社 1987 年版，第 370—371 页。
③ 金春峰：《汉代思想史》，中国社会科学出版社 2006 年版，第 515 页。

李巡请刻五经于石

　　　　时宦者济阴丁萧、下邳徐衍、南阳郭耽、汝阳李巡、北海赵祐等五人称为清忠,皆在里巷,不争威权。巡以为诸博士试甲乙科,争弟高下,更相告言,至有行赂定兰台漆书经字,以合其私文者,乃白帝,与诸儒共刻《五经》文于石,于是诏蔡邕等正其文字。自后《五经》一定,争者用息。赵祐博学多览,著作校书,诸儒称之。①

　　东汉立熹平石经,由宦者李巡发端倡议。东汉后期所谓的宦官集团并不是包括所有宦官在内。宦官与所有社会群体一样由各种不同性格、爱好、品质的人组成,因此难免产生差异性。灵帝时期的宦官约有两千人,真正获得高级官职步入上层的宦官只是其中的极少数。而在这极少数的宦官中也有少数"清忠奉公"的高级宦官,不参与争权夺利之事,如吕强、丁肃、郭耽、李巡、赵祐等。②

---

① 范晔:《后汉书》卷七十八《宦者列传》,中华书局 2005 年版,第 1710 页。
② 朱时宇:《论东汉灵帝时期的宦官》,《南都学坛》2017 年第 5 期。

诏刻石经

　　四年春三月，诏诸儒正《五经》文字，刻石立于太学门外。①

　　邕以经籍去圣久远，文字多谬，俗儒穿凿，疑误后学，熹平四年，乃与五官中郎将堂谿典，光禄大夫杨赐，谏议大夫马日磾，议郎张驯、韩说，太史令单飏等，奏求正定六经文字。灵帝许之，邕乃自书丹于碑，使工镌刻立于太学门外。（《洛阳记》曰："太学在洛城南开阳门外，讲堂长十丈，广二丈。堂前《石经》四部。本碑凡四十六枚，西行，《尚书》《周易》《公羊传》十六碑存，十二碑毁。南行，《礼记》十五碑悉崩坏。东行，《论语》三碑，二碑毁。《礼记》碑上有谏议大夫马日磾、议郎蔡邕名。"）于是后儒晚学，咸取正焉。及碑始立，其观视及摹写者，车乘日千余两，填塞街陌。②

　　因五经流传日久，疑误较多，蔡邕奏请校定五经，灵帝诏诸儒正五经文字，刻石立太学门外，世称熹平石经。它不但对时人校正五经文字有重要作用，而且在我国书法史、印刷史上都有重要意义。③

---

① 范晔：《后汉书》卷八《孝灵帝纪》，中华书局 2005 年版，第 222 页。
② 范晔：《后汉书》卷六十下《蔡邕列传》，中华书局 2005 年版，第 1344—1345 页。
③ 顾涛：《熹平石经刊刻动因之分析——兼论蔡邕入仕》，《史林》2015 年第 2 期。

卢植请立古文博士

（卢植）性刚毅有大节，常怀济世志，不好辞赋，……建宁中，征为博士，乃始起焉。熹平四年，九江蛮反，四府选植才兼文武，拜九江太守，蛮寇宾服。以疾去官。作《尚书章句》《三礼解诂》。时始立太学《石经》，以正五经文字，植乃上书曰："臣少从通儒故南郡太守马融受古学，颇知今之《礼记》特多回冗。臣前以《周礼》诸经，发起粃谬，敢率愚浅，为之解诂，而家乏，无力供缮写上。愿得将能书生二人，共诣东观，就官财粮，专心研精，合《尚书》章句，考《礼记》失得，庶裁定圣典，刊正碑文。古文科斗，近于为实，而厌抑流俗，降在小学。中兴以来，通儒达士班固、贾逵、郑兴父子，并敦悦之。今《毛诗》《左氏》《周礼》各有传记，其与《春秋》共相表里，宜置博士，为立学官，以助后来，以广圣意。"会南夷反叛，以植尝在九江有恩信，拜为庐江太守。植深达政宜，务存清静，弘大体而已。①

汉灵帝诏诸儒正五经文字，刻石立于太学门外。卢植上书朝廷表达了自己愿以学问贡献朝廷的愿望。熹平石经刻成后，卢植以古文经学不彰，特作《尚书章句》《三礼解诂》，并请朝廷派人缮写，存于秘府。又请立《毛诗》《左传》《周礼》博士。卢植在东汉末年儒学发展中具有重要的地位，这与他早年跟随马融求学有着密切的关系。在学业精进后，卢植开门授徒，以传授儒家经典的要义为主。卢植参政与校正典籍是交替进行的，显现出才兼文武的气概。其学术成就在于对儒学经典的注释，较为有影响的著作有《尚书章句》《三礼解诂》等。

---

① 范晔：《后汉书》卷六十四《吴延史卢赵列传》，中华书局2005年版，第1428—1431页。

蔡邕徙朔方

　　时妖异数见，人相惊扰。其年七月，诏召邕与光禄大夫杨赐、谏议大夫马日磾、议郎张华、太史令单飏诣金商门，引入崇德殿，使中常侍曹节、王甫就问灾异及消改变故所宜施行。邕悉心以对，事在《五行》《天文志》。又特诏问曰："比灾变互生，未知厥咎，朝廷焦心，载怀恐惧。每访群公卿士，庶闻忠言，而各存括囊，莫肯尽心。以邕经学深奥，故密特稽问，宜披露失得，指陈政要，……"邕对曰："……臣伏思诸异，皆亡国之怪也。天于大汉，殷勤不已，故屡出妖变，以当谴责，欲令人君感悟，改危即安。今灾眚之发，不于它所，远则门垣，近在寺署，其为监戒，可谓至切。……又尚方工技之作，鸿都篇赋之文，可且消息，以示惟忧。《诗》云：'畏天之怒，不敢戏豫。'天戒诚不可戏也。宰府孝廉，士之高选。近者以辟召不慎，切责三公，而今并以小文超取选举，开请托之门，违明王之典，众心不厌，莫之敢言。臣愿陛下忍而绝之，思惟万机，以答天望。圣朝既自约厉，左右近臣亦宜从化。人自抑损，以塞咎戒，则天道亏满，鬼神福谦矣。……"章奏，帝览而叹息，因起更衣，曹节于后窃视之，悉宣语左右，事遂漏露。其为邕所裁黜者，皆侧目思报。……璜遂使人飞章言邕、质数以私事请托于郃，郃不听，邕含隐切，志欲相中。于是诏下尚书，召邕诘状。邕上书自陈曰："……今年七月，召诣金商门，问以灾异，贲诏申旨，诱臣使言。臣实愚赣，唯识忠尽，出命忘躯，不顾后害，遂讥刺公卿，内及宠臣。实欲以上对圣问，救消灾异，规为陛下建康宁之计。陛下不念忠臣直言，宜加掩蔽，诽谤卒至，便用疑怪。尽心之吏，岂得容哉？……"于是下邕、质于洛阳狱，劾以仇怨奉公，议害大臣，大不敬，弃市。事奏，中常侍吕强愍邕无罪，请之，帝亦更思其章，有诏减死一等，与家属髡钳徙朔方，不得以赦令除。阳球使客追路刺邕，客感其义,皆莫为用。球又赂其部主使加毒害,所赂者反以其情戒邕,故每得免焉。居五原安阳县。[①]

蔡邕因灾异对策,其中涉及诸多近臣,为宦官曹节所泄,招致灾祸,被流徙朔方。"金商门之祸"不仅仅是蔡邕与权宦矛盾激化的结果,也暴露出了士大夫群体内部的矛盾,然而,其真正根源则在于蔡邕家族与泰山党魁羊陟等人的密切关系。[②]

① 范晔:《后汉书》卷六十下《蔡邕列传》,中华书局 2005 年版,第 1350－1353 页。
② 陈海燕:《蔡邕"金商门之祸"本事以及汉末士林风气探析》,《西南交通大学学报(社会科学版)》2011 年第 4 期。

蔡邕上书奏其所著"十意"

居五原安阳县。邕前在东观,与卢植、韩说等撰补《后汉记》,会遭事流离,不及得成,因上书自陈,奏其所著十意(犹《前书》十志也。《邕别传》曰:"邕昔作《汉记》十意,未及奏上,遭事流离,因上书自陈曰:'臣既到徙所,乘塞守烽,职在候望,忧怖焦灼,无心能复操笔成草,致章阙廷。诚知圣朝不责臣谢,但怀愚心有所不竟。臣自在布衣,常以为《汉书》十志下尽王莽而止,光武已来唯记纪传,无续志者。臣所事师故太傅胡广,知臣颇识其门户,略以所有旧事与臣。虽未备悉,粗见首尾,积累思惟,二十余年。不在其位,非外史庶人所得擅述。天诱其衷,得备著作郎,建言十志皆当撰录。会臣被罪,逐放边野,恐所怀随躯朽腐,抱恨黄泉,遂不设施,谨先颠踣,科条诸志,臣欲删定者一,所当接续者四,前志所无臣欲著者五,及经典群书所宜捃撮,本奏诏书所当依据,分别首目,并书章左,惟陛下留神省察。臣谨因临戎长霍圉封上。'有《律历意》第一,《礼意》第二,《乐意》第三,《郊祀意》第四,《天文意》第五,《车服意》第六。"),分别首目,连置章左。①

蔡邕原与卢植等受命作《后汉记》,未竟而被流徙朔方,奏上自己所仿《汉书》"十志"所作之"十意"。郑杰文、李梅所著《中国学术思想编年·秦汉卷》载此事于光和元年,今从之。《律历意》《乐意》是蔡邕"十意"中的两种,曾被收入《东观汉记》,同时也有"十意"单行本流传,在宋元时期散亡。不过,《律历意》比较幸运,因以司马彪《续汉书·律历志》的名义附载于范晔《后汉书》而得以较为完整地流传至今;其"律"部资料源于京房《律术》,

---

① 范晔:《后汉书》卷六十下《蔡邕列传》,中华书局 2005 年版,第 1353—1354 页。

记载的主要内容是京房六十律和候气之法。《乐意》则完全散亡,现在能见的只有"汉乐四品"等少数几条佚文。①

---

① 余作胜:《蔡邕"二意"考辨》,《中国音乐》2015 年第 3 期。

大赦天下党人

　　夏四月甲戌朔,日有食之。……丁酉,大赦天下,诸党人禁锢小功以下皆除之。①

　　光和二年,上禄长和海上言:"礼,从祖兄弟别居异财,恩义已轻,服属疏末。而今党人锢及五族,既乖典训之文,有谬经常之法。"帝览而悟之,党锢自从祖以下,皆得解释。②

汉末两次党锢之祸,对党人打击过重,是年始改正之。

---

① 范晔:《后汉书》卷八《孝灵帝纪》,中华书局 2005 年版,第 226 页。
② 范晔:《后汉书》卷六十七《党锢列传》,中华书局 2005 年版,第 1479 页。

服虔作《春秋左氏传解谊》

　　服虔字子慎,初名重,又名祇,后改为虔,河南荥阳人也。少以清苦建志,入太学受业。有雅才,善著文论,作《春秋左氏传解》,行之至今。又以《左传》驳何休之所驳汉事六十条。举孝廉,稍迁,中平末,拜九江太守。免,遭乱行客,病卒。所著赋、碑、诔、书记、《连珠》、《九愤》,凡十余篇。[①]

　　郑杰文、李梅所著《中国学术思想编年·秦汉卷》载此事于中平五年,今从之。近年来,新疆吐鲁番出土文献中有服虔所注的《春秋左氏传解》的残文。学者研究勘正发现,通过考释服注残卷,可以对服(服虔)、杜(杜预)注的特点作一些说明:其一,从《左传》正文来看,服、杜本的差异不大,主要是写卷传抄时的通假字造成的,如"仆"与"附"、"舍"与"赦"可相假借,而"疆"虽为"彊"之俗字,但亦可通假。其二,从保存的服注来看,孔颖达《左传正义》僖公十五年云"服虔《解谊》其文甚烦"诚非虚言,而杜注显得更为精炼。譬如,《左传》"所以封汝也",杜注即将服注二句简化为一。据统计,残片中服注保存较完整者 8 条计 96 字,而对应的杜注 9 条 76 字。可以想见,杜预注释时必然对服注进行了大量精简。其三,从注释的效果看,服、杜各有擅长。如"仆区"的解释服注更好,而"萃渊薮"杜注更为合理。总体看来,服注在名物注释上更具体细致,如对"陪台""仆区"的注释。杜注则擅长揭示《左传》义及前后文的联系,如指出楚灵王赦芋尹无宇之罪与后文无宇之子葬灵王间的因果关系。其四,杜注确有很多条目继承服注,但也舍弃了服注不合理的内容,不可笼统以抄袭论之。如服注"亡,罪人"是不准确的随文释义,杜注即不取。而杜预在吸收服注精华的前提下,充分发挥其会通传义、精于史地的特长,更在《左传》解《春

①　范晔:《后汉书》卷七十九下《儒林列传》,中华书局 2005 年版,第 1743 页。

秋》的理论问题上取得了突破,因此杜注取代服注就成了学术发展的必然趋势。值得一提的是,《左传》服虔注残片虽是吉光片羽,但从局部来看却比辑佚服注完整集中,其学术价值实不可小觑。①

---

① 方韬:《吐鲁番残卷〈左传〉服虔注研究》,《石家庄学院学报》2014 年第 1 期。

牟子撰《理惑论》

　　牟子既修经传诸子,书无大小,靡不好之。虽不乐兵法,然犹读焉。虽读神仙不死之书,抑而不信,以为虚诞。是时灵帝崩后,天下扰乱,独交州差安。北方异人咸来在焉,多为神仙辟谷长生之术。时人多有学者,牟子常以五经难之,道家术士莫敢对焉,比之于孟轲距杨朱、墨翟。先是时,牟子将母避世交趾,年二十六归苍梧娶妻。太守闻其守学,谒请署吏。时年方盛,志精于学,又见世乱,无仕宦意,竟遂不就。是时,诸州郡相疑,隔塞不通。太守以其博学多识,使致敬荆州。牟子以为荣爵易让,使命难辞,遂严当行;会被州牧优文,处士辟之,复称疾不起。牧弟为豫章太守,为中郎将笮融所杀。时牧遣骑都尉刘彦将兵赴之,恐外界相疑,兵不得进。牧乃请牟子曰:"弟为逆贼所害,骨肉之痛,愤发肝心。当遣刘都尉行,恐外界疑难,行人不通。君文武兼备,有专对才,今欲相屈,之零陵、桂阳假涂于通路,何如?"牟子曰:"被秣服枥,见遇日久,烈士忘身,期必骋效。"遂严当发。会其母卒亡,遂不果行。久之退念,以辩达之故,辄见使命;方世扰攘,非显己之秋也,乃叹曰:"老子绝圣弃智,修身保真,万物不干其志,天下不易其乐,天子不得臣,诸侯不得友,故可贵也。"于是锐志于佛道,兼研《老子五千文》,含玄妙为酒浆,玩五经为琴簧。世俗之徒多非之者,以为背五经而向异道。欲争则非道,欲默则不能,遂以笔墨之间,略引圣贤之言证解之,名曰《牟子理惑》云。①

　　牟子《理惑论》采取一问一答的形式,从儒家、道家思想出发,介绍佛教教义,并为佛教与中国传统伦理道德相违背之处做出辩解,又从佛教观点出发,批判神仙方术的荒谬。牟子所言涉及儒、释、道三教之间争论的

---

① 僧祐编纂:《弘明集》卷一《牟子理惑论》,中华书局 2011 年版,第 6—9 页。

大部分问题,对研究东汉后期佛教的流传及儒、释、道的关系,具有重要的史料价值。由于其与儒学有着千丝万缕的学术联系,故系于此。《理惑论》载于《弘明集》,又称"牟融辨惑",共一卷三十七章,旨在融合儒、释、道三教思想,采取问答形式,针对当代对佛、道、三十二相八十种好、沙门剃发、捐财、弃妻、人死神不灭、生死等所产生的疑问,一一加以答辩。其中多引孔、老之书以论述佛教与儒家、老庄思想并不相违背,对后世影响颇大。它是我国早期论证佛教教理的重要著作,也是对于研究佛教传入我国初期历史有参考价值的重要资料。[①]

---

① 僧祐:《弘明集》卷一《牟子理惑论》,中华书局 2011 年版,第 6 页。

谢该作《谢氏释》解《春秋左传》

谢该字文仪，南阳章陵人也。善明《春秋左氏》，为世名儒，门徒数百千人。建安中，河东人乐详条《左氏》疑滞数十事以问，该皆为通解之，名为《谢氏释》，行于世。（《魏略》曰：详字文载，少好学，闻谢该善《左氏传》，乃从南阳步涉诣许，从该问疑难诸要。今《左氏乐氏问》七十二事，详所撰也。杜畿为太守，署详文学祭酒。黄初中，征拜博士。时有博士十余人，学多褊狭，又不熟悉，唯详五业并授。其或质难不解，详无愠色，以杖画地，牵譬引类，至忘寝食也。）仕为公车司马令，以父母老，托病去官。欲归乡里，会荆州道断，不得去。少府孔融上书荐之……书奏，诏即征还，拜议郎。以寿终。①

谢该善《左传》，因作《谢氏释》。曹魏时期的经学学者以师承，主要受郑玄学风和谢该学风影响。或专治古文经学为主，或今古文兼治。谢该推崇范升、卫宏。范升乃今文学家，习梁丘贺易学；卫宏"与河南郑兴俱好古学"，《后汉书》载其为《毛诗序》的作者，是纯粹的古文学家。而《左传》是今古文之争的核心著作，谢该治《左传》，乐详师之，师徒皆是纯粹的古文经学家。②

---

① 范晔：《后汉书》卷七十九下《儒林列传》，中华书局 2005 年版，第 2584－2585 页。
② 刘运好：《论曹魏经学》，《中州学刊》2017 年第 12 期。

《东观汉记》

　　在汉中兴,明帝始诏班固与睢阳令陈宗、长陵令尹敏、司隶从事孟异作《世祖本纪》,并撰功臣及新市、平林、公孙述事,作列传、载记二十八篇。自是以来,春秋考纪亦以焕炳,而忠臣义士莫之撰勒。于是又诏史官谒者仆射刘珍及谏议大夫李尤杂作记、表、名臣、节士、儒林、外戚诸传,起自建武,讫乎永初。事业垂竟,而珍、尤继卒。复命待中伏无忌与谏议大夫黄景作《诸王》《王子》《功臣》《恩泽侯表》《南于单》《西羌传》《地理志》。至元嘉元年,复令太中大夫边韶、大军营司马崔寔、议郎朱穆、曹寿杂作《孝穆、崇》二皇及《顺烈皇后传》,又增《外戚传》入思安等后,《儒林列传》入崔篆诸人。寔、寿又与议郎延笃杂作《百官表》,顺帝功臣《孙程》《郭愿》及《郑众》《蔡伦》等传。凡百十有四篇,号曰《汉纪》。熹平中,光禄大大马日磾、议郎蔡邕、杨彪、卢植著作东观,接续纪传之可成者,而邕别作《朝会》《车服》二志。后坐事徙朔方,上书求还,续成十志。会董卓作乱,大驾西迁,史臣废弃,旧文散佚。及在许都,杨彪颇存注记。至于名贤君子,自永初已下阙续。①

　《东观汉记》是由东汉政府主持编撰的一部东汉当代史,它以纪传体的形式记载了自光武帝至灵帝这段时期的历史,是我国第一部官修纪传体史书,曾与《史记》《汉书》并称为"三史",在中国史学史上占有重要地位。《东观汉记》自明帝永平五年起开始修撰,至灵帝光和五年结束,历时116年。一般认为,该书的修撰大致可分为四个阶段。第一阶段是该书的初创阶段,始于明帝时期,以班固为首,编写了《世祖本纪》及光武帝时人物列传、载记二十八篇。第二阶段是续修阶段,安帝时,邓太后支持史

---

① 刘知几:《史通》卷十二《古今正史第二》,上海古籍出版社 2015 年,第 309－310 页。

书修撰,召刘珍等人在班固等人撰修的基础上进行续修,增补建武以来的名臣传,又作纪、表、人物列传等,记载了光武帝到安帝之前五朝的史实,此时该书称为《汉记》。第三阶段是再续阶段,桓帝时期,刘珍、李尤相继卒,伏无忌、黄景等又作诸王、王子、功臣、恩泽侯表、南单于、西羌传、地理志,后边韶、崔寔等人,作《百官表》,续修纪、传,增补外戚、儒林等类传。第四阶段为成书阶段,是在灵、献帝时期,以蔡邕为首,对《东观汉记》进行了最后一次大规模续修。①

就史料价值而言,《东观汉记》规模宏大,内容丰富,是东汉的史料宝库,可以为后人撰写东汉史提供完备的材料,这是东汉其他任何史著都无法比拟的。② 但《东观汉记》唐时已缺,至宋更无完本,可谓散佚已久。现在通行的是清修《四库全书》时,重编的所谓《永乐大典》本《东观汉记》。③现有辑遗完成后的《东观汉记校注》,由中州古籍出版社 1987 年出版,中华书局 2008 年再版,该书对《东观汉记》进行了重新辑录,共计二十二卷,分为纪、表、志、传几个部分,其中纪三卷、表一卷、志一卷、传十五卷、载记一卷、散句一卷。

① 路义:《〈东观汉记〉作者群考》,硕士学位论文,内蒙古大学,2012 年,第 1 页。
② 武倩:《〈东观汉记〉研究》,硕士学位论文,山东师范大学,2008 年,第 39 页。
③ 朱桂昌:《〈东观汉记〉考证》,《史学史研究》1985 年第 4 期。

刘表兴学于荆州

三年，长沙太守张羡率零陵、桂阳三郡畔表，表遣兵攻围，破羡，平之。于是开土遂广，南接五领，北据汉川，地方数千里，带甲十余万。初，荆州人情好扰，加四方骇震，寇贼相扇，处处麋沸。表招诱有方，威怀兼洽，其奸猾宿贼更为效用，万里肃清，大小咸悦而服之。关西、兖、豫学士归者盖有千数，表安慰赈赡，皆得资全。遂起立学校，博求儒术，綦母闿、宋忠等撰立《五经》章句，谓之《后定》。爱民养士，从容自保。①

汉末，北方无休止的战乱打断了北方原有的学术文化进程，迫使大量的北方儒生学士为避战乱而纷纷外逃。政局安定、经济富庶的荆州自然成为他们理想的寄居地，刘表精心组织荆州本土名士和外来儒生，开展大规模的学术文化活动：一、在荆州建学校，设学官，延揽名儒从事讲学。二、集合儒生开展经学研究，改定五经章句。三、广泛搜集图书资料，充实官府藏书。通过这些著名学者在荆州的引经作注，聚众讲学，荆州原本盛行的古文经学得以进一步发扬光大，形成了著名的学术流派——荆州学派。② 荆州学派以讲《易》为中心，其对汉代学术的传承，对江东、巴蜀地区思想学术的影响以及对王弼玄学的形成都具有极大的意义。③

---

① 范晔：《后汉书》卷七十四下《袁绍刘表列传》，中华书局 2005 年版，第 1637 页。
② 刘玉堂、陈绍辉：《刘表与汉末荆州学术文化》，《江汉论坛》2001 年第 4 期。
③ 吴成国：《荆州学派与易学——以刘表易学思想的考察为中心》，《中国文化研究》2011 年第 4 期。

虞翻以所著《易注》示孔融

  虞翻字仲翔,会稽余姚人也……翻出为富春长。策薨,诸长吏并欲出赴丧,翻曰:"恐邻县山民或有奸变,远委城郭,必致不虞。"因留制服行丧。诸县皆效之,咸以安宁。……翻与少府孔融书,并示以所著《易注》。融答书曰:"闻延陵之理乐,睹吾子之治《易》,乃知东南之美者,非徒会稽之竹箭也。又观象云物,察应寒温,原其祸福,与神合契,可谓探赜穷通者也。"会稽东部都尉张纮又与融书曰:"虞仲翔前颇为论者所侵,美宝为质,雕摩益光,不足以损。"①

  郑杰文、李梅所著《中国学术思想编年·秦汉卷》载此事于建安八年,今从之。虞翻是三国时期吴国学者、官员,尤其精通易学。虞翻在经学的语境下,继《易传》、魏伯阳月体纳甲说、孟喜以来卦气说之后,重新诠释了《易》,推出了阴阳之道视域下的虞氏易学。虞翻认为《易》为六经之首,由伏羲、文王、孔子三圣所作,阴阳是其神髓所在。天阳地阴对待,日月往来引动,在天而成日月往来意义上的八卦易场,在天地间而成四时递嬗意义上的四正卦易场,具体化为出入乾天坤地两仪的十二消息卦易场,并变生着五十二卦符示的繁复阴阳流转变易格局,即此而敞开宇宙宏大易世界。这一世界构成人整个生活的世界,人与天地并立为三才,当贯通三才之道,基于仁与义的践行与承当,引动这个世界迈向人文价值化的理想天下易世界,经学精神借此得以重建。②

---

① 陈寿:《三国志》卷五十七《吴书·虞陆张骆陆吾朱传》,中华书局1982年版,第1317—1320页。
② 王新春:《阴阳之道视域下的虞翻易学》,《周易研究》2016年第5期。

曹操杀孔融

　　初，太祖性忌，有所不堪者，鲁国孔融（《魏氏春秋》曰：……十三年，融对孙权使，有讪谤之言，坐弃市。……融有高名清才，世多哀之。太祖惧远近之议也，乃令曰："太中大夫孔融既伏其罪矣，然世人多采其虚名，少于核实，见融浮艳，好作变异，眩其诳诈，不复察其乱俗也。此州人说平原祢衡受传融论，以为父母与人无亲，譬若缶器，寄盛其中，又言若遭饥馑，而父不肖，宁赡活余人。融违天反道，败伦乱理，虽肆市朝，犹恨其晚。更以此事列上，宣示诸军将校掾属，皆使闻见。"）①、南阳许攸、娄圭，皆以恃旧不虔见诛。

　　曹操既积嫌忌，而郗虑复构成其罪，遂令丞相军谋祭酒路粹枉状奏融曰："少府孔融，昔在北海，见王室不静，而招合徒众，欲规不轨，云'我大圣之后，而见灭于宋，有天下者，何必卯金刀'。及与孙权使语，谤讪朝廷。又融为九列，不遵朝仪，秃巾微行，唐突宫掖。又前与白衣祢衡跌荡放言，云'父之于子，当有何亲？论其本意，实为情欲发耳。子之于母，亦复奚为？譬如寄物缶中，出则离矣'。既而与衡更相赞扬。衡谓融曰：'仲尼不死。'融答曰：'颜回复生。'大逆不道，宜极重诛。"书奏，下狱弃市。时年五十六。妻子皆被诛。……魏文帝深好融文辞，每叹曰："杨、班俦也。"募天下有上融文章者，辄赏以金帛。所著诗、颂、碑文、论议、六言、策文、表、檄、教令、书记凡二十五篇。文帝以习有栾布之节，加中散大夫。②

---

① 陈寿：《三国志》卷十二《魏书·崔毛徐何邢鲍司马传》，中华书局1982年版，第370—373页。
② 范晔：《后汉书》卷七十《郑孔荀列传》，中华书局2005年版，第2278—2279页。

就建安政治史、思想史、文学史而言,孔融都是一个特殊的人物。他是"建安七子"之一,并且是七人中最年长者。有学者认为他属于建安文学的先驱,另外他也算是魏晋士风的开启者之一,这样"建安风骨"与"魏晋风度"在孔融身上都有所体现。①

---

① 林榕杰:《孔融生平与思想考论》,《东方论坛》2015 年第 6 期。

仲长统《昌言》

  后参丞相曹操军事。每论说古今及时俗行事,恒发愤叹息。因著论名曰《昌言》,凡三十四篇,十余万言。①

  郑杰文、李梅所著《中国学术思想编年·秦汉卷》载此事于建安十三年,今从之。

  《昌言》原书已佚,《后汉书》"本传"录有《理乱》《损益》《法诫》三篇。此外,《群书治要》《意林》《文选》《太平御览》等书中保存有某些片断。《昌言》由三十四(一说二十四)篇单篇论文组成,总字数达到了十几万字。

  《昌言》最引人注目的是强烈的批判精神。仲长统的批判锋芒,上指国家政治,下及民间积弊,批判范围之广,批判力度之大,在建安时期都是非常突出的。仲长统的批判意识,来源于他对现实的清醒认识和对历史的深刻反思,宦官和外戚执政是两汉社会政治腐败的直接表现和重要因素,外戚专权导致了西汉的覆亡,而宦官的暴政则引发了东汉末年生灵涂炭的大战乱。基于这种历史和现实的惨痛教训,仲长统在《昌言》中对宦官和外戚两大政治毒瘤痛加鞭笞。与直接痛斥宦官罪行的批判方式有所不同,仲长统对外戚执政的批判主要是通过说理的方式实现的,其运用严密的逻辑论证,层层推理,把外戚后党只知牟取私利而不肯为国家计议、只足以乱政而不能成就善政的道理阐述得透辟明晰,发人深省,令人信服。此外,仲长统还把批判的矛头直接指向作为国家最高统治者的皇帝。由于皇帝的穷奢极欲、昏庸无道、任用非人,才最终形成了不可收拾的乱世局面。当然,除了批判之外,仲长统在《昌言》中同样陈述了自己的治世

---

① 范晔:《后汉书》卷四十九《王充王符仲长统列传》,中华书局 2005 年版,第 1110 页。

方略,阐明了自己的社会理想,尤其是政治理想。①《昌言》深刻的思想和犀利的文风在汉末政论文中别具一格,内容上打破了征引儒家经典的言说模式。句式上分别对四言句式和七言句式进行了改造,使平和雅正的四言句式成了直陈时弊的利器,使富于韵律的七言句式成了宣布改革纲领的庄严范式。②

---

① 王善英:《仲长统〈昌言〉及其他作品简论》,王志民主编:《齐鲁文化研究(总第 8 辑)》,泰山出版社 2009 年版,第 211—212 页。
② 马天祥:《〈昌言〉与消极修辞》,《渭南师范学院学报》2017 年第 11 期。

刘备使诸儒典掌旧文

　　许慈字仁笃,南阳人也。师事刘熙,善郑氏学,治《易》《尚书》《三礼》《毛诗》《论语》。建安中,与许靖等俱自交州入蜀。时又有魏郡胡潜,字公兴,不知其所以在益土。潜虽学不沾洽,然卓荦强识,祖宗制度之仪,丧纪五服之数,皆指掌画地,举手可采。先主定蜀,承丧乱历纪,学业衰废,乃鸠合典籍,沙汰众学,慈、潜并为学士,与孟光、来敏等典掌旧文。值庶事草创,动多疑议,慈、潜更相克伐,谤讟忿争,形于声色;书籍有无,不相通借,时寻楚挞,以相震撼。其矜己妒彼,乃至于此。先主愍其若斯,群僚大会,使倡家假为二子之容,效其讼阋之状,酒酣乐作,以为嬉戏,初以辞义相难,终以刀杖相屈,用感切之。……孟光字孝裕,河南洛阳人,汉太尉孟郁之族。灵帝末为讲部吏。献帝迁都长安,遂逃入蜀,刘焉父子待以客礼。博物识古,无书不览,尤锐意三史,长于汉家旧典。好公羊《春秋》而讥呵左氏,每与来敏争此二义,光常诋诮谨咋。先主定益州,拜为议郎,与许慈等并掌制度。……来敏字敬达,义阳新野人,来歙之后也。父艳,为汉司空。汉末大乱,敏随姊奔荆州,姊夫黄琬是刘璋祖母之侄,故璋遣迎琬妻,敏遂俱与姊入蜀,常为璋宾客。涉猎书籍,善左氏《春秋》,尤精于仓、雅训诂,好是正文字。先主定益州,署敏典学校尉,及立太子,以为家令。[①]

　　刘备尚儒,入蜀后起用经学之士许慈、胡潜、孟光、来敏等典掌旧文,儒学逐渐兴盛。蜀国的儒学"直接或间接较好地继承了汉儒,尤其是郑玄所主导的治学路径,解经注重章句。蜀地学风呈现出三大特征,一是从治

---

① 陈寿:《三国志》卷四十二《蜀书·杜周杜许孟来尹李谯郤传》,中华书局1982年版,第1022—1025页。

学取向上来讲,以古文经学为上,兼及今文;二是从治学方法上来讲,经史兼治,经史并举,不可偏废;三是从学术渊源来讲,郑玄学派、荆州学派以及本土派三派交互"①,尤重"通经致用"②。

① 谢贵安、秦行国:《三国时期蜀汉学风微探》,《西华师范大学学报(哲学社会科学版)》2018年第1期。
② 吴龙灿:《蜀汉经学考述》,《湖南大学学报(社会科学版)》2015年第6期。

刘劭为太子舍人

　　刘劭字孔才,广平邯郸人也。建安中,为计吏,诣许。太史上言:"正旦当日蚀。"劭时在尚书令荀彧所,坐者数十人,或云当废朝,或云宜却会。劭曰:"梓慎、裨灶,古之良史,犹占水火,错失天时。《礼记》曰诸侯旅见天子,及门不得终礼者四,日蚀在一。然则圣人垂制,不为变异豫废朝礼者,或灾消异伏,或推术谬误也。"或善其言。敕朝会如旧,日亦不蚀。御史大夫郗虑辟劭,会虑免,拜太子舍人,迁秘书郎。①

　　刘劭生于汉灵帝建宁年间(168—172),卒于魏齐王正始年间(240—249)。汉献帝时入仕,初为广平吏,历官太子舍人、秘书郎等,入魏朝之后,曾担任尚书郎、散骑侍郎、陈留太守等。后曾受爵关内侯,死后追赠光禄勋。刘劭学问详博,通览群书,曾经执经讲学。编有类书《皇览》,参与制定《新律》。著有《赵都赋》《许都赋》《洛都赋》等,著作多已亡佚。目前仅见《人物志》《赵都赋》《上都官考课疏》。其中,刘劭所著《人物志》一向被后人重视。

　　《人物志》是刘劭在汉魏之际特殊时代背景下写成的一部人才学著作,它意味着汉代经学的终结,其思想中重义理的理性因素及儒道名法互补、援道入儒的倾向,预示了魏晋玄学的新趋势。另外,《人物志》作为一部反映官方意识形态的人才学著作,体现了曹魏统治者的思想已由汉代重德轻才向唯才是举的方向转变,可将其归为以综核名实为主导观念的名理之学。《人物志》已在汉末清议的基础上进行了部分改造,初具魏晋清谈形式,为此后的玄学家提供了新的思考模型和再创作的基础。 刘劭

---

① 　陈寿:《三国志》卷二十一《魏书·王卫二刘傅传》,中华书局 1982 年版,第 617—618 页。

在《人物志》中所隐含的知识和思想映射出汉魏之际士人知识结构与思想习惯的变更，反映了这一时期社会思想的某些变化。①

————————————

① 张欣：《试论〈人物志〉中的儒道名法兼综思想》，《鲁东大学学报(哲学社会科学版)》2007年第1期。

刘劭作《爵制》

关内侯,承秦赐爵十九等,为关内侯,无土,寄食在所县,民租多少,各有户数为限。(刘劭《爵制》曰:"《春秋传》有庶长鲍。商君为政,备其法品为十八级,合关内侯、列侯凡二十等,其制因古义。古者天子寄军政于六卿,居则以田,警则以战,所谓入使治之,出使长之,素信者与众相得也。故启伐有扈,乃召六卿,大夫之在军为将者也。及周之六卿,亦以居军,在国也则以比长、闾胥、族师、党正、州长、卿大夫为称,其在军也则以卒伍、司马、将军为号,所以异在国之名也。秦依古制,其在军赐爵为等级,其帅人皆更卒也,有功赐爵,则在军吏之例。自一爵以上至不更四等,皆士也。大夫以上至五大夫五等,比大夫也。九等,依九命之义也。自左庶长以上至大庶长,九卿之义也。关内侯者,依古圻内子男之义也。秦都山西,以关内为王畿,故曰关内侯也。列侯者,依古列国诸侯之义也。然则卿大夫士下之品,皆放古,比朝之制而异其名,亦所以殊军国也。古者以车战,兵车一乘,步卒七十二人,分翼左右。车,大夫在左,御者处中,勇士居右,凡七十五人。一爵曰公士者,步卒之有爵为公士者。二爵曰上造。造,成也。古者成士升于司徒曰造士,虽依此名,皆步卒也。三爵曰簪袅,御驷马者。要袅,古之名马也。驾驷马者其形似簪,故曰簪袅也。四爵曰不更。不更者,为车右,不复与凡更卒同也。五爵曰大夫。大夫者,在车左者也。六爵为官大夫,七爵为公大夫,八爵为公乘,九爵为五大夫,皆军吏也。吏民爵不得过公乘者,得贳与子若同产。然则公乘者,军吏之爵最高者也。虽非临战,得公卒车,故曰公乘也。十爵为左庶长,十一爵为右庶长,十二爵为左更,十三爵为中更,十四爵为右更,十五爵为少上造,十六爵为大上造,十七爵为驷车庶长,十八爵为大庶长,十九爵为关内侯,二十爵为列侯。自左庶长已上至大庶长,皆卿大夫,皆军将也。所将皆庶人、更卒也,故以庶更为名。大庶长即大将军也,左右庶长即左右偏裨将军也"。)①

刘劭作《爵制》,重述古礼官制,影响较大。有学者认为,汉末曹魏学者刘劭所著《爵制》,是保存至今最早的研究军功爵制的论著。文中所提出的"商君为政,备其法品为十八级"说和《商君书·境内篇》所说的秦国早期军功爵制的级别基本吻合。刘劭在《爵制》中还提出二十级军功爵制四大等级说,与《张家山汉墓竹简·二年律令》所记军功爵制有四大等级基本一致。《爵制》对二十级军功爵各个爵名的解释,也优于东汉学者卫宏和唐代注释家颜师古。然而刘劭的《爵制》也有缺点,如把军功爵制与夏、周的旧爵制相附会,忽视了军功爵制与五等爵制的本质区别,但不能因此而否定刘劭《爵制》的学术价值。②

---

① 范晔:《后汉书》志第二十八《百官五》,中华书局 2005 年版,第 2480—2481 页。
② 朱绍侯:《对刘劭〈爵制〉的评议》,《南都学坛》2008 年第 4 期。

曹操卒

　　二十五年春正月，……庚子，王崩于洛阳，年六十六。……谥曰
武王。二月丁卯，葬高陵。①

　　曹操卒，其子曹丕废汉献帝为山阳公，改国号为"魏"，改"延康"年号
为"黄初"，至此，东汉王朝彻底灭亡。

　　曹操是东汉末年著名的政治家、军事家、文学家，他实行屯田、改革户
籍、兴修水利、唯才是举、尚礼重法，进而在与诸强的争霸中，统一了北方。
关于曹操的思想倾向，陈寅恪先生认为，曹操不重视儒学，以名法之术治
天下，而司马氏乃地方豪族，服膺儒教，魏晋的兴亡递嬗，不是司马、曹两
姓的胜败问题，而是儒家豪族与非儒家的寒族的胜败问题。② 法国汉学
家谢和耐也认为，曹操执行的政策与汉末知识界出现的强烈倾向十分一
致。这种政策带有典型的"法家"倾向，亦即属集权性与独裁性的，而强调
刑法则是曹操最重要的执政理念。③ 但是，有的学者指出，曹操的诸多言
论和行动，都受儒家的思想影响，根基属于儒家思想范畴，崇尚仁义礼让，
主张以先王之道办教育，并以儒家的学说勾画自己的理想蓝图。④《隋
书·经籍志四》著录其集三十卷，皆已散失。《全三国文》卷一至卷三存其
文一百五十篇。其军事著作除严可均辑《兵法》《兵书要略》外，尚有王仁
俊辑《兵书接要》一卷。

---

①　陈寿：《三国志》卷一《魏书·武帝纪》，中华书局 1982 年版，第 53 页。
②　万绳楠整理：《陈寅恪魏晋南北朝史讲演录》，贵州人民出版社 2007 年版，第 2—5 页。
③　谢和耐著，黄建华、黄迅余译：《中国社会史》，江苏人民出版社 2010 年版，第 145—146 页。
④　张作耀：《曹操评传》，南京大学出版社 2001 年版，第 16 页。

参考文献

一、古籍

[1] 司马迁:《史记》,北京:中华书局,1959 年。

[2] 班固:《汉书》,北京:中华书局,1962 年。

[3] 范晔:《后汉书》,北京:中华书局,2005 年。

[4] 陆德明:《经典释文序录疏证》,北京:中华书局,2008 年。

[5] 陈寿:《三国志》,北京:中华书局,1982 年。

[6] 王夫之:《读通鉴论》(中册),北京:中华书局,2013 年。

[7] 僧祐:《弘明集》,北京:中华书局,2011 年。

[8] 魏征等:《隋书》,北京:中华书局,1973 年。

[9] 刘义庆著,徐震堮校笺:《世说新语校笺》,北京:中华书局,1984 年。

[10] 司马光:《资治通鉴》,北京:中华书局,2011 年。

[11] 刘知几:《史通》,北京:中华书局,2015 年。

[12] 唐晏:《两汉三国学案》,北京:中华书局,1986 年。

[13] 刘珍等撰,吴树平校注:《东观汉记校注》,中华书局 2008 年。

二、著作

[1] 刘汝霖:《汉晋学术编年》,北京:中华书局,1987 年。

[2] 张岂之:《中国思想史》,西安:西北大学出版社,1993 年。

[3] 张岂之:《中国思想史》,西安:西北大学出版社,2012 年。

[4]《中国思想史》编写组:《中国思想史》,北京:高等教育出版社,2015 年。

[5] 梅新林、俞樟华:《中国学术编年》(两汉卷),上海:华东师范大学出版社,2013 年。

［6］崔瑞德、鲁惟一编,杨品泉等译:《剑桥中国秦汉史——(公元前221—公元220年)》,北京:中国社会科学出版社,1992年。

［7］郑杰文、李梅:《中国学术思想编年·秦汉卷》,西安:陕西师范大学出版社,2005年。

［8］金春峰:《汉代思想史》,北京:中国社会科学出版社,2006年。

［9］庄春波:《汉武帝评传》,南京:南京大学出版社,2001年。

［10］顾颉刚:《古史辨》(第五册),上海:上海古籍出版社,1982年。

［11］胡适:《中国中古思想史长编》,合肥:安徽教育出版社,2006年。

［12］陈荣捷编著,杨儒宾等译:《中国哲学文献选编》,南京:江苏教育出版社,2006年。

［13］杨伯峻:《论语译注》,北京:中华书局,2009年。

［14］徐复观:《徐复观论经学史二种》,上海:上海书店出版社,2006年。

［15］杨权:《新五德理论与两汉政治——"尧后火德"说考论》,北京:中华书局,2006年。

［16］陈茂同:《中国历代职官沿革史》,天津:百花文艺出版社,2005年。

［17］余英时:《士与中国文化》,上海:上海人民出版社,1987年。

［18］周桂钿、李祥俊:《中国学术通史·秦汉卷》,北京:人民出版社,2004年。

［19］王永祥:《董仲舒评传》,南京:南京大学出版社,1995年。

［20］顾颉刚:《秦汉的方士与儒生》,上海:上海古籍出版社,2005年。

［21］苏舆:《春秋繁露义证》,北京:中华书局,1992年。

［22］朱维铮:《周予同经学史论著选集》,上海:上海人民出版社,1983年。

［23］顾颉刚:《汉代学术史略》,北京:东方出版社,1996年。

［24］马克斯·韦伯著,王容芬译:《儒教与道教》,北京:商务印书馆,1995年。

［25］周桂钿:《秦汉思想史》,石家庄:河北人民出版社,2000年。

［26］张大可:《司马迁评传》,南京:南京大学出版社,1994年。

［27］徐兴无:《刘向评传》,南京:南京大学出版社,2005年。

［28］陈丽平:《刘向〈列女传〉研究》,北京:中国社会科学出版社,2010年。

［29］晋文:《桑弘羊评传》,南京:南京大学出版社,2011年。

［30］范文澜:《中国通史简编》(第二编),北京:人民出版社,1958年。

[31] 杨树增:《汉代文化特色及形成》,北京:人民出版社,2008 年。

[32] 徐复观:《两汉思想史》,上海:华东师范大学出版社,2004 年。

[33] 许倬云:《中国古代文化的特质》,北京:新星出版社,2006 年。

[34] 万绳楠整理:《陈寅恪魏晋南北朝史讲演录》,贵阳:贵州人民出版社,2007 年。

[35] 谢和耐著,黄建华、黄迅余译:《中国社会史》,南京:江苏人民出版社,2010 年。

[36] 张作耀:《曹操评传》,南京:南京大学出版社,2001 年。

[37] 周桂钿:《董学探微》,北京:北京师范大学出版社,1989 年。

三、期刊

[1] 华友根:《叔孙通为汉定礼乐制度及其意义》,《学术月刊》1995 年第 2 期。

[2] 曹金华:《汉文帝置经博士考》,《江海学刊》1994 年第 4 期。

[3] 袁德良:《公孙弘政治思想评议》,《孔子研究》2009 年第 3 期。

[4] 张立克:《汉元帝时期儒生的政治参与研究》,《兰州学刊》2014 年第 8 期。

[5] 杨天宇:《郑玄生平事迹考略》,《河南大学学报(社会科学版)》2001 年第 5 期。

[6] 牟宗三:《阴阳家与科学》,《理想与文化》1942 年第 1 期。

[7] 王文凯:《顺势而为 与时俱进——叔孙通对时事的认识和儒学的实践》,《中国典籍与文化》2007 年第 3 期。

[8] 秦进才:《两汉"孝经"传播与孝行管窥》,《社会科学战线》2005 年第 1 期。

[9] 邹远修:《陆贾:汉代尊儒第一人》,《理论学刊》2002 年第 4 期。

[10] 林风:《陆贾与汉初政治》,《史学月刊》1988 年第 3 期。

[11] 申海田:《论汉文帝招贤纳谏巩固政权的几项措施》,《齐鲁学刊》1988 年第 5 期。

[12] 解放军某部九连理论组:《晁错抗击匈奴的战略思想》,《历史研究》1975 年第 1 期。

[13] 周岚:《略论晁错的治国之策》,《社会科学辑刊》1992 年第 1 期。

［14］胡凡:《西汉前期的策问与对策初探》,《哈尔滨工业大学学报(社会科学版)》2012 年第 1 期。

［15］张尚谦:《〈汉书〉记汉文帝举贤良事辨误》,《云南民族大学学报(哲学社会科学版)》2009 年第 3 期。

［16］杨英:《"封禅"溯源及战国、汉初封禅说考》,《世界宗教研究》2015 年第 3 期。

［17］孟楚:《鲁恭王坏孔壁得古文经时在景帝末》,《史林》1986 年第 2 期。

［18］房锐:《文翁化蜀与儒学传播》,《中华文化论坛》2005 年第 4 期。

［19］钟肇鹏:《董仲舒与胡毋生》,《河北学刊》2001 年第 5 期。

［20］卢仁龙:《河间献王与汉代儒学》,《河北学刊》1990 年第 3 期。

［21］刘黎明:《再论今文经与古文经的区分标准》,《天府新论》2000 年第 2 期。

［22］葛志毅:《明堂月令考论》,《求是学刊》2002 年第 5 期。

［23］张文智:《从施、孟、梁丘易学之关系看西汉易学之转型》,《社会科学战线》2014 年第 4 期。

［24］袁德良:《思想史视野中的公孙弘》,《南京师大学报(社会科学版)》2009 年第 2 期。

［25］韩玉德:《汉武帝神仙思想刍议》,《齐鲁学刊》1981 年第 3 期。

［26］卜白:《杨王孙裸葬论》,《孔子研究》1988 年第 1 期。

［27］孟祥才:《论公孙弘》,《管子学刊》2001 年第 4 期。

［28］刘国民:《论汉武帝时期的"崇儒更化"》,《中国青年社会科学》2016 年第 6 期。

［29］张俊:《从"举孝廉"看官吏选举》,《人民论坛》2010 年第 17 期。

［30］马勇:《公孙弘:儒学中兴的健将》,《孔子研究》1993 年第 1 期。

［31］吕志兴:《"春秋决狱"新探》,《西南师范大学学报(人文社会科学版)》2000 年第 5 期。

［32］吴大顺:《论汉乐府的生成模式及其体制特征》,《中南民族大学学报(人文社会科学版)》2017 年第 1 期。

［33］张雯、彭新武:《盐铁官营:流变与反思》,《求索》2017 年第 4 期。

［34］华友根:《张汤的法制活动及其影响》,《学术月刊》1992 年第 11 期。

［35］何平立:《汉武封禅:儒学正统化大典》,《上海大学学报(社会科学

版)》2003 年第 4 期。

[36] 臧知非:《从"约法三章"看秦与六国的心理隔阂》,《山东社会科学》1992 年第 2 期。

[37] 刘华祝:《释司马迁"家贫财赂不足以自赎"而遭腐刑》,《司马迁与〈史记〉学术研讨会会议手册(2007 年)》。

[38] 史应勇:《两部儒家礼典的不同命运——论大、小戴〈礼记〉的关系及〈大戴礼记〉的被冷落》,《学术月刊》2000 年第 4 期。

[39] 杨生民:《汉宣帝时"霸王道杂之"与"纯任德教"之争考论》,《文史哲》2004 年第 6 期。

[40] 张峰屹:《翼奉〈诗〉学之"五际"说考释》,《郑州大学学报(哲学社会科学版)》2008 年第 1 期。

[41] 张立克、卢玉:《西汉郡国庙兴废政治思想史的考察》,《湖北社会科学》2014 年第 9 期。

[42] 曾祥旭:《论汉宣帝对西汉儒学的影响》,《广西社会科学》2008 年第 4 期。

[43] 王健:《儒道传播与文化地缘——以古代徐州区域为中心》,《中国历史地理论丛》2002 年第 1 期。

[44] 卜章敏:《京房易学对董仲舒公羊学的回应与开新》,《孔子研究》2018 年第 4 期。

[45] 朱绍侯:《汉元成二帝论(上)》,《洛阳大学学报》2001 年第 1 期。

[46] 薛小林:《西汉后期郊祀礼的儒学化转向》,《兰州学刊》2011 年第 11 期。

[47] 龙文玲:《刘向刘歆文献整理意义的争论与反思》,《首都师范大学学报(社会科学版)》2019 年第 1 期。

[48] 张小苹:《〈礼记·乐记〉非作于西汉考》,《四川师范大学学报(社会科学版)》2010 年第 4 期。

[49] 孙振田:《〈隋书·音乐志〉引沈约"向〈别录〉"考辨——兼论引〈别录〉而以〈汉志〉代》,《图书馆杂志》2017 年第 2 期。

[50] 程苏东:《〈洪范五行传〉灾异思想析论——以战国秦汉五行及时月令文献为背景》,《苏州大学学报(哲学社会科学版)》2018 年第 6 期。

[51] 柯镇昌:《汉代社会思潮与引文风气的盛行》,《湖北社会科学》2018

年第 7 期。

[52] 向晋卫:《宗庙礼制与汉代政治》,《广西社会科学》2005 年第 1 期。

[53] 黄觉弘:《刘歆争立〈左传〉始末略论》,《湖北社会科学》2005 年第 5 期。

[54] 蔡亮:《政治权力绑架下的天人感应灾异说(公元前 206 年至公元 8 年)》,《中国史研究》2017 年第 2 期。

[55] 刘巍:《读刘歆〈移书让太常博士〉——汉代经学"古文"争议缘起及相关经学史论题探》,《社会科学研究》2012 年第 4 期。

[56] 张昭炜:《扬雄"太玄"释义》,《哲学研究》2018 年第 10 期。

[57] 王继训:《王莽与汉代今古文经学之辨析》,《齐鲁学刊》1999 年第 5 期。

[58] 李振宏:《桓谭的学术立场与政治个性》,《北京师范大学学报(社会科学版)》2019 年第 2 期。

[59] 朱松美:《刘歆"助莽篡汉"再议》,《济南大学学报(社会科学版)》2019 年第 2 期。

[60] 曹婉丰:《先秦秦汉儒家革命思想变迁》,《中国哲学史》2017 年第 2 期。

[61] 冯小禄:《两汉之际的臣节与文学——以崔篆、冯衍为中心》,《云南师范大学学报(哲学社会科学版)》2005 年第 2 期。

[62] 曲利丽:《论两汉之际的"王命论"思潮》,《中国文化研究》2012 年春之卷。

[63] 张峰屹:《两汉谶纬考论》,《文史哲》2017 年第 4 期。

[64] 渡边义浩撰,仙石知子、朱耀辉译:《论东汉"儒教国教化"的形成》,《文史哲》2015 年第 4 期。

[65] 瞿林东:《精于学而廉于政——读〈后汉书·儒林传〉札记》,《齐鲁学刊》1997 年第 2 期。

[66] 张荣明:《政治与学术之间的汉代章句学》,《南开学报(哲学社会科学版)》2007 年第 1 期。

[67] 张鹤泉:《东汉五郊迎气祭祀考》,《人文杂志》2011 年第 3 期。

[68] 丁鼎:《刘歆的〈周礼〉学及其在两汉之际的传承谱系》,《湖南大学学报(社会科学版)》2016 年第 5 期。

［69］杜鹃:《东汉祭祀中的乐舞》,《兰州学刊》2006 年第 3 期。

［70］邱居里:《贾逵与史学》,《史学史研究》2006 年第 4 期。

［71］李文博:《贾逵注〈左传〉"不用今说"辨》,《孔子研究》2013 年第 6 期。

［72］杨天宇:《略论汉代今古文经学的斗争与融合》,《郑州大学学报(哲学社会科学版)》2001 年第 2 期。

［73］黄立田、吉新宏:《知识形态的王权规划——论东汉前期的意识形态策略》,《齐鲁学刊》2015 年第 3 期。

［74］张造群:《"三纲六纪"与儒家社会秩序观的形成》,《学术研究》2011 年第 3 期。

［75］黄开国:《论汉代的古文经学》,《社会科学战线》2018 年第 2 期。

［76］何新文、王慧:《班固的"赋颂"理论及其〈两都赋〉"颂汉"的赋史意义》,《中南民族大学学报(人文社会科学版)》2015 年第 2 期。

［77］禹平、严俊:《试论东汉的礼制建设》,《吉林大学社会科学学报》2009 年第 5 期。

［78］蓝旭:《禄利之途与东汉初期经学新风》,《山东师范大学学报(人文社会科学版)》2007 年第 3 期。

［79］文廷海、谭锐:《东汉〈春秋〉学的传授及其特点略论》,《求索》2010 年第 3 期。

［80］臧知非:《两汉之际儒生价值取向探微》,《史学集刊》2003 年第 2 期。

［81］肖群忠:《论传统女德的批判继承——以班昭〈女诫〉为例》,《孔学堂》2016 年第 2 期。

［82］肖瑞峰、石树芳:《"汉书学"的历史流程及其特征》,《清华大学学报(哲学社会科学版)》2013 年第 4 期。

［83］刘子立:《〈东观汉记〉"自永初以下阙续"考》,《史学史研究》2016 年第 2 期。

［84］梁启勇:《东汉外戚征辟文人考论》,《文艺评论》2015 年第 6 期。

［85］甄尽忠:《汉代彗星星占及其政治影响》,《求索》2017 年第 6 期。

［86］舒大刚、吴龙灿:《汉代巴蜀经学述论》,《四川师范大学学报(社会科学版)》2013 年第 6 期。

［87］夏增民:《儒学传播与东汉普遍社会价值观的确立——一个政治社会化的分析》,《华中师范大学学报(人文社会科学版)》2006 年第

3 期。

[88] 朱子彦:《论东汉党锢的缘起与党人失败原因》,《史学集刊》2012 年第 2 期。

[89] 王莉娜:《东汉颍川荀爽荀悦思想探略》,《史学月刊》2012 年第 5 期。

[90] 顾涛:《熹平石经刊刻动因之分析——兼论蔡邕入仕》,《史林》2015 年第 2 期。

[91] 陈海燕:《蔡邕"金商门之祸"本事以及汉末士林风气探析》,《西南交通大学学报(社会科学版)》2011 年第 4 期。

[92] 余作胜:《蔡邕"二意"考辨》,《中国音乐》2015 年第 3 期。

[93] 刘运好:《论曹魏经学》,《中州学刊》2017 年第 12 期。

[94] 朱桂昌:《〈东观汉记〉考证》,《史学史研究》1985 年第 4 期。

[95] 刘玉堂、陈绍辉:《刘表与汉末荆州学术文化》,《江汉论坛》2001 年第 4 期。

[96] 吴成国:《荆州学派与易学——以刘表易学思想的考察为中心》,《中国文化研究》2011 年第 4 期。

[97] 王新春:《阴阳之道视域下的虞翻易学》,《周易研究》2016 年第 5 期。

[98] 吴龙灿:《蜀汉经学考述》,《湖南大学学报(社会科学版)》2015 年第 6 期。

[99] 李树侠:《萧何对图籍的保护、利用与贡献》,《兰台世界》2009 年第 11 期。

[100] 谢宝耿:《略论刘邦政权中儒士的作用》,《历史教学问题》1983 年第 3 期。

[101] 胡岳潭:《叔孙通与汉初儒学》,《贵州文史丛刊》2006 年第 3 期。

[102] 胡一华:《刘邦重儒论》,《丽水师专学报》1985 年第 1 期。

[103] 李豫、李刚:《汉代武舞的特征及影响分析》,《兰台世界》2015 年第 27 期。

[104] 汪子扬:《刘邦早期人才思想》,《成都大学学报(社会科学版)》1992 年第 3 期。

[105] 李梅:《秦郊祀的演进及对后世的影响》,《齐鲁师范学院学报》2005 年第 5 期。

[106] 赵逵夫:《我国古代一个以农业生产为题材的大型舞蹈——汉代〈灵

星舞〉考述》,《西北师大学报(社会科学版)》1998 年第 3 期。

[107]周仪:《汉代〈灵星舞〉初探》,《北京舞蹈学院学报》2012 年第 3 期。

[108]黄纪华:《汉〈房中祠乐〉的时代作者辨》,《湖北师范学院学报(哲学社会科学版)》1985 年第 3 期。

[109]谢宝耿:《略论刘邦政权中儒士的作用》,《历史教学问题》1983 年第 3 期。

[110]王承略:《论两汉〈鲁诗〉学派》,《晋阳学刊》2002 年第 4 期。

[111]吴小强:《试析匈奴人的社会文化价值观念》,《黔南民族师范学院学报》2017 年第 3 期。

[112]陈静:《西汉"除挟书律"的历史意义》,《齐鲁学刊》2005 年第 2 期。

四、硕博论文

[1] 陈以凤:《孔安国学术研究》,济南:山东大学,2010 年。

[2] 梁晨:《孔安国年谱》,济南:山东师范大学,2013 年。

[3] 张岩:《崔骃创作研究》,兰州:西北师范大学,2016 年。

[4] 薛俊武:《贾谊政治哲学研究》,西安:陕西师范大学,2013 年。

[5] 李蒙蒙:《河间献王刘德研究》,石家庄:河北师范大学,2014 年。

[6] 斯琴毕力格:《太初历再研究》,呼和浩特:内蒙古师范大学,2004 年。

[7] 邢子艳:《论迷信神仙思想与汉武帝朝政治》,呼和浩特:内蒙古大学,2007 年。

[8] 王奕鹏:《天命与正统:两汉之际的谶纬与再受命研究》,武汉:华中师范大学,2017 年。

[9] 梁晓峰:《汉魏〈周礼〉学研究》,济南:山东师范大学,2016 年。

[10] 杨晓君:《两汉之际政治转折与桓谭历史命运》,苏州:苏州大学,2016 年。

[11] 王鹏:《〈吴越春秋〉与东汉经学》,南京:南京师范大学,2006 年。

[12] 张凡:《东汉士大夫孝道研究》,济宁:曲阜师范大学,2017 年。

[13] 张睿:《崔寔思想研究》,天津:南开大学,2012 年。

[14] 郭伟宏:《赵岐〈孟子章句〉研究》,济南:山东大学,2008 年。

[15] 路义:《〈东观汉记〉作者群考》,呼和浩特:内蒙古大学,2012 年。

[16] 武倩:《〈东观汉记〉研究》,济南:山东师范大学,2008 年。